Gudrun Kolbe

Das Dunkle überwinden
Kriege hinterlassen Spuren

Gudrun Kolbe

Das Dunkle überwinden

Kriege hinterlassen Spuren

Biografisches von Gudrun Kolbe

Rediroma-Verlag

Bibliografische Information der Deutschen Nationalbibliothek:
Die Deutsche Nationalbibliothek verzeichnet diese Publikation in der Deutschen Nationalbibliografie; detaillierte bibliografische Daten sind im Internet über http://portal.dnb.de abrufbar.

ISBN 978-3-96103-939-5

www.rediroma-verlag.de
14,95 Euro (D)

Für Jana

Inhalt

1) Du hast gefehlt!

Wer bist du, Vater?

Ein Propeller steht als Mahnmal vor dem Heimatmuseum in Dranske auf Rügen. Aus dem Meer geborgen, konnte diese Luftschraube nach längerer Reise endgültig ihren Standort finden. Hier aufgestellt, soll sie an die selbstlosen Einsätze aller Seeflieger bei der Rettung zahlloser Flüchtlinge am Ende des Zweiten Weltkrieges erinnern.

Dieser Gedenkort lädt mich ein, nach Jahrzehnten Abschied zu nehmen. Abschied von dem Vater, den ich nie kennenlernte, an den mich nur einige Fotos und ein paar Briefe von der Front erinnern.

Der gerahmte Text auf der Gedenktafel, die sich vor dem Propeller befindet, sowie Fotos und Aufzeichnungen in den Räumen des Museums beschreiben das Unglück, das mit dem Absturz eines Flugbootes im Meer endete; das Jahrzehnte später von Tauchern entdeckt wurde und mit deiner Geschichte verknüpft ist, Vater.

Meine Gedanken wandern zu dir. Ich stelle mir vor, was du wohl für ein Mensch gewesen bist.

Der Blick auf die Ostsee, die Absturzstelle des Fliegers, im küstennahen Bereich vor Dranske, lässt Bilder von den letzten Stunden, Minuten und Sekunden deines Lebens entstehen. Du kannst nicht antworten. Du musstest uns allein lassen und warst nicht in der Lage, deine Familie, deine Kinder zu schützen! Du hast gefehlt in meinem Leben!

Und du, Mutter?

Sicher hast auch du von einer anderen Wirklichkeit geträumt. Dir fehlte die Kraft, um uns Kinder zu unterstützen. Mit dir im Krankenzimmer allein, verweilte ich an deinem Bett; es galt, Abschied zu nehmen. Abschied für immer! Du erkanntest mich nicht mehr. Kein Laut drang in den verdunkelten Raum. Nur dein stoßweiser Atem ist zu hören. Durch einen geöffneten Fensterspalt blies der Wind die Gardinen gespenstisch auf und zog sie lautlos wieder zurück.

Eine Ärztin hatte endlich einer höheren Dosis Morphium zugestimmt, um dir die letzten Stunden zu erleichtern. Das Medikament hatte dich aus deinen Schmerzen, aber auch aus der Realität entlassen. Unkontrollierte Körperbewegungen, wie auch dein Gesichtsausdruck, spiegelten zerrissene Gedanken wider, als ob dich dein Schicksal bis zuletzt in deinen Träumen heimsuchte.

Du warst so schmal geworden. Mit gebrochener Stimme gelang es dir, ein paar Worte an mich zu richten. Ich versuchte deine Lippen zu befeuchten: „Wer hat Sie geschickt? Sie haben einen schönen Beruf", verstand ich, als ich mich über dich beugte.

Eine letzte Äußerung, wie an eine fremde Person gerichtet. Woran dachtest du? Du warst allein für uns verantwortlich; wir Kinder hatten nur dich! Wie sehr hatte ich deine Nähe gesucht! Stumm sprach ich mit dir, während ich über deine eingefallenen Wangen strich: Es gab schöne Momente, an die ich mit Sehnsucht zurückdenke. Viele Bedürfnisse deiner Kinder konntest du jedoch nicht erfüllen. So überstieg unser Wunsch nach weiterer Bildung deine Möglichkeiten in der damaligen schweren Zeit. Dabei hattest du geklagt, dass dir selbst in dieser Hinsicht deine Wünsche verwehrt worden waren. Wie gern hätte ich dir von meinem Fortkommen berichtet. Du konntest dich nicht in mich hineinversetzen. Die Kluft zwischen unseren Vorstellungen war zu groß. Wir drei Kinder glaubten an unsere Kraft. Wir hatten ohne Unterstützung von dir für unsere Ziele gekämpft. Damit wurde mir für mein Leben ein anderer Sinn ermöglicht.

Ich legte mein Ohr über deinen Mund, deine Lippen, die sich unablässig bewegten, als hättest du noch viel zu erzählen. Ich mochte dir zuhören, aber ich verstand deine Worte nicht mehr. Ich betrachtete deine gekrümmten Finger, die Knöchel, deine Hände, die ziellos über die Bettdecke strichen und nicht zur Ruhe kommen wollten. Deine Haut wirkte so blass, so durchsichtig. Mir fielen die aufliegenden Adern, in denen letztes Leben pulsierte, und die Altersflecken auf deinen Handrücken auf. Ich griff nach deinen Händen, die meinen so ähnlich waren, und betrachte die Spuren deines Lebens. „Ich hatte ein langes und schweres Leben", hattest du im hohen Alter rückblickend geäußert.

Deine Seele war nachhaltig verletzt worden! Bereits in früher Kindheit hattest du Mutter und Vater verloren und immerwährend Geborgenheit gesucht. Dreimal hatte sich die Hoffnung auf eine feste Partnerschaft zerschlagen. Unser Vater war nicht aus dem Krieg zurückgekehrt. Danach hatte der Tod noch zweimal deine Ehe zerstört. Wir mussten dich mit den Narben deiner Vergangenheit erleben!

Dein Leid überschattete meine Erinnerungen. Du hattest mich geboren, enttäuscht und oft allein gelassen. Meine Suche nach deiner Zuwendung blieb immer bestehen. Trotz aller Widrigkeiten unseres Miteinanders konnte ich mich nicht gegen mein Anlehnungsbedürfnis wehren. Ohne hilfreiche Unterstützung durch Außenstehende bestand für mich die Gefahr, auf meinem Weg zu straucheln.

Was hatte der Krieg aus dir gemacht? Was blieb übrig von deiner Verantwortung? Ich möchte mehr verstehen und fest daran glauben: Auch wenn deine Gebrochenheit unser Leben stark belastete, tief im Inneren warst du mit uns Kindern eng verbunden.

In diesen Minuten wollte ich mich daran erinnern, wie du als Mutter präsent warst. Du hast uns durch schwere Zeiten gebracht. Durch deinen Mut und Einsatz hatten wir den Krieg überlebt. Mit dir wir Flucht, Krankheit, Hunger und Not überstanden. Du wolltest nicht daran erinnert werden! Es gab auch humorvolle Augenblicke, in denen wir uns nahe waren; kostbare, unvergessliche Momente. Auch das warst du!

Aber du hattest uns zu viel zugemutet! Bei Krankheit und Schwäche blieben wir schutzlos. In allen lebenswichtigen Dingen mussten wir auch unseren Vater entbehren und fühlten uns allein gelassen: Wichtige Schritte hatten wir aus eigener Kraft bewältigen müssen!

Erst als wir erwachsen waren, konntest du anerkennend äußern: „Meine Kinder haben alles alleine geschafft!"

Jetzt war ich ganz bei dir und flüsterte dir zu: „Bleib, bleib nur noch ein wenig! Lass uns noch ein wenig miteinander reden!" Aber du warst schon in einer anderen Welt. Es ist vorbei! Zu spät! Ich konnte dich nicht mehr erreichen! Dich nie mehr fragen! Du konntest dich nicht mehr äußern.

Als du leichter atmetest und dein Körper sich beruhigt hatte, legte ich meine Stirn auf deine Brust. Ich spürte immer weniger Impulse nach außen. Lediglich dein Herz mochte noch ein wenig holpern.

Abschied für immer!

Jetzt warst du für nichts mehr verantwortlich! Ich blieb mit dem Unausgesprochenen zurück.

2) Angst um dich, Mutter

Erwischt! Abgeschrieben in der Mathearbeit! Als mich die strengen Augen des Mathelehrers, der unerwartet auftaucht, aus dem Klassenraum zitierten, blieb nur die Wahrheit! Mit meinem Herzklopfen drangen seine Worte in mein Ohr: „Ich will deine Mutter sprechen!“ Es war nicht nur die verdorbene Arbeit, die schlechte Zensur, die mich erwartete, viel mehr traf mich die pure Angst, dir noch mehr Sorgen zu machen. Die Vorstellung löste verhängnisvolle Bilder aus!

Gestammelte Einwände waren erfolglos: „Sie kann nicht! Meiner Mutter geht es nicht gut.”

Der Lehrer ließ sich nicht abbringen: „Es reicht! Ich will deine Mutter sprechen, sie soll herkommen!” Hatte ich doch schon wiederholt heftigen Ärger mit ihm gehabt! Und jetzt auch noch abgeschrieben. Für ihn war das Maß voll und damit Grund genug für ein Elterngespräch.

Mutter, wie kann ich dir das nur beibringen, in deiner Lage? Du hast in deinem Leben so viele Schicksalsschläge hinnehmen müssen. Meine Gedanken sprangen in deiner Geschichte hin und her.

Der frühe Tod deiner Eltern warf bereits Schatten auf dein Leben. Als du kaum zwei Jahre alt warst, starb deine Mutter. Als Vierzehnjährige hast du auch deinen Vater und dein Elternhaus verloren.

Dann der Zweite Weltkrieg: Jung verheiratet, teiltest du das Unglück vieler Frauen: Die Männer mussten an die Front; und wie viele andere Soldaten, kehrte auch unser Vater nicht zurück. Meine Erkundigungen, „was war unser

Vater für ein Mensch?", blieben ohne Antwort. Deine Erinnerung war vom Schmerz getrübt: „Wir haben so wenig voneinander gehabt! Der Krieg, die Umstände ließen uns kaum Zeit füreinander", hast du auf meine Fragen geklagt und mich abgewiesen. Es wurde insgesamt wenig gesprochen über unseren leiblichen Vater. Nichts Besonderes: Wie in vielen anderen Familien war der Vater „vermisst, verunglückt, gefallen, im Krieg geblieben". Der Vater war einfach nicht mehr da, tot, nicht heimgekehrt. Übrig blieben für uns ein paar Erinnerungsfotos.

Eine amtliche Todesnachricht bestätigte einen Unglücksfall: „Abgestürzt mit einem Flugzeug!" Du hattest selbst nicht weiter nachgeforscht, wie es zu dem Unglück kam. „Verunglückt! Tragisch! Nur drei Tage vor Kriegsende! Vielleicht Sabotage!", waren die dürftigen Bemerkungen der Erwachsenen. 'Vielleicht hat einer heimlich am Motor geschraubt', malte ich mir in meiner kindlichen Fantasie aus. Es entstanden Bilder von einem brennenden Flugzeug, das mit unserem Vater im Meer versank.

Du blicktest nach vorn! Eine zweite Ehe. Neue Hoffnung! Ein drittes Kind, unser Bruder wurde 1949 geboren. Nur fünf Jahre später, 1954, traf dich erneut ein schwerer Schicksalsschlag. Nur wenige Jahre waren uns gewährt in einer vollständigen Familie. Du warst wieder allein! Als junge Frau von vierunddreißig Jahren, zweimal verheiratet, zweimal verwitwet! Darauf folgten Jahre verzweifelter innerer Unruhe. Du ersehntest einen Partner, der für uns sorgte, du suchtest nach einem Halt an deiner Seite.

Im höheren Alter um die Sechzig wagstest du nach langem Zögern noch eine weitere, noch eine dritte Ehe. „Hoffentlich geht es dieses Mal gut!" Als wären deine Bedenken berechtigt gewesen, wurde dir wiederum nur eine kurze glückliche Zeit gegönnt. Es sollte nicht sein, der Tod nahm dir auch deinen dritten Ehemann.

Wir Kinder trugen mit dir an jedem Schicksalsschlag. Wir erlebten dich in tiefer Trauer und hilfloser Verzweiflung. Erleichtert begrüßte ich als Elfjährige das erste zaghafte Licht nach einem endlos dunklen Trauerjahr. Eine winzige Veränderung an deiner Kleidung bedeutete für mich ein großes Glück: Du lockertest die übliche dunkle Witwen-Kleidung – die dich so elend und mich so traurig macht – etwas auf. Ein paar weiße Punkte auf deiner neuen Bluse erweckten in mir Zuversicht, obwohl der Tod unseres 'zweiten Vaters' tiefe Spuren bei uns allen hinterlassen hatte.

Du bist spürbar verletzlicher und zerbrechlicher geworden. Und ich sollte dir jetzt zusätzlich meine Probleme aufladen! Dabei hattest du dich nie um Schulleistungen gekümmert. Nie warst du einer Lehrkraft begegnet. Nun solltest du in der Schule vorsprechen, weil deine Tochter betrogen hatte! Ich stellte mir deine Enttäuschung vor! Das tat mir weh! Ich würde alles darum geben, dir diesen Weg zu ersparen. Ich schämte mich, und gleichzeitig drängte es mich, mein schlechtes Gewissen zu entlasten.

Nach Schulschluss trennte ich mich ohne weitere Erklärung von meinen Freundinnen und rannte so schnell ich konnte nach Hause. Ich wollte deine Nähe, ich wollte meine Bauchschmerzen loswerden. Was sollte ich nur machen? Der Mathelehrer ließ sich nicht abhalten! Er wollte unbedingt mit dir sprechen! Er war entschlossen, sich bei dir zu beschweren. Ich musste es dir beichten! Mit dir reden, trotz der Beklemmung, dich zu belasten und dir noch weiteren Kummer zuzufügen.

In meinem Kopf breitete sich deine von uns Kindern so gefürchtete Drohung aus: 'Ich dreh' den Gashahn auf! Wenn meine Kinder nicht funktionieren, dann weiß ich, was ich tue …'

Damit hattest du nicht nur gedroht; einmal wäre es fast passiert! Nein, wir hatten noch nicht geschlafen, als du nahe daran warst, deinem Leben vom Fensterbrett aus ein Ende zu setzen. Du hast dort – für mich eine unendlich lange Zeit – gestanden, gezögert und in die Tiefe geblickt. Wir waren starr vor Schock! Schließlich hattest du dich entschlossen umzudrehen. Wolltest du wirklich springen? Dein Leben war von Verzweiflung begleitet. Was hatte dich im letzten Moment von diesem Wahnsinn abgehalten? Vielleicht war es der Gedanke an uns, deine Kinder? Über diesem Ereignis lag für immer Schweigen.

Warum wolltest du aus dem Leben gehen?
Wolltest du uns wirklich allein lassen?
Was in dir vorging, blieb uns für immer verborgen:
Warum warst du so verzweifelt?

Wir waren hellwach! Wie zu Eis erstarrt! Uns stockte der Atem! Wir waren nicht in der Lage, etwas zu tun. Nein, wir waren nicht aufgesprungen, um dich vom Fensterbrett herunter zu zerren! Wir hatten nicht laut, wir haben innerlich um Hilfe geschrien: „Lieber Gott, hilf!"

Nach qualvollen Sekunden warst du zu uns zurückgekommen.

Auch wenn sich dieses Drama nicht vollzog, fühlten wir uns schuldig. Wir mussten mit dem Entsetzen leben; diese Angst, diese Belastung lag immer in der Luft. Ich fand keine Möglichkeit, meine Schuldgefühle zu vergessen, denn du hörtest mit erschreckenden Androhungen nicht auf: „Dann dreh' ich den Gashahn auf! Dann weiß ich, was ich tue!"

Warum hast du uns bei jeder Gelegenheit derart geängstigt? Wir hatten gelernt, deine Gefühlsausbrüche stumm zu ertragen. Aus Angst um dein Leben fügten wir uns. Nur kein Risiko! Nur keine Auseinandersetzung! Jede Auflehnung versagten wir uns. Dich hielt bis ins hohe Alter nichts davon ab, weiterhin diese Schrecken zu verbreiten. Deine hilflosen, erzieherischen Mittel klingen mir bis heute im Ohr: „Wenn ihr nicht funktioniert, dann weiß ich, was ich tue …!"

Die Angst bohrte sich in mich hinein und wurde zu quälenden Fantasien. In vielen Nächten, in denen ich angestrengt lauschte – 'was macht sie, vielleicht haben wir etwas falsch gemacht' – drängten sich Albträume auf, die nicht abzuschütteln waren. Immer wieder diese Bilder: Das Fensterbrett …, die Höhe …, das Entsetzen …. du springst … und wir sind wie gelähmt. Wir unternehmen nichts …! In Panik schrecke ich dann auf.

'Wir haben doch nur dich!
Willst du uns wirklich allein lassen?
Hilf mir doch, diese Träume zu vertreiben!
Ich möchte dir von meiner Angst erzählen.
Ich wage es nicht!
Warum siehst du mich nicht!'

Dabei warst du erschüttert, als es in unserer Nähe wirklich geschah: Ein Mitbewohner aus unserem Mietshaus zögerte nicht. Er machte es wahr. Er entschied sich gegen das Leben, gegen seine Familie und sprang. Er sprang aus dem vierten Stock und schlug auf die Pflastersteine!

Ich zitterte am ganzen Körper, als es passierte. Ich sehe noch dein Erschrecken, sehe das Bild vor mir: diesen fassungslosen Blick, diese entsetzten Schreie! „Nein, nein, um Himmels willen nein!" Dann warst du bleich zusammengesackt. Nachbarn liefen hektisch in unserer Wohnung herum, kühlten dir die Stirn mit nassen Tüchern. Uns Kinder schickte man aus dem Zimmer: „Sie muss sich ausruhen! Ein Nervenzusammenbruch!" Dir waren die Beine weggeknickt. Ich wagte durch das Schlüsselloch zu linsen: Dein ganzer Körper bebte, du hast laut gestöhnt, geröchelt, du hast um Atem gerungen.

In meinem Kopf spukte die riesige mit Sand bedeckte Blutlache auf dem Kopfsteinpflaster herum! Mit gleicher Angst und Entsetzen in den Augen hatten wir Schwestern auf diesen gespenstischen Fleck gestarrt. Mir wurde schwindlig von dem zerfaserten Blut! Schon wieder der Tod. Vor kurzer Zeit der Stiefvater, jetzt dieser Nachbar! In meinen Träumen erschienen unweigerlich diese bedrückenden Bilder. Ich träumte, das Blut wäre von dir!

Was hatte diesen Mann bewogen, aus dem Fenster zu springen? Immerhin hatte er es so weit geschafft! Sowohl den Krieg als auch die russische Gefangenschaft überlebt! Spät war er zurückgekehrt! Bis dahin war dieser Mitbewohner von seiner Frau und seinem Sohn als vermisst betrachtet worden.

In unserem Haus bewegte es jeden: Ein Spätheimkehrer! Nach etlichen Jahren aus den sowjetischen Zwangslagern freigelassen.

Man lobte unseren damaligen Kanzler Adenauer. Er hatte bei dem russischen Parteichef Chruschtschow das Abkommen erreicht. Durch seine Verhandlungen wurden die deutschen Häftlinge gerettet. Lange nach dem Krieg, zwischen 1955 und 1956, konnten die Gefangenen die Lagerhaft verlassen.

Die Heimkehr des Familienvaters aus dem vierten Stock blieb nicht unbeachtet. Alle Mieter im Haus nahmen regen Anteil an der erwarteten Ankunft: Zur Begrüßung gab es ein 'Herzlich-Willkommen' und eine Girlande über der Haustür.

Wir Kinder erhaschten einige Geschichten über die Zustände in der sowjetischen Gefangenschaft. Aufwühlende Geschichten über Zwangsarbeit, Willkür, Hunger, Kälte, geschundene Körper, Trauer und Verzweiflung.

Wie konnte man dort überleben?

Was musste dieser Mann alles entbehren?

Es waren alles andere als kindgerechte Vorstellungen, die sich in unsere Köpfen breitmachten. Unsere Bilder waren besetzt von Trauer und Leid. Über psychische Nachwirkungen der Strapazen in einer russischen Gefangenschaft, über die Probleme und Sprachlosigkeit der Heimkehrer wussten wir Kinder nichts. Für mich war es schwer zu verstehen: Warum hat dieser Mann nach seiner glücklichen Heimkehr nicht mehr leben wollen?

Ein Hauch von schlechtem Gewissen machte sich bei mir bemerkbar: Vielleicht hätten wir alle noch freundlicher zu ihm sein sollen?

Inbrünstig flehte ich zum Himmel: „Wir wollen dich nicht auch verlieren, Mutter!"

Ich musste dich finden! Außer Atem erreichte ich unsere Wohnung, riss alle Türen auf, doch ich traf niemanden an. Die Räume wirkten auf mich still und verlassen. 'Wo bist du? Wo finde ich dich?' Du konntest es zuhause nie lange aushalten.

'Ich brauche dich doch, jetzt!'

In der Küche lag ein Zettel: „Essen unter der Bettdecke!" Mein Blick blieb auf dem Küchenstuhl hängen. Hier ward ich vor kurzer Zeit weinend auf deinen Schoß gezogen worden. „Komm her zu mir!" Für mich war dein Gefühlsausbruch verwirrend. „Was hat dich übermannt?" Überrascht von deinem Eingeständnis, konnte ich auf dein Flehen kaum antworten. Heiseres Schluchzen an meinem Ohr: „Ich will zukünftig eine gute Mutter sein! Ich will immer für euch da sein!", schworst du mit gebrochener Stimme. Tiefe Verzweiflung lag in deinem Weinen. Aber die Gründe gabst du nicht preis.

Ich saß auf deinem Schoß, meine Hand streichelte vorsichtig dein Haar und tastete über dein nasses Gesicht. Wie sollte ich dich trösten? Wie zerbrechlich du dich anfühltest! „Was kann ich für dich tun?" Wir hielten uns lange fest umschlungen und konnten nicht aufhören zu weinen!

Ich weinte über dein Schicksal,
über den verlorenen Vater,
über die Welt, in der ich lebe,
über alles, was mir Angst macht.
An diesem Tag ging ich nicht in die Schule.

Aber: Wo bist du, Mutter? Schnell verließ ich unsere Wohnung und nahm die Treppen abwärts in großen Sprüngen. Dann im Flug auf dem Treppengeländer rutschend, missachtete ich, dass die Tür im ersten Stock – wie immer – aufgerissen wurde. Wie immer entwich dabei ein unangenehmer Küchendunst ins Treppenhaus. Wir hatten uns oft über die misstrauische Hausbewohnerin, besonders über das ständige Lauern hinter ihrer Tür, amüsiert: „Sie ist einsam und unzufrieden. Sie hat keine Kinder!", meintest du. Die Dame fühlte sich täglich von uns herausgefordert und keifte in hoher Stimmlage hinter mir her, bevor sie ihre Tür wieder zuknallte. „Keine Ruhe im Haus! Immer diese Gören von oben!!"

Heute beachtete ich sie nicht. Nur schnell weiter bis zum Fahrradkeller.

3) Wir schlagen uns durch

Kein Vater, kein Geld und keine Bildung

Wir Kinder spürten, dass du seelisch kaum in der Lage warst, den Alltag zu bewältigen. Haushalt, Versorgung und Erziehung von uns drei Kindern. Alles wurde für dich zu viel! Nach dem Tod des Stiefvaters erdrückte dich die Trauer. Sie füllte unseren Alltag mit Leere und machte dich unerreichbar. Kein Raum für uns, keine Zuwendung, keine Aufmerksamkeit!

Eines Tages hattest du dir vorgenommen, unsere finanzielle Situation zu verbessern. Deine Ankündigung, „ich muss demnächst früh aus dem Haus; ich habe eine Stelle angenommen", quälte mich sehr. Was würde uns bevorstehen? Weitere Nervenbelastungen für dich und weitere Anspannungen? Noch mehr Pflichten für uns Mädchen im Haushalt?

Dein Entschluss scheiterte schließlich an deinen eigenen Bedenken. Kurz bevor der Dienst beginnen sollte, bekamst du Angst, du zogst deine Zusage zurück: „Ich schaffe das nicht! Ich sage die Vereinbarung ab!" Dir selbst erschien dieses Umschwenken dem zukünftigen Arbeitgeber gegenüber peinlich. Du schicktest mich vor und trugst mir auf: „Du sagst in der Schneiderei für mich ab! Du sagst, deine Mutter kann nicht kommen, du sagst, es tut ihr leid, du sagst, sie kann die Beschäftigung aus gesundheitlichen Gründen nicht annehmen." Mit vorsichtigem Protest, „immer ich!", versuchte ich mich zu wehren. „Ich will das nicht! Mir ist das unangenehm!" Es half nichts. Maulend und widerwillig, ‘warum kann sie das nicht selber erledigen!’, machte ich mich auf den Weg. Im zuständigen Büro gab ich verlegen meinen Auftrag an einen Angestellten weiter. Mir stieg das Blut zu Kopf, während ich folgsam log: „Meine Mutter ist krank geworden, sie muss absagen ... und es geht überhaupt nicht!“ Als mich der säuerliche Blick meines Gegenübers traf, schämte ich mich, als sei ich die Unzuverlässige.

Eine Berufstätigkeit erschien dir zu belastend. Wir mussten mit der drückenden Gewissheit leben: Du schaffst es nicht! Unser Geld reicht nicht! Wir müssen weiterhin auf vieles verzichten!

Als meine Klassenlehrerin vorschlug, „es wäre gut, wenn ihr in eurem Alter ein Musikinstrument erlernt”, fühlte ich die bekannte Enttäuschung in mir aufsteigen. Mir war klar: Ein Instrument zu erlernen, so etwas ist nichts für mich! Derartige Vorhaben sind nicht gedacht für Kinder, wie wir es sind. Ich fragte zu Hause gar nicht erst nach! Ein privater Musikunterricht! Wie hättest du wohl reagiert? Du hättest mich ausgelacht! „Woher soll ich das Geld nehmen?” Ein unvorstellbarer Luxus!

Wir Geschwister entwickelten eigene Ideen. Wir übten und piepsten ‘Alle Vögel sind schon da’ und andere Volks- und Weihnachtslieder auf alten Blockflöten. Wir trällerten kriegsgängige Texte, wie: ‘Maikäfer flieg, dein Vater ist im Krieg …’ und ‘EI, ei, ei, Korea, der Krieg kommt immer näher’. Meine ältere Schwester bestimmte die Tonlage: „Wir singen jetzt zweistimmig. Ich singe die zweite, du die erste Stimme!” Trotz aller Bemühungen hörte ich meine Stimme schwanken. Vergebliche Anstrengungen! Ich wurde resolut ermahnt: „Stimme halten! Schon wieder daneben! Noch einmal! Pass doch auf!”

Wieder und wieder entgleisten meine Töne. Die Zurechtweisungen kamen prompt: „Das klingt völlig daneben! Wieso kannst du die Stimme nicht halten! Halt dir die Ohren zu!" Mit dieser Variante klappte es schließlich. „Du bist unmusikalisch!", musste ich mir nachsagen lassen! Ich ließ mich nicht völlig entmutigen! Wir sangen weiterhin zweistimmig. Ich sah mich noch: Konzentriert auf Text und Stimme, mit gestreckten Zeigefingern in beiden Ohren.

In der Schule lernten wir etwas über Musikgeschichte, Orchesterwerke und Komponisten. Für unsere Familie war klassische Musik ein fremdes Element. Erklangen auch nur erste Töne dieser Musikrichtung im Radio, fehlte niemals deine abfällige Bemerkung, Mutter: „Wir sind doch nicht auf einer Beerdigung!" Prompt stelltest du den Ton ab. Ein entfernter Verwandter von uns, ein Berufsmusiker und anerkanntes Mitglied im Kieler Stadtorchester, genoss nicht etwa gebührende Anerkennung. In unserem unkundigen Familienkreis sprach man nur abfällig vom „Geigenkratzer"!

Wir lebten in enger Gemeinschaft im vierstöckigen Mietshaus. Jeder kannte jeden! Viele neugierige Augen und Ohren vor und hinter den Türen nahmen an unserem Leben teil. Den Mitbewohnern entging nichts. Wenn einer etwas wusste, wussten es alle! Viel Gerede, viel Tratsch von einer Etage zur anderen, aber auch gegenseitige Hilfestellung: „Lauf mal zur Nachbarin und borge zwei Eier!"

Wir Kinder schleppten Kohlen für ein betagtes Ehepaar und halfen Nachbarn bei Besorgungen und Einkäufen. Alle lebten in bescheidenen Verhältnissen. Bis auf unseren Hauswirt, von dem es manchmal eine kleine Glückseligkeit gab: Er schenkte uns eine Flasche Limonade. „Danke! Herrlich!" Prickelnd auf der Zunge und prickelnd im Kopf! „Tausendmal besser als Brausepulver", schwärmten wir. „Manchmal kann er auch nett sein, unser Hauswirt!" Unser Lob verband sich mit einem noch tieferen Knicks.

Vor dem Hauswirt und Vermieter hatten wir Respekt! „Ihm gehört alles! Unsere Wohnung, das ganze Haus, die Gastwirtschaft, der alte Pferdestall im Hof!" Kindlicher Respekt war ihm sicher, besonders wenn wir am Monatsende viele unserer Geldscheine für die Miete hinblättern mussten: „Was hätten wir uns dafür alles kaufen können!" Er hatte im Haus das Sagen: „Schuhe abputzen! Ruhe im Treppenhaus! Runter vom Hof! Fahrrad abstellen verboten!"

Als einer der wenigen besaß er einen Fernsprecher. In einer kleinen Zelle seiner Gastwirtschaft durften wir in besonderen Fällen den Apparat mit der Drehscheibe benutzen, ohne zu bezahlen. Bald gab es nicht nur ein Telefon in unserem Haus; zu den fortschrittlichen Errungenschaften der Nachkriegszeit gehörte auch ein Schwarz-Weiß-Fernseher, der in der Gastwirtschaft regelmäßig von den Stammgästen umlagert wurde.

Nicht viel später staunten wir über einen blitzeblanken PKW. Mit offenen Mündern standen wir Schwestern da, wenn dieses Fahrzeug sonntags auf dem Hof gewaschen und gewienert wurde. Als ich einmal mit einer Lungenentzündung gefährlich hoch fieberte, fuhr mich der Hauswirt persönlich mit seinem PKW ins Krankenhaus.

Wie ein Lauffeuer verbreitete sich eines Tages das Unglück.

Hinter den Gardinen hatte man es entdeckt: „Kaputt! Das viele Geld! Das neue Auto! Ein Unfall!"

Wir Kinder rannten in den Hof, um alles mitzukriegen: „Die Motorhaube voller Beulen und Dellen! Der Lack abgeplatzt und zerkratzt! Wie traurig, das schöne Auto!" Die Reaktionen der Hausbewohner konnten eine Spur von Schadenfreude nicht verbergen: „Das hat er nun davon! Wenn man zu schnell fährt! Nicht aufgepasst und gegen einen Baum geprallt!" Wir umkreisten neugierig das beschädigte Gefährt. „Er hat Glück gehabt! Nur das Auto!", war dein mitfühlender Kommentar. Wir Kinder sangen dagegen leise hinter seinem Rücken: „Mit siebzig um die Ecke, mit achtzig an den Baum!"

Überall erblickte man in den fünfziger Jahren Spuren des Krieges! Deutlich waren die Risse an den freistehenden Außenwänden unseres Mietshauses zu erkennen. Auf einer Seite war das Nachbarhaus durch Bomben völlig zerstört. Auf der anderen Seite war nur das halbhohe Haus stehen geblieben. In unserem Wohnzimmer befand sich ein großes Loch im Fußboden. Ein zugemauerter, kreisrunder Abdruck war noch erkennbar. „Heb' mal den Teppich hoch!" Und da war es: „Hier ging eine Bombe durch, bis in die untere Etage." Wie ein Denkmal wurde dieser Fleck von uns Kindern betrachtet. Der Stiefvater hatte eigenhändig alle Schäden in den Räumen ausbessern können.

Deutliche Spuren des Krieges zeigten sich bei den Besuchen unserer Tante, deiner Schwester Gertrud, in Kiel-Wellingdorf. Sie lebte nach Kriegsende mit Mann und Sohn in der Ruine des ehemaligen Einfamilienhauses. Lediglich die unteren Räumen waren von den Bomben halbwegs verschont geblieben. Öffnete man eine Tür zum oberen Geschoss, blickte man über eine zerstörte Treppe, die in den freien Himmel ragte. Die unteren Räume wurden trotz der Schäden bewohnt. Bei entsprechendem Wetter regnete es an vielen Stellen durch die Decke. Unsere Tante machte uns mit ihrer unbeschwerten Art darauf aufmerksam: „Hört mal! Das ist unser Hauskonzert" Wir lauschten: „Tropf, tropf, tropf!" im Rhythmus des Regens. Aufgestellte Töpfe und Gefäße aus allen möglichen Materialien fingen den Regen auf und erzeugten die unterschiedlichsten Tonlagen. Ein klangvolles Tropfkonzert!

Direkt neben der Ruine befand sich ein kleiner Bombentrichter, der stets mit Wasser gefüllt war. Unser Onkel nutzte diese Möglichkeit, um Fische zu züchten. Wir Kinder ließen dort kleine Schiffe aus Papier schwimmen und fingen Kaulquappen.

In unserer Mietwohnung gab es kein eigenes Bad, das Klo befand sich auf 'halber Treppe.' In der Küche gab es nur ein einziges Waschbecken. Ein Waschbecken für alles, auch für die körperliche Reinigung. Nur freitags war es anders. Wir wurden ermahnt: „Ihr seid rechtzeitig zu Hause! Heute ist Badetag!" Der Kohleofen wurde schon Stunden vorher angeheizt. Ein Badezimmer für alle Hausbewohner! Du stecktest uns in die große, gusseiserne Badewanne. Mit Schwung sausten meine Schwester und ich vom Wannenrand in das hoch aufspritzende Badewasser, bis du dem Toben ein Ende setztest: „Schluss jetzt, alles steht unter Wasser!" Einseifen, abschrubben, abspülen! Alles unter deiner Aufsicht. „Hier, die Handtücher zum Abrubbeln!" Das warme Wasser war knapp! Eine Wanne Wasser musste für uns drei Kinder reichen.

In unserem Wohnzimmer sorgte im Winter nur ein kleiner Ofen für wohlige Wärme. Unsere Arme wurden schwerer und länger, wenn wir Kinder die Kohlen und Briketts aus dem Keller in die dritte Etage schleppten. „Puh, schon die Kellertreppe, so steil! So viele Stufen noch bis zur dritten Etage?" Wir machten Pause auf jedem Etagenabsatz! Luft pumpen, Durchatmen! Dennoch ging es nicht ohne sportlichen Ehrgeiz: „Los, weiter! Wer ist schneller? Wer kommt zuerst oben an?"

Unser gemeinsames Schlafzimmer blieb im Winter kalt. Unbeheizbar! Bettfertig – frisch gewaschen und Zähne geputzt – rannten wir bibbernd aus dem Wärmestrahl in der Küche, in der es immerhin eine Heizsonne gab, in den langen, kalten Flur. „Brrr, Eiseskälte, schnell in die Federbetten!" Eine Wärmflasche war die Ausnahme. Diesen Luxus gab es nur bei Krankheit.

Frostige Temperaturen hinterließen Eisblumen an den hochgefrorenen Fensterscheiben. Wir bewunderten die vereisten Malereien und hauchten 'Löcher' hinein.

Viele Kinder in unserer Straße wuchsen unter gleichen Bedingungen auf: Im kleinen 'Trupp' von Mädchen und Jungen waren wir uns auf der Straße selbst überlassen. Wir tummelten uns auf Hinterhöfen oder Trümmergrundstücken. In den Ruinen wurden aus Geröll und Schutt 'Wohnungen' für unsere Vater-, Mutter- und Kind-Spiele gebaut. Wir streiften herum, sammelten Papier, Granatsplitter, Bleirohre oder Metall. Dafür gab es ein paar Groschen beim Schrotthändler. „Nichts anfassen! Nichts aufheben!" Vor den Gefahren in den Trümmern wurden wir eindringlich gewarnt: „Passt auf! Euren Vetter hat es böse erwischt! Eine Panzerfaust explodierte, seine Hände wurden schwer verletzt!"

Die verwinkelten Hinterhöfe der Altbauten boten sich zum Versteckspielen an: „Eins, zwei, drei, ... ich komme!" Keine Teppichstange war vor uns sicher: Schweinebaumeln, Aufschwung, Kniewelle!

Oft fanden wir Kinder uns zum 'Pickern' zusammen. Mit herausgestreckter Zungenspitze versuchten wir die bunten kleinen Murmeln in das Loch im Erdboden zu zirkeln. Gewinne wurden getauscht: „Hier, fünf Murmeln aus Ton, dafür bekommst du eine aus Glas!" Überaus begehrt waren die leuchtenden Glasmurmeln. „Wer hat die meisten?" 'Pickern' war eine spannende Angelegenheit: Man konnte 'Schätze aus Glas' und gleichzeitig Ansehen in der Gruppe gewinnen.

Wir hatten das Jahr 1948! Überaus glücklich jubelten wir eines Tages: „Ein Paket aus Amerika!" 'C.A.R.E.' stand auf dem Absender. Erst später wurde mir bewusst: Amerikanische Wohlfahrtsverbände organisierten Hilfen für die Bevölkerung: „Wir Deutschen erleben ein humanes Zeichen der Völkerverständigung und für den Frieden", so hieß es.

Große Aufregung und ungeduldiges Trampeln mit kleinen Füßen: „Aufmachen! Schnell, schnell. Auspacken! Was steckt in dem Paket?" Aufgerissene Augen, während du das Packpapier entferntest! „Eine richtige Schatzkiste! Was gibt es?" Überraschung für Überraschung: Schokolade, Grundnahrungsmittel – Zucker, Mehl, Bohnenkaffee – Zutaten zum Backen oder Kochen, sogar Kaugummi! Und dann entdeckten wir sie, die geliebten Glasmurmeln. „Danke, danke, Amerika!" Wir zogen tatsächlich zwei Netze mit leuchtenden Glasmurmeln aus dem Paket und reckten sie ins Licht: „So schöne, so bunte, so viele!" Meine Schwester nahm es in die Hand: „Komm, wir teilen: du eine große Glasmurmel, ich eine große Glasmurmel! Du eine kleine, ich eine kleine ..." Genauso sorgfältig teilte sie die kostbare Schokolade. Genauer Abgleich: „Eine Rippe für dich, eine Rippe für mich!" Der Rest wurde wieder eingewickelt und verwahrt. „Jeder bekommt nur ein kleines Stück pro Tag!" , lautete die Abmachung. Ich sehe mich noch mit der Illusion – so wird es nicht weniger. „Du musst an dem Stück Schokolade nur eine winzige Ecke abknabbern und dann ganz vorsichtig mit den Lippen die Lücke wieder schließen."

Langeweile kannten wir nicht!

Auf glatten Sandböden im Hof oder auf Bürgersteigen zeichneten wir unsere 'Hinker' auf. Es gab feste Regeln: Innerhalb der aufgemalten Quadrate wurde hin- und her gehüpft. Immer abwechselnd, rechtes Bein, linkes Bein: 'Eins, zwei , drei, nur kein Quadrat auslassen. Zuerst nach rechts, dann links, hop, in die Mitte, umdrehen und nicht übertreten!' „Du hast die Linie berührt, du musst ausscheiden."

Beliebt war auch 'Völkerball' oder das Spiel mit dem Titel 'Land klauen': Wir eroberten Teile eines in den Sand gezeichneten Areals durch weite Sprünge und gezielte Würfe mit einem Stock oder Taschenmesser. Wer am Ende das größte Stück Land besaß, hatte gewonnen.

Für die Mädchen war im Sommer 'Seilspringen' angesagt. Ein zusammengeknüpftes Schwenkeltau wurde auf einer Seite an einem rostigen Haken unseres Schuppens im Hof befestigt. Am anderen Ende wurde das Seil in der Hand gehalten und mit langem Arm im hohen Bogen geschwungen: Erst langsam, dann immer schneller! „Aufpassen! Jetzt ...!" Nacheinander sprangen wir Kinder in die Mitte des kreisenden Seils. Nun kam es auf den richtigen Rhythmus an: Hopp, hopp, Beine heben, genau immer dann, wenn das Tau die Erde berührt: 'Eins, zwei, drei, … rechtes Bein, linkes Bein und umdrehen!', bis sich die Füße in dem Seil verhedderten: „Ausgeschieden! Du bist raus! Du musst als Nächste das Tau schwingen!"

Als wir noch kleine Mädchen waren, gefiel es dir, mit mütterlichem Stolz, uns wie Zwillinge mit gleicher Kleidung auszustaffieren. An Sonn- und Feiertagen wurden die 'guten Kleider' aus dem Schrank geholt, die du für uns aus Fahnenstoffen und Stoffresten geschneidert hattest. Darüber sollten bunte Schürzen die wenige gute Kleidung, die wir besaßen, schützen. Scheußlich waren die selbst gestrickten, kratzigen Kniestrümpfe. Noch mehr scheute ich die dicken, langen Strümpfe für kalte Tage. Mit Strumpfbändern wurden sie an das wollene Leibchen geknöpft, wobei sie den oberen Teil des Oberschenkels freiließen. Unser Betteln bei den ersten Sonnenstrahlen half nichts: „Heute keine Schürze, kein Leibchen ...! Darf ich mein neues Kleid anziehen? Bitte, bitte, nur einmal!" Es blieb dabei: „Das gute Kleid bleibt im Schrank! Das Leibchen mit den langen Strümpfen hält warm!" Du musstest praktisch denken und Sonntagsstaat blieb Sonntagsstaat!

Jede Familie in unserem Haus hatte einmal im Monat Waschtag. Auf unserem Hinterhof befand sich die Waschküche. Für die Benutzung dieses Raumes bestand eine Warteliste. Die Mieter durften nicht vergessen, sich rechtzeitig beim Hauswirt anzumelden.

Mit Hilfe der Großmutter wurde weit vor Sonnenaufgang der riesige, kupferne Waschkessel eingeheizt. Die aufgetürmte 'weiße Wäsche' wurde von der Buntwäsche getrennt, in Wannen eingeweicht und gekocht. Fast unsichtbar, von dickem Dampf eingehüllt, habt ihr Frauen anschließend, über blanke Waschbretter gebeugt, die Wäschestücke gerubbelt und im klaren Wasser der Zinkwannen gespült. Mit erhitzten Gesichtern und roten, spröden Händen musste jedes einzelne Stück ausgewrungen werden. Anschließend habt ihr die Wäsche auf den Dachboden geschleppt und zum Trocknen aufgehängt. Bis alles frisch gebügelt im Schrank landete, war weiterer Zeitaufwand notwendig. Wir wurden weggeschickt, weil wir euch bei der Arbeit störten: „Geht nach oben und macht eure Schulaufgaben!" Die mühevolle Arbeit mit der Wäsche führte zu strengen Regeln. Du wurdest nicht müde zu drohen: „Wehe, wenn ihr euch beim Spielen schmutzig macht!"

Unsere Beteuerungen, 'wir passen auf!', waren so schnell versprochen wie vergessen. In staubigen Straßen, Hinterhöfen und Trümmergrundstücken lockten Abenteuer. Wir waren alles andere als Stubenhocker! „Wir gehen spielen; wir gehen raus." Schon erhob sich dein Zeigefinger: „Nicht in die Trümmer, nicht in den Matsch! Seht euch vor!"

Staub und Schmutz ließen sich aber in Ruinen nicht vermeiden. Mehr und weniger schmutzig erweckten wir stets deinen Ärger: „Wie seht ihr wieder aus! Wo seid ihr gewesen!"

Arglos blickten wir an uns herunter: „Wieso?" Unsere Ausreden, „wir haben doch aufgepasst!", überzeugten dich nicht. Wieder gab es Stubenarrest!

Am Ende eines jeden Monats vertieften sich deine Sorgenfalten. Du musstest um jede Ausgabe ringen. „Kein Geld mehr, wir kommen nicht aus!", ein Klagelied, das uns begleitete und traurig stimmte. Verabredungen mussten mit Ausreden ausfallen: „Hab keine Zeit, ich muss zu Hause helfen!"

Häufig fehlte auch das Geld für Bus oder Bahn. Wir waren nicht schlecht zu Fuß, doch manchmal waren die Strecken nicht zu bewältigen. „Ich kann nicht mitkommen!" Ich hasste dieses: „Ich kann heute nicht! Ich kann morgen nicht!" Diese Absagen vermittelten mir das Gefühl, minderwertig zu sein. Reiten, schwimmen, Kino, alles kostete Geld. Viele Wünsche fielen ins Wasser oder mussten bestenfalls verschoben werden: „Nächste Woche bestimmt, dann gehen wir ins Kino! Nächstes Wochenende fahren wir zum Strand!" Dann wieder: „Nein, es geht nicht, es fehlt das Geld!"

Sorgenvoll hast du geplant, gezählt und gerechnet. Alle Monate waren zu lang. Es reichte hinten und vorne nicht. Am Ende wurde die Großmutter eingespannt: „Oma, kannst du aushelfen? Bekommst du nächsten Monat bestimmt zurück!" Mit ihrer kleinen Rente stopfte unsere Oma so manches Loch. Dafür wurde sie regelmäßig mit Essen versorgt. „Wer bringt Oma heute das Mittagessen?"

Mit einem Henkeltopf liefen wir über die Straße zu ihrer nahegelegenen Wohnung.

Träume halfen! In Tagträumen schaffte ich mir einen warmen Platz in der Welt. Ich malte bunte Farben in mein Leben, schmiedete Pläne für die Zukunft und versuchte mit meiner Fantasie vieles auszugleichen.

Im Kindergottesdienst hatte ich es doch gelernt: Der liebe Gott sieht alles; er verlässt uns nicht, wenn wir ihn nur bitten. Jeden Abend faltete ich meine Hände und bat: „Lieber Gott, hilf uns, hilf unserer Mutter. Nimm ihr die Geldsorgen und die Trauer und lass sie wieder lachen! Ich will auch immer artig sein …!"

Als Teenager träumte ich oft von schöner Kleidung. Nur ein Blick in den Spiegel: „Wie miserabel sehe ich wieder aus! Immer diese derben Strickpullover! Alle Mädchen in meiner Clique sind viel hübscher." Ich sah die anderen und war mir sicher: „Alle sehen besser aus. Alle anderen sind viel selbstbewusster!"

Wie oft wurde uns etwas Neues versprochen: „Nächsten Monat reicht das Geld bestimmt, dann bekommst du neue Schuhe." Enttäuscht wurden die abgetragenen wieder und wieder blank geputzt. Es tat dir leid, aber das Geld reichte einfach nicht. „Deine Beine sind viel zu dünn, du musst damit noch warten", wurde ich getröstet, als die Mädchen meines Alters damit begannen, Seidenstrümpfe und Schuhe mit höheren Absätzen zu tragen.

Einmal wünschte ich mir sehnlichst einen modischen Anorak. „So einen, wie ihn meine Freundinnen tragen", bedrängte ich dich. „Bitte, bitte! Ich mag in meinem Mantel nicht mehr in die Schule gehen", versuchte ich dich zu überreden. Zu meinem Los gehörte es, die abgelegte Kleidung meiner älteren Schwester aufzutragen. Ich bettelte und malte mir das Glück aus: Wie gut würde es aussehen! Was würden die anderen sagen? Du hattest weder das nötige Geld noch das Einsehen für ein neues Kleidungsstück. Alles Betteln und Klagen half nichts. Ich wurde weiterhin in den ‘geerbten’ Wintermantel gesteckt. Scheußlich! Ich konnte dieses Ding nicht leiden. Wie elend und fremd kam ich mir darin vor. Ich verschwand geradezu in dem schweren Stoff mit dem riesigen Kragen. Alle Versuche, dich zu überreden, scheiterten: „Mit diesem Sack gehe ich nicht aus dem Haus! Ich hasse diesen Mantel!” Du warst überzeugt von dem brauchbaren Ding: „Es gibt nichts anderes! Du ziehst den Mantel an! Guter Stoff, warm und ordentlich!”

Ich prüfte mich ausgiebig im Spiegel. Es wurde nur schlimmer. Nein, dieses unförmige Stück wollte nicht zu mir passen. Ich versuchte mich zu wehren und flehte dich an: Ich werde ausgelacht! Keine Meinungsänderung! Mir wurde klar: Es gibt keine Lösung, du gibst nicht nach. „Es hilft alles nichts! Ich muss mir irgendwie selbst helfen!”

Damit kam mir die Idee! Ein kurzer Gewissenskampf: Soll ich oder soll ich nicht? Meine Bedenken vor einer Blamage in der Schule gaben mir den letzten Ruck. Ich muss das Ding loswerden. Ich geh’ damit nicht mehr los! Überwindung mit klopfendem Herzen. Und dann habe ich es getan: Her mit der Schere, noch ein letzter innerer Schubs und ein großes Dreieck wurde in den Mantel geschnitten. Meine Stimme klang unsicher, als ich log: „Ich bin damit hängen geblieben.” Zu meinem Erstaunen kam ich problemlos damit durch: Kein Zweifel bei dir? Keine peinlichen Nachfragen, keine Strafe! Du hast nicht einmal geschimpft! Gab es von dir am Ende doch ein Einsehen? Ich war jedenfalls erleichtert und von diesem abscheulichen Mantel endgültig befreit.

Lügen waren notwendig, um nicht gehänselt zu werden.

Manch eine Einladung zum Kindergeburtstag wurde aus Verlegenheit abgesagt: „Was soll ich anziehen? Ich habe nur abgetragene Sachen." Ein anderes Mal fehlte auch das Geld für ein angemessenes Geschenk. „Danke für die Einladung, leider keine Zeit." Alle Notlügen waren peinlich und mit Schmerz verbunden.

Schmerzhaft war es auch, als ich nicht, wie die meisten meiner Mitschülerinnen, die Tanzschule besuchen konnte. Ich stand plötzlich abseits, als ein neues Lebensgefühl die Köpfe der Mädchen verwirrte und alle Gespräche füllte. Kontakte zwischen Jungen und Mädchen im Schulgebäude und auf dem Schulhof waren grundsätzlich untersagt. Alle Bereiche vor und in der Schule waren nach Geschlechtern getrennt und von den Lehrkräften streng überwacht.

Umso aufregender wirkten die möglichen Kontakte. Man stürzte sich voller Neugierde in die Tanzstunden. Die ungewohnte Nähe der Geschlechter trug eine unruhige Stimmung in die Klassenräume. Es summte wie in einem Bienenkorb. Ich stand stumm dabei und war von aller Spannung, die sich zum Lampenfieber steigerte, ausgeschlossen. Voller Ungeduld zielte man auf den krönenden Abtanzball! Meine Mitschülerinnen überschlugen sich und steckten die Köpfe zusammen: Getuschel über heimliche Verabredungen, Austausch über kleine Liebeleien, über Jungen, Pickel, Make-up und Lippenstift: „Er hat mich gefragt! Ich bekomme ein neues Kleid! Ich einen Petticoat! Ich gehe zum Friseur! Ich bekomme eine Dauerwelle!"

Nichts war wichtiger, als dieser bevorstehende Ball. Die Mädchen durften sich putzen und jede wollte glänzen. Die Aufmachung für diesen ersehnten Tag erhielt riesengroße Tragweite: „Was ziehst du an? Wie sieht dein Kleid aus?" Die Jungen hatten die Qual der Wahl bei der Partnerin, „Welches Mädchen darf ich fragen? Welches Mädchen begleitet mich?" Die Welt war voller Eroberungen und Enttäuschungen!

Die Lehrkräfte hatten mehr denn je mit Unaufmerksamkeit zu kämpfen. Kein noch so guter Unterricht konnte dieser Spannung etwas entgegensetzen.

Ich gehörte nicht zu den Gefragten. Gern hätte ich auch behauptet, mit einem Jungen zum Abtanzball zu gehen. Abseits verfolgte ich die Schwärmereien, vernahm bedrückt, wie um mich herum gewetteifert wurde. Gern hätte ich teilgehabt an dem Glanz, dem Flirren und Prickeln. Mit Freude hätte ich mich hineinziehen lassen in den Zauber dieses neuen Lebensgefühls.

Ich fand mich verloren in dieser Zeit aufblühender Frühlingsgefühle, fremd in dem Erwachen um mich herum; fremd in der Sorglosigkeit meiner Freundinnen. Mir blieb nur eines: „Abwehr und Rückzug! Lass sie doch machen! Ich halte mich da raus!"

Dabei war es nicht allein die Enttäuschung über den Verzicht, die mich fernhielt, ich hatte mehr zu bewältigen: Zusätzlich kämpfte ich mit meinen zurückliegenden Erlebnissen, mit einer Verletzung, die nicht heilen wollte. Ich lebte mit den Quälgeistern eines Übergriffs, mit inneren Bildern, die plötzlich auftauchen konnten. Dabei konnte es geschehen, dass eine bestimmte Szene, ein Geruch oder ein Geräusch in mein Bewusstsein drang und ein Chaos in meinen Gefühlen anzettelte. Verwirrung, Scham oder Unsicherheit waren die Folge, je nachdem, in welcher Verfassung ich mich befand.

„Was kann ich tun? Wie soll ich sie loswerden, diese innere Bedrohung?" Ich lebte in Angst vor diesen Erinnerungen, die mich immer wieder einholten!

„Bäume sterben aufrecht!" hatte ich in einem Gedicht gelesen. Diese Widerstandskraft hatte mich sehr berührt. „Nur nicht wanken! Nichts preisgeben! Nichts anmerken lassen!" Das gefiel mir: „Ich will auch stark sein! Ich will Standfestigkeit zeigen und nach außen kühl und unbeteiligt erscheinen." So zeigte ich mich: keine Lust! Interessiert mich alles nicht! Tanzstunde, Klamotten! Jungs! Alles nichts für mich.

Niemand sollte ahnen, wie weh mir das alles tat!

4) Haben und Nichthaben!

Feine Leute

Unsere Möglichkeiten waren in allem begrenzt.

Dennoch gab es Kinder, die waren noch mittelloser als wir. Wie arm und zerrissen sahen sie aus, die sieben Geschwister vom Hinterhaus auf der Straße gegenüber. „Auch diese Kinder haben ihren Vater im Krieg verloren", so erzählte man sich. Wir vermieden es, ihnen zu nahe zu kommen. Sie waren in der Überzahl und beherrschten die Straße. Besonders vor den älteren Brüdern hatten wir Angst. Wenn sie drohend auftauchten, machten wir uns aus dem Staub. „Wenn ihr rüber kommt, verkloppen wir euch!"

Daneben war nicht zu übersehen; es gab auch Familien, die führten ein besseres Leben:

„Komm mit, wir spielen dort drüben in dem Haus am Park!", so erhielt ich über eine Mitschülerin Kontakt zu einem der wohlhabenden Elternhäuser. Bei uns zu Hause sprach man von „feinen Leuten".

Diese feinen Leute bewohnten ein leuchtend weißes Haus mit einer großen Veranda, zahllosen Fenstern, umgeben von Bäumen, Büschen und Rosensträuchern im Randgebiet der Stadt. Großes Erstaunen! Ich betrat eine unbekannte Welt: Wir liefen über eine breite, geschwungene Auffahrt, die zu einem weiten Eingangsbereich führte. Ein paar breite Stufen und man stand vor einer schweren Tür, eingerahmt von zwei Säulen! 'Ein richtiges Schloss! Wie im Märchen', dachte ich. Mein Blick in den Garten entdeckte ein parkähnliches Gelände mit einem kleinen See, der direkt an das Grundstück grenzte. Ich bestaunte dicht bepflanzte, bunte Blumenbeete. Auf dem gepflegten Rasen warteten auf uns verschiedene Spiel- und Turngeräte. „Unglaublich, die haben sogar einen eigenen Spielplatz!" Verwundert schaute ich mich um.

Auf einer hochfliegenden Schaukel fühlte ich mich so leicht wie übermütig. „Schneller, noch mehr Abschwung! Immer weiter, immer höher!", jubelte ich in dem Gefühl, den Himmel zu berühren.

Im Haus empfing uns eine elegante Frau: ohne Kittel, keine Schürze! War das die Mutter? Wie eine Schauspielerin: Stöckelschuhe, rot lackierte Fingernägel, leuchtend geschminkte Lippen, glänzende Nadeln im hochgesteckten Haar. „Guten Tag!" Eine ausgestreckte Hand wurde mir freundlich entgegengestreckt. Ehrfürchtig machte ich einen tiefen Knicks.

„Cherie, was möchtet ihr trinken?" Merkwürdig, die Mutter nannte ihre Tochter ausschließlich 'Cherie'. Dabei dachte ich an zu Hause: Manchmal, wenn es dir gut ging, riefst du mich auch mit meinem Kosenamen. Ich höre es gern von dir, dieses 'Jettchen'!.

Meine Augen wurden immer größer: drei Geschwister, drei geräumige, helle Kinderzimmer! Für jedes Kind unendlich viel Platz! Was macht man mit so viel Raum? Im Haus glänzten polierte Möbel und an den Wänden hingen goldgerahmte Bilder. Mir fiel die Standuhr auf, die mit den goldenen Ziffern und dem gleichmäßig schwingenden Pendel, „Tick-tack, tick-tack", aus allem Glanz herausragte. Wie beruhigend war dieser Takt, gemessen an meinem heftigen Herzklopfen.!

In einer Ecke zog ein gusseiserner Ofen mit verzierten Kacheln meine Blicke auf sich. „Der Ofen reicht ja bis zur

Decke!" Davor bunte, weiche Teppiche auf hellem Parkett. Meine Füße versanken in dem Flor! „Wie im Paradies, hier ist alles wunderschön!", staunte ich. „Zu Hause haben wir Linoleum!" Schon beim ersten Schritt ertönt es bei uns: „Schuhe aus!"

Ein Blick in eine verzauberte Welt, die Wunschträume erfüllt: Spielgeräte im Garten! Unglaubliche Schätze von Spielmaterialien, ein Bücherbord vollgestopft mit Kinderbüchern, ein mehrstöckiges Puppenhaus mit elektrischem Licht, sogar ein eigener Schreibtisch für jedes Kind! Ich versuchte mir vorzustellen, wie es wäre, hier zu leben.

Zu Hause sprudelte ich meine Beobachtungen hervor: „Die haben es gut! Die haben Vater und Mutter! Die haben viel Geld! Die haben alles! Viele riesige Zimmer! Vornehme Möbel! Überall Teppiche! Ein richtiger Palast! Und erst der Garten!"

„Wo warst du?", erkundigst du dich. „Etwa in dem Haus mit der blau-weiß-roten Flagge?"

Ich spürte dein ungläubiges Staunen! „Oh, dort bist du gewesen! Das ist das Französische Konsulat! Wie kommst du denn da hin?" Bewunderung lag in deinen Worten. „Feine Leute! Ja, das sind die feinen Leute!" Deine Tochter befand sich also in 'höherer Gesellschaft' und ich überlegte:

„Sind feine Leute besser als wir? Warum haben andere Familien so viel und wir so wenig?"

5) Aufgehoben!

Meine Suche ging weiter: Ich musste dich finden! Mein Weg führte mich an der mir vertrauten Bäckerei vorbei. Im Vorbeiradeln grüßte ich kurz in das Schaufenster und freute mich über die winkenden Hände der Erwiderung.

Meine beste Freundin kam aus diesem Betrieb. Nach dem Tod des Stiefvaters zog es mich aus der Trostlosigkeit bei uns zu Hause oft dorthin. Ich liebte diese Ersatzfamilie, in der ich mich – besonders in unserer Trauer – so gut aufgehoben fühlte. „Wir haben für dich immer einen Platz!"

Wie heimelig, wenn sich nachmittags alle Familienmitglieder und Angestellten zu Kaffee und Kuchen im sogenannten Kontor hinter dem Bäckerladen zusammenfanden.

„Sie hat ihren Vater verloren!", gaben die Eltern flüsternd an die Angestellten weiter. „Herzliches Beileid!", sagten diese und einige Personen blickten betroffen an mir vorbei. In ihren ernsten Gesichtern entdecke ich neben Mitgefühl, auch Zögern und Verlegenheit, die sich auf mich übertrug. Warum verhielten sich die Leute so merkwürdig? Was sollte ich tun? Was sollte ich sagen?

Wir hatten es in dieser Zeit oft erlebt, dieses: „mein herzliches Beileid". Diese befremdlichen Worte hörte ich auf der Straße, in der Schule, beim Kaufmann, im Treppenhaus, unterstützt durch ernste Mienen und ausgestreckte Hände. Anteilnahme, die mich verwirrte. Ich brachte keinen Satz heraus! „Darf ich noch fröhlich sein? Darf ich noch lachen?"

Die Eltern meiner Freundin kamen mir vor wie zugewandte, liebevolle Eltern. Besonders der Vater zeigte sich oft lustig und augenzwinkernd. Bei Übernachtungen erhielt auch ich einen Gute-Nacht-Kuss von ihm auf die Stirn. „Ich möchte auch so einen Vater haben". Er wirkte so beschützend und stark in seiner fülligen Erscheinung mit dem vorgeschobenen Bauch. Die Mutter erlebte ich zierlich und flink, überall präsent, mit warmherzigen Blicken. Sie hatte für jeden ein Ohr und wirkt hilfreich im Kontor, in der Backstube, im Laden, im Familienkreis.

In diesem Bäckereibetrieb fühlte ich mich wie im Schlaraffenland: „Such dir etwas aus! Was magst du? Süßigkeiten! Kuchen?" Man musste nur die Hand ausstrecken. Wir durften naschen und essen, bis wir nicht mehr konnten: Rumkugeln, Butterkuchen, Schokoladenkuchen, Torte ... Kaum zu glauben: Meine Freundin hatte es jeden Tag so gut. Für mich erfüllte sich hier ein Traum!

Als Nesthäkchen wurde meine Freundin von allen Seiten verwöhnt. Zwei erwachsene Brüder hatten ihren Spaß, uns Mädchen zu necken. Nur einmal, so erscheint es in meiner Erinnerung, wurden wir ernsthaft ausgeschimpft: „So etwas tut man nicht! Das macht ihr nicht noch einmal!" Was hatten wir getan? Es war die Neugier, die lockte! Wir hatten bemerkt, dass einer der Brüder mit seiner Freundin im Kontor verschwunden war und die Tür hinter sich abgeschlossen hatte. Aufregend für uns! Ein richtiges Liebespaar! Gespannt drückten wir unser Ohr an die Tür und ein Auge ans Schlüsselloch.

„Hörst du was?"

„Ich hör nichts!"

„Was siehst du? Was machen sie? Küssen sie sich?", tuschelten wir vor der Tür. Die Spannung ließ uns unachtsam immer lauter werden, bis wir entdeckt wurden.

Dann gab es dort auch noch die Jagdhündin Dina! Sie gehorchte aufs Wort: „Dina, sitz, Dina, Fuß, Dina, Platz, Dina, bleib!" Eine beglückende Erfahrung für mich, ein treues Tier, eine Hündin, die mich stets freudig begrüßte, die auf Schritt und Tritt folgte.

Wenn der Vater meiner Freundin auftauchte und uns aufforderte, „wollt ihr mitkommen?", wurden wir nebst Brötchen, Kuchenblechen und Gebäck in den Fond des alten Mercedes verfrachtet. Vielleicht sieht mich jemand, hoffte ich und reckte voller Stolz in dem schwarz lackierten Auto meinen Hals. Mit erhabenem Gefühl ging es kreuz und quer zum Beliefern einiger Filialen durch die Viertel unserer Stadt.

Unterwegs erzählte der Vater uns lustige Geschichten. Wir kicherten und kugelten uns vor Lachen auf den Rücksitzen.

Vor meiner Schwester habe ich mit den Schätzen in der Bäckerei angegeben: „Die sind alle so nett! Ich darf dort sooo viel Kuchen essen! Es gibt Süßigkeiten, so viel ich möchte." Ich wollte prahlen, weil sie kürzlich nach einem Streit so gemein zu mir war: „Deine Oberschenkel werden mal ganz dick! Das sieht man heute schon!" Diese Prophezeiung hatte ich ihr nicht verziehen. Im Grunde fühlten wir uns sehr verbunden, konnten gemeinsam lachen und weinen, aber auch genauso heftig streiten!

Nun musste sie auch noch von meinem Glück erfahren: „Stell dir vor, wir gehen echt auf die Jagd! Mit einem richtigen Jagdhund! Und ich darf mit! Wir füttern die Wildtiere ganz tief im Wald!" Ihr Erstaunen und ihre Zweifel, „du spinnst!", ließen mich noch dicker auftragen: „Die liebsten

Eltern der Welt, der Vater sooo lustig und die Mutter sooo nett und ich darf immer dabei sein!"

Im Vorbeiradeln schweifen meine Gedanken zu einem fühlbaren Ereignis in dieser Bäckerei, dessen Folgen ich noch lange spürte.

Im ersten Stock über der Backstube befand sich ein Mehlboden. Hier wurden alle Mehlsäcke gelagert. Über eine Holzrutsche sausten die Säcke nach Bedarf in die Backstube. Unweigerlich entstand die Idee: „Welch eine Möglichkeit! Eine eigene Rutsche, so steil und so lang, nur für uns!"

Wir warteten auf den Feierabend. Endlich war der letzte Geselle gegangen, da schlichen wir auf den Boden und standen vor der abwärts führenden Vorrichtung. Meine Freundin zögerte noch. „Erster! Ich zuerst!" Unternehmungslustig drängte ich mich nach vorn. Also, Rock hoch, hingehockt und ab ging es. Schnell stellte sich heraus, dass das Holz zwar für Mehlsäcke geeignet war, aber nicht für Kinderpopos. Unten angekommen war mir alle Freude genommen: „Oh, je! Alles steckt voller Splitter!" Eine beträchtliche Anzahl spürte ich direkt in meinem Hinterteil. Meine Freundin blieb verschont, sie hatte vorsichtshalber verzichtet und einen anderen Weg genommen.

Mit dem mulmigen Gefühl, irgendwie gespickt zu sein, kam ich nach Hause. „Das war die splitterige Mehlrutsche! Es schmerzt und sticht!" Mit einer Pinzette und deiner mütterlichen Unterstützung konnte Splitter für Splitter entfernt werden. Nicht aber ein größeres Holzstück, das unerreichbar tief im weichen Muskel meines Hinterteils steckte. Man konnte es fühlen aber nicht entfernen. „Das hast du dir selbst eingebrockt!" Du wolltest mich in dieser misslichen Situation auch auf mein Bitten nicht zum Arzt begleiten. Ich wurde wieder einmal allein gelassen. Gut erinnere ich mich an die Szene: Der behandelnde Arzt nahm mir schnell die Angst. „Wie ist das passiert? Wo hast du dir das zugezogen?" Er musste über die außergewöhnliche Geschichte lachen. „Mehlrutsche! Wie, was? Nur ein kleiner Schnitt, dann ist alles wieder gut!" Der Fremdkörper wurde dann durch eine kleine Operation entfernt. Die Wunde musste mit zwei Stichen vernäht werden. Alles allein bewältigt! Ich verabschiedete mich mit hochrotem Kopf. Unendlich peinlich war die Behandlung an diesem Körperteil.

Zukünftig wurde um die Mehlrutsche ein großer Bogen gemacht

Aber es lockten auch andere Vorhaben. Endlich ging es 'auf die Jagd!' Schon Tage davor war ich aufgeregt und ziemlich zappelig!

Die Sonne schien bei Minustemperaturen und ließ den Schnee, der die Erde bedeckte, glitzern. Eingemummelt mit festen Schuhen und dicken Mützen über den Ohren brachen wir auf. Der Schnee knirschte unter unseren Stiefeln, als wir den Wald durchstreiften. Überall roch es nach Holz und Tannen. Der stämmige Vater meiner Freundin ging mit festen Schritten in seinem grünen, warmen Lodenmantel voran. 'Ein Glück! Er hat kein Gewehr dabei!', stelle ich erleichtert fest. Der ältere Bruder meiner Freundin begleitete uns. Er trug einen stramm gefüllten Rucksack und ein Fernrohr baumelte auf seiner Brust. Er führte die Hündin kurz an der Leine und machte den Ausflug für uns spannend: „Kennt ihr diesen Baum? Seht euch die Knospen, seht euch den Stamm genau an!" Wir hörten aufmerksam zu: „Auch ohne Blätter erkennt man die unterschiedlichen Baumarten! Seht, hier war ein Fuchsbau!" Wir Mädchen hielten uns an der Hand und folgten gespannt seinen Hinweisen!

Außer einigen Vögeln, die wir aufschreckten, oder Kaninchen, die eilig davon hoppelten, begegneten uns keine weiteren Tiere. Aufregend erschienen jedoch die Abdrücke im Schnee! Überall entdeckten wir Fährten und Spuren! „Welches Tier war das wohl?“ Wir lernten, die Spuren zu unterscheiden: Hasen, Rehe, Füchse und Vögel, alle waren vor uns hier!

„Manchmal kann man an den Abdrücken im Schnee erkennen, ob ein Tier auf der Flucht war", erklärte der Vater, während er einen Kreis um die Spur in den Schnee zeichnet. Mit Adleraugen versuchten wir immer neue Zeichen und Abdrücke zu finden.

Wir amüsierten uns über die komischen Ausdrücke im Jägerlatein: „Wildschweine gehören zum Schwarzwild, das männliche Tier ist der Keiler, die Mutter heißt Bache und Frischlinge, das sind die Kinder! Zum Rehwild gehört die Ricke und der Rehbock. Ihr kennt doch Bambi! Das Kind nennt man Kitz.“

Merkwürdig fanden wir, dass Blut in der Jägersprache 'Schweiß', die Augen auch 'Lichter' heißen. Wir kicherten, weil das Hinterteil beim Rehwild 'Spiegel' genannt wird!

Im tiefen Wald fanden wir die Futterkrippen unter hohen Tannen, die rundherum ihre schneebedeckten Arme ausbreiteten. Wir standen auf einer kleinen Lichtung, einem geschützten, stillen Platz, der von den Waldwegen ausreichend entfernt war, und halfen beim Verteilen von Kastanien und Eicheln. „Das Wild hier soll im Winter nicht hungern!"

Ich musste dabei an den Film 'Bambi' denken. Eifrig schütteten wir Kastanien und Eicheln in die aufgestellten Krippen, bis der Rucksack leer und alle Waldfrüchte verteilt waren.

Durchgefroren und mit kalten Füßen stapften wir durch den Schnee zurück zum nächstgelegenen Bauernhof. Dort wurden wir bereits erwartet! Die Bauersfrau kam uns am Tor entgegen: „Willkommen! Kommt schnell herein in die warme Stube!" Nach der freundlichen Begrüßung wurden wir in das gut geheizte Bauernhaus geführt. Bei heißer Milch und einem Schinkenbrot tauten wir in der 'guten Stube' wieder auf. Als wir später aufbrachen, war der Himmel dunkel geworden. Ich schaute auf den Mond und entdeckte immer mehr Sterne, die am Abendhimmel erschienen waren. Vielleicht entdeckte ich eine Sternschnuppe. Ich wünschte mir wieder einen solchen Tag!

Tief beeindruckt, den Kopf voller neuer Eindrücke, überschlug ich mich zu Hause beim Erzählen: „Meine Freundin hat einen lustigen Vater, auch der große Bruder so nett … und alles so spannend. Die Spuren im Schnee! Und das Wild gefüttert! Und ich wünsche mir auch einen Hund! Bitte, bitte!"

Du bremstest mich und winktest ab: „Ja, ja, viele Menschen, die haben es eben leichter als wir! Aber der liebe Gott lässt keine Bäume in den Himmel wachsen! Auch diese Familie wird ihr Päckchen zu tragen haben!"

„Glaubst du, dass Freud und Leid untrennbar miteinander verbunden sind, Mutter? Soll das ein Trost sein? Glaubst du an Gerechtigkeit?", fragte ich mich und wünsche mir, dass die Bäume bei uns doch etwas höher wachsen könnten!

Durch den Schulwechsel ergaben sich für mich und meine Freundin unterschiedliche Wege, sodass wir uns aus den Augen verloren. Erst später war mir bewusst, wie wichtig dieser Zufluchtsort nach dem Tod des Stiefvaters für mich war.

Leider habe ich mich nie ausdrücklich bei dieser Familie bedankt!

6) Unzertrennlich

Ein Osterfest mit einer riesigen Überraschung blieb mir in besonderer Erinnerung: Die Ankündigung des Stiefvaters, „der Osterhase hat etwas Schönes für euch versteckt!”, steigerte unsere Aufregung. Ahnungslos suchten wir Schwestern in allen Winkeln der Wohnung und dachten an leckere Süßigkeiten, bis wir aus aus allen Wolken fielen: „Ich hab' hier etwas gefunden! Ein Paket für uns!”

Wir waren verblüfft und trauten unseren Augen nicht! Nein, keine Ostereier. Es fühlte sich sehr schwer an. Was konnte darin sein? Erwartungsvoll wurde die Verpackung aufgerissen, bis wir es erkannten: „Unglaublich!” Für jeden von uns ein Paar neue, blanke Rollschuhe. Wir hüpften und tanzten durch den Raum: „Hurra, hurra, echte Hudora-Rollschuhe! Die haben wir uns schon so lange gewünscht!”

Von dem Tag an, standen wir – so oft es nur ging – auf unseren neuen Rollschuhen. Die Dinger aus Metall wurden an den Schuhsohlen befestigt und mit einem Schlüssel festgedreht. Dann ging es los! Stundenlang kurvten wir zwischen Passanten auf gut gepflasterten Bürgersteigen herum. Anfangs noch wackelig, klammerten wir uns an Hauswände und Straßengeländer, um das Gleichgewicht zu halten. Nach eifrigem Üben gelangen uns sogar kleine Kunststücke:

„Guck mal, was ich kann!“

„Ich kann Waage!“

„Kann ich auch!“

„Ich kann Kurven fahren?“

„Ich kann sogar rückwärts fahren!“

Gegenseitiges Anspornen! Zu unserer Begeisterung gesellte sich auch manchmal unvermeidlicher Schmerz. Nicht vergessen sind die blauen Flecken und aufgeschlagenen Knie. Manchmal ging es nicht ohne Tränen, weil es zu arg schmerzte.

Anfang der fünfziger Jahre, ich war etwa acht Jahre alt, herrschte auch bei uns wie überall Aufbruchstimmung. Unermüdlich bemühte sich der Stiefvater um eine verbesserte Lebenssituation für unsere Familie. Ein eigenes Haus wurde in Angriff genommen. Um Kosten zu sparen, schuftete er jede freie Minute auf dem erworbenen Grundstück. Ich sehe ihn, wie er an Wochenenden, von Staub bedeckt, bis spät in den Abend notwendige Vorarbeiten verrichtet. Wir Schwestern halfen ihm eifrig beim Steineklopfen.

Neben seinem anstrengenden Alltag bemühte der Stiefvater sich, uns Kindern Wissen zu vermitteln. Ich denke zurück an viele gemeinsame Ausflüge, für die wir Busse seiner Arbeitsstelle kostenfrei nutzen konnten. Gemeinsam besuchten wir Sehenswürdigkeiten in Kiel und Umgebung sowie auch Sehenswertes in Lübeck und Hamburg.

Ich lasse die Straßen mit diesen Erinnerungen hinter mir. Weiter geht es mit dem Fahrrad, vorbei an Gebäuden und Läden unserer Stadt, die mir vertraut sind. Dort, seitlich gelegen am Rand der ‘Moorteichwiese’, einem Stadtpark, steht eine Schule mit der Sporthalle unseres Turnvereins: Einmal in der Woche – nach Leistung und Körpergröße – sortiert, durften meine Schwester und ich einem Kieler Turnverein unsere Gelenkigkeit erproben. Aufgereiht standen wir in unseren Riegen hinter den jeweiligen Vorturnern. ‘Mund halten und still stehen!’, war stets die Anweisung, bevor wir an die Geräte geführt wurden. Die älteren Kinder, sowie die Kinder mit den besten Leistungen, turnten in der 'ersten Riege'.

Ich befand mich einen Rang dahinter und schielte etwas neidisch auf meine große Schwester: Gemein, sie durfte in die erste Riege und ich nicht!

Wo und wann sich die Gelegenheit ergab, probierten wir unsere Turnübungen: Kopfstand im Bett, Handstand an jeder freien Wand, Radschlagen im Freien, wir quälten uns für einen Spagat, bis uns die Luft ausging.

„Erst einmal Handstand machen!", forderte die Verkäuferin amüsiert, wenn wir in den Kaufmannsladen kamen. Zwischen den Gemüsekisten zeigten wir, wie gut wir auf den Händen stehen konnten.

Ein Kinobesuch gehörte in der Nachkriegszeit zu den Besonderheiten. Eines Tages spielte unser Lieblingsfilm 'Bambi'! Wir hörten nicht auf zu betteln: „Dürfen wir ins Kino gehen? Bambi, es gibt Bambi! Alle Kinder dürfen."

Schließlich konnten wir dich erweichen, Mutter. Mit dem notwendigen Kleingeld in der Hand liefen wir los. In einem kleinen Lichtspielhaus mit dem Namen 'Scala', nicht weit von uns, gab es die Kindervorstellung. Dort saßen wir eng nebeneinander und warteten gespannt: „Wann geht endlich das Licht aus, wann bewegt sich der Vorhang?" Obwohl uns die Geschichte gut bekannt war, litten und bebten wir mit Bambi. „Nun ist Bambi ganz allein auf der Welt!" Wir klammerten uns aneinander und heulten um die Wette, weil Bambis Mutter auch dieses Mal wieder sterben musste.

Nicht nur die Geschichte von Bambi, auch das 'Doppelte Lottchen' hatte unser Herz erobert. Der Kinderroman von Erich Kästner wurde wieder und wieder verschlungen. Wir blätterten unermüdlich in unserem Sammelalbum mit der Geschichte und den Fotografien von den Zwillingen. Der Kauf einer bestimmten Sorte Margarine bescherte uns jeweils ein Foto vom 'Doppelten Lottchen' für unser Album. Sorgfältig wurde ein Bild nach dem anderen zum entsprechenden Text geklebt. Die Geschichte hinterließ bei uns tiefen Eindruck. Auch wir wollten so schön sein wie die bewunderten Zwillingsschwestern.

In der Filmvorstellung rutschten wir auf unseren Sitzen hin und her. Wie aufregend, diese Geschichte! Die Mädchen so mutig! Die Zwillinge wollten ihre getrennt lebenden Eltern wieder vereinen! Sie waren sich zum Verwechseln ähnlich und tauschten heimlich ihre Rollen! Welche Spannung: Das Zwillingsmädchen, das bei der Mutter aufwuchs, ging zum Vater und umgekehrt. Tatsächlich gelang es den Schwestern, sich jeweils für die andere auszugeben. Wir fieberten mit: „Ob die Mutter oder der Vater nicht doch etwas bemerken?"

Obwohl wir das Ende kannten, freuten wir uns über das Happy End! Die Zwillinge hatten es geschafft! Eltern und Kinder waren wieder vereint. Die Familie startete in eine gemeinsame Zukunft.

Spontane Umarmung bei uns. „Wir bleiben immer zusammen! Zum Glück sind wir nicht getrennt!" Das Gefühl einer Verbundenheit übertrug sich auf uns. Als wir aufbrachen, rannten wir Hand in Hand nach Hause. Ich hielt meine Schwester ganz fest und freute mich, nicht allein zu sein auf dieser Welt.

Zu Hause betrachteten wir noch einmal die Fotos vom 'Doppelten Lottchen' in unserem Album: Die Zwillinge sahen so hübsch aus! Nicht nur die Kleider, besonders die Locken, gehalten mit einer unübersehbaren Haarschleife. Wie schön! Keine Frage, wir machten uns auch so eine Frisur! „Wo sind die stacheligen Dinger?" Entschlossen kramten wir deine Lockenwickler aus irgendeiner Schublade und machten uns an die Arbeit. Mühsam quälten wir die Wickler in unser kurzes, feines Haar. ('Ohrläppchen frei!', war stets die Ansage für unseren Schnitt beim Friseur.) Aber, trotz aller Mühe, gelang das Vorhaben nicht! „Gemein! Warum geht das bei uns nicht?" Meine Schwester geriet in Rage! Ich kannte ihre Wutanfälle und war gewarnt: „Vorsicht, wenn sie ausflippt, lieber zurückweichen!" Kamm, Haarbürste und Lockenwickler wurden nacheinander unter lautem Fluchen auf unsere Frisierkommode gefeuert. Von der Glasplatte sprangen die Gegenstände wie Gummibälle quer durch den Raum und verteilten sich auf dem Fußboden. „Verdammt, mit unseren Haaren klappt es überhaupt nicht!"

Ein Blick in den Spiegel brachte endgültige Ernüchterung: Keine Spur von einer lockigen Haarpracht, nicht eine einzige Locke hielt sich in unserem feinen Haar. Enttäuscht mussten wir aufgeben: kein bisschen Ähnlichkeit mit dem Doppelten Lottchen!

Während ich auf meinem Weg in Richtung Stadt kräftig in die Pedalen trat, ging mir diese zurückliegende Zeit durch den Kopf: Wie wäre es wohl gewesen, wenn ich meine Schwester nicht gehabt hätte?

Wir waren kaum zu trennen, besonders, als der Stiefvater verstorben war.

Nur mühsam hielt ich mein Gleichgewicht, weil das holprige Pflaster meine Aufmerksamkeit erforderte. Aber dann tauchte die Aufforderung des Mathelehrers wieder auf: 'Ich will deine Mutter sprechen!' Mir kreisten die Gedanken im Kopf herum. „Eigentlich will ich es doch gar nicht! Warum drängt es mich immer wieder zu diesem dummen Verhalten in der Schule? Warum höre ich nicht auf mit dem Widerstand? Eigentlich weiß ich es doch und mag mich auch nicht so aufsässig! Ich fühle mich damit nicht besser!" Mein Unbehagen führte aber nicht zu einer Änderung meines Verhaltens. Nun hatte ich mir das mit dem Mathelehrer eingebrockt und war gefährdet, nicht versetzt zu werden! Wie würdest du seine Beschwerden über mich aufnehmen?

In Freud und Leid verbunden!
Mit meiner Schwester, 1957

„Ich muss dich finden.
Ich muss dich einweihen.
Ich will dir gegenüber ehrlich sein!“

Mir gingen deine Belastungen, die Trauer und die Gefährdung meiner Versetzung durch den Kopf. Was würde in der Schule durch meine Aufsässigkeit und Schummelei passieren?

Gab es jetzt die Quittung? Ich hatte Angst vor den Folgen! Ich hatte auch Angst um dich! Ich konnte nicht aufhören daran zu denken: „Deine Tochter bleibt sitzen! Du hast mit Schulwechsel gedroht! Zurück auf die Hauptschule? Wie wirst du reagieren?” Immer tauchte die Fensterbank auf. Die Fensterbank und dein Spruch … „Dann weiß ich, was ich tue.”

Dein Leben war schwierig genug. Der Tod des Stiefvaters hatte dir alle Kraft geraubt. Immer machte dir deine jüngere Tochter zusätzliche Sorgen: Ich sei ein ‘Schussel’, wie du oft betontest. Ich sah es ein: Ich war oft abgelenkt, verträumt, vergaß viel, verspätete mich! Nicht so meine Schwester. Ihr passierte das alles nicht! Über sie hörtest du keine Klagen. Im Gegenteil, ihr gelang es, folgsam und strebsam zu sein. In der Schule gehörte sie zu den vorbildlichen Schülerinnen mit besten Bewertungen.

Wie oft wurde sie, als die Ältere, für meine Ungezogenheiten verantwortlich gemacht! „Du nimmst deine Schwester mit! Du passt auf sie auf!”, wurde ihr ständig auferlegt.

Mit schlechtem Gewissen erinnere ich mich an die Bestrafungen, die sie meinetwegen einstecken musste. Ja, sogar Schläge erhielt sie vom Stiefvater, die gerechterweise mir gegolten hätten. Dies geschah zum Beispiel, als ich mich an unserer Nachbarin , der Meckerziege von nebenan, und ihrem merkwürdigen Sohn rächen wollte.

Wir wohnten auf demselben Flur und ständig gab es Beschwerden von dieser Frau: „Sand auf der Treppe! Türen geknallt! Lärm im Treppenhaus! Treppengeländer heruntergerutscht!" Meine Schwester und ich machten uns oft über sie lustig, ebenso lachten wir über ihren komischen Sohn mit dem auffälligen Gang, den wir nachäfften. Wir fanden ihn äußerst merkwürdig. Jahre später war mir klar, dass er ein trauriger Einzelgänger war.

Einmal, im Vorbeigehen auf der Treppe, spürte ich plötzlich einen Klaps auf meinem Hinterteil. Ich erschrak und war empört. „Das lass ich mir nicht gefallen!“, schrie ich ihn voller Wut an.

Irgendeine Rache musste ich mir für diese merkwürdigen Nachbarn einfallen lassen. Ich steckte voller Ideen, aber mir ist entfallen, wie ich gerade auf diese Idee mit dem Briefkasten kam: In einem Glasereibetrieb, ein paar Häuser entfernt, besorgte ich mir eine Handvoll weichen Kitt. Leise schlich ich an die Korridortür unserer Nachbarin und schritt zur Tat. Mit wenigen Griffen war der Briefkasten rundherum zugeklebt.

Ich hatte die Aufmerksamkeit dieser Frau unterschätzt! Unmittelbar danach wurde ich als Täterin entlarvt. Es dauerte keine zehn Minuten, da stand sie aufgebracht – ihre Stimme überschlug sich – fuchtelnd vor unserer Tür. Böses ahnend, einer spürbaren Strafe gewiss, verkroch ich mich.

„Da, da, sehen Sie sich das an! Immer ihre Kinder …" Sie deutete empört auf ihren Briefkasten. „Diese Frechheit, un-, un-, unmöglich, nicht erzogen, müssen kräftig was hinter die Oh... Ohren kriegen!", stotterte sie lautstark vor Aufregung.

Unser Stiefvater zitierte meine Schwester und mich an die Tür. „Was war hier los? Wer hat das gemacht?"

Ich war überführt, ich musste es zugeben!

„Ich war das! Das war doch nur Spaß", versuchte ich mich kleinlaut herauszureden. „Spaß? Spaß? … Das ist die Höhe! Das machst du sofort wieder sauber!" Der Stiefvater fackelte nicht lange, holte aus und – zu meiner Überraschung erhielt meine Schwester, nicht ich eine kräftige Ohrfeige und dazu den Vorwurf: „Warum hast du nicht besser auf deine Schwester aufgepasst!"

Das hatte ich nicht gewollt! Mir tat meine Schonung mehr weh als jede Ohrfeige. Warum hatte er nicht mich geschlagen? Meine Schwester wusste nichts von meinem Unfug! Sie konnte doch nichts dafür. Auf mich aufpassen? Sie war doch nur wenig älter als ich. Meine Schwester hatte es nicht leicht mit mir.

Die Nachbarin fühlte jedenfalls Genugtuung. Nach vollzogener Strafe verschwand sie leicht versöhnt und kopfschüttelnd hinter ihrer Tür. Ich schämte mich sehr! Wie miserabel fühlte sich das an. Warum musste meine Schwester bestraft werden? Mit entgeistertem Blick hielt sie sich ihre Wange. „Sei nicht traurig!", versuchte ich sie zu trösten. „Das ist ungerecht! Das ist gemein!" Wie sollte man diese Erwachsenen verstehen?

„Du hast immer Flausen im Kopf!" Wie oft hörte ich das von dir, Mutter? Ich träumte in den Tag, war gedankenverloren mit allen möglichen Ideen beschäftigt: Was sollte ich noch machen? Was hast du gesagt? Was einkaufen? Auf dem Weg zum Kaufmann gab es enorm viel Ablenkung.

Wo hatte ich den Einkaufszettel? Bei mir ging immer etwas schief!

Du warst oft verärgert, so wie damals, Ende der vierziger Jahre, die Lebensmittel waren knapp; ich war noch nicht eingeschult. Du schicktest mich zum Milchholen. Nur drei Häuser von uns entfernt erhielt man in einem kleinen Lebensmittelgeschäft frische Milch 'lose'. Mit unserer verbeulten Milchkanne zog ich los: „Einen Liter Milch bitte!" Ich musste mich strecken, um das Gefäß über den Tresen zu reichen. Mit der gefüllten Kanne auf dem Rückweg fiel mir das Kunststück ein! Wie sehr hatte mich die Szene beeindruckt: Wie hatte der Junge das gemacht? Es war einer der großen Jungs von Gegenüber, dem wir gewöhnlich aus dem Weg gingen. Er ließ eine offene hoch gefüllte Kanne mit ausgestrecktem Arm in hohem Tempo kreisen. Wie spannend! Volle Bewunderung! Nicht ein einziger Tropfen ging verloren! Die physikalischen Gesetze kannte ich noch nicht!

Was der kann, kann ich auch! Das probier ich doch mal, dachte ich. Erstes vorsichtiges Hin- und Herbewegen mit gestrecktem Arm und leicht schwappender Milch. Bis zu einem gewissen Grad ging das noch ganz gut. Nun musste es auch höher gehen! Ich fasste Mut, hob den Arm vorsichtig weiter an und dann passierte es: Die weiße Flut ergoss sich von oben bis unten über mich. Meine Kleidung troff! Die Kanne war leer! Was sollte ich tun? Mein Einkaufsgeld war abgezählt und ausgegeben. Warum musste immer mir so etwas passieren? Eingeweicht und mit schlechtem Gewissen schlich ich nach Hause. „Das wollte ich nicht!" Du warst ziemlich verärgert: Die kostbare Milch war weg! Auch das Geld! „Du hast immer nur Unfug im Kopf!"

Meine Schwester und ich besuchten dieselbe Grundschule. Mit neuem Schulranzen, darin eine Schiefertafel mit einem Schwamm am Band, weiße und bunte Kreide und ein sauberes Taschentuch, so wurden wir damals ausgestattet.

Meine Schwester wurde ein Jahr früher eingeschult und war eine Klasse über mir. Nicht selten wurde sie mit meinen Versäumnissen konfrontiert: „Deine Schwester hat ihre Turnschuhe vergessen! … Schon wieder ihr Lesebuch nicht mitgebracht! Getrödelt! Zu spät gekommen!" Als gute Schülerin wurde ihr auferlegt, unseren Eltern von meinen Fehlern zu berichten. „Bestell mal deiner Mutter, …!" Man erwartete tatsächlich von ihr, mich zu 'verpetzen'.

So brachten meine Trödeleien nicht nur mir Ermahnungen und Schelte ein. Ich weiß nicht, wie weit meine Fehlleistungen auch eine Belastung für meine Schwester waren. Es blieb ihr nichts anderes übrig. Irgendwann übernahm sie die Rolle der Vernünftigen. Viele weitere Jahre hielt sie daran fest: „Wo bist du gewesen? Warum kommst du zu spät? Wo kommst du her? Hast du geraucht?" Wütend wehrte ich mich gegen diese Bevormundungen. Darüber gab es heftige Auseinandersetzungen. „Was bildest du dir ein? Lass mich in Ruhe!" Mit aller Macht versuchte ich mich gegen ihre Fragen zu wehren. Dabei kam es vor, dass wir uns im Streit sprichwörtlich in den Haaren lagen. Soweit ich zurückblicke, konnte aber keine noch so handfeste Auseinandersetzung verhindern, dass wir uns anschließend herzlich versöhnten. Wir brauchten uns! Unser gegenseitiger Halt steckte in unseren Köpfen. Umschlungen und heulend lagen wir uns dann in den Armen: „Wir wollen uns wieder vertragen! War nicht so gemeint!"

Wenn ich zurückdenke, gab es viele Situationen, in denen wir fest zusammen hielten. Geschichten, über die wir uns im Nachhinein amüsierten:

So war es auch, als unser Bruder geboren wurde. Genau erinnere ich mich an seine Ankunft: Wir Mädchen, sechs und sieben Jahre alt, waren bei deiner Schwester Gertrud in Kiel untergebracht, als uns die aufregende Nachricht erreichte. „Der Klapperstorch hat euch einen kleinen Bruder gebracht!" Ein speckig rundes Baby von acht und mehr Kilo hatte das Licht der Welt erblickt und sich lautstark zu uns gesellt.

Fleißig hatten wir Zucker auf das Fensterbrett gestreut, damit der Storch das angekündigte Baby auch wirklich bei uns abliefert. „Ein richtiges, ein lebendiges Baby bekommen wir!" Voller Vorfreude prahlten wir mit unserem Glück, wohin wir auch kamen.

Endlich war er angekommen: Wir durften ihn kurz nach seinem Erscheinen als neues Familienmitglied begutachten. Ich sehe dich noch in deinem gesteppten blauen Morgenrock, Mutter. Aber was war das! Das sollte unser Bruder sein? Enttäuschte Gesichter! Oh, je! Wie sieht der denn aus!

Keine Ähnlichkeit mit unserer Babypuppe! Ein brüllendes Neugeborenes, rot angelaufen, verquollen, zerknautscht im Gesicht! „Der hört ja nicht auf zu schreien. Kein Zahn im Mund, kein Haar auf dem Kopf," stießen wir uns an.

„Na, wie findet ihr ihn? Ist er nicht süß?" Wir konnten nur trocken schlucken.

Spazierfahrt mit dem kleinen Bruder, 1949

Alles dreht sich um den kleinen Bruder

Ohne zu antworten, blickten wir betreten auf das Bündel. „Der ist potthässlich und schreit wie am Spieß!", waren wir einer Meinung. Du zeigtest dich dagegen entzückt. „Na, was sagt ihr zu eurem Bruder?" 'Unmöglich', aber wir nickten artig. Alles so merkwürdig und so verändert: Das Baby brüllte ohne Ende, du wiegtest den Schreihals hin und her und schienst selig zu sein. „Was machen wir nun?" Wir Schwestern rückten noch näher zusammen.

Es war wie ein Akt der Verschwörung. Wir mussten uns an die neue Situation gewöhnen und waren eifersüchtig: „Alles dreht sich um das Baby. Und wo bleiben wir? Wir dürfen gar nichts mehr!" Im Vordergrund stand ab jetzt der kleine Bruder: „Ich kann jetzt nicht! Wartet, erst kommt das Baby! Vorsicht mit dem Baby! Seid nicht so laut, das Baby muss schlafen!" Du warst nur noch mit dem kleinen Bruder beschäftigt und abgelenkt.

„Die mögen uns nicht mehr!" Der Stiefvater hatte uns ins Bett gebracht und mehrfach aufgefordert: „Es wird nicht mehr geredet! Ruhe!" Mit letzter Mahnung: „Nun wird aber geschlafen! Ihr seid still. Euer Bruder wacht sonst auf!" Wir Mädchen verzogen die Gesichter: „Pöh! Der kleine Bruder! Immer der!" Wir flüsterten und kicherten weiter in unserem Etagenbett: Wie gewöhnlich vom unteren Bett nach oben und umgekehrt von oben nach unten. Als wir nicht leiser, sondern immer lauter wurden, war die Geduld der Eltern am Ende. „Warum könnt ihr nicht hören! Raus aus dem Bett! Ab in den Flur!" Damit gab es die erste Ohrfeige. Aus dem Bett zitiert standen wir zur Strafe barfuß im Nachthemd in unserem kalten Flur vor dem Wohnzimmer. „Jetzt bleibt ihr dort!",die zweite Ohrfeige! Wir rieben uns die Wange. Ein paar Tränen kullerten, aber es gab kein Erbarmen! Niemand öffnete uns die Tür ins Warme! „Heulen bringt nichts! Gut, dann erkälten wir uns oder erfrieren! Dann sollen die mit ihrem Baby mal sehen…!" Wir schlichen uns in den Korridor des dunklen Treppenhauses. „Keiner mag uns! Dann sterben wir eben!" Zu allem entschlossen, legten wir uns dicht nebeneinander auf das kalte Linoleum. Eigentlich war es auf dem Fußboden äußerst hart und unbequem. „Aufhören? Aufgeben?" Mich beschlich große Angst! Es war dunkel und kalt! „Nur nicht feige sein!" Eine Weile verharrten wir tapfer in dieser unbequemen Lage. „Ihr Erwachsenen seid ja so gemein!" Krampfhaft bemühten wir uns die Augen zu schließen und unsere Lage durchzuhalten: „Keiner versteht uns!"

Es dauerte nicht lange, da wurde unser Vorhaben gestört! Wir blinzelten ins grelle Licht. Das Minutenlicht war angegangen. Schnell sprangen wir auf, als ein Mitbewohner die Treppe heraufkam und stutzte: „Was macht ihr denn hier im Treppenhaus? Wo sind eure Eltern?"

Wie peinlich! Beschämt strichen wir unsere Nachthemden glatt und murmelten: „Wir dürfen nicht ins Bett!"

Verständnisloses Kopfschütteln. Dann wurde an unserer Wohnungstür Sturm geklingelt. „Ihre Kinder frieren hier im Treppenhaus!"

Unser Stiefvater rang sich ein paar Erklärungen ab, nahm uns in Empfang und schob uns verärgert zurück in unsere Wohnung.

Die nächste Ohrfeige machte uns schon nichts mehr aus, auch weitere Schimpftiraden nicht. „Wehe, wenn ihr jetzt nicht leise seid …!" Wortlos krochen wir in unser weiches Bett, zogen erleichtert die Bettdecke über den Kopf und wagten keinen Pieps mehr.

7) Aufblühen in der Natur

Nach dem Tod des Stiefvaters erlebten wir den Alltag zu Hause als farblos und erdrückend!

In den Sommerferien 1955 schicktest du uns Mädchen zu deiner ältesten Schwester in die Lüneburger Heide: „Dort, auf dem Land, wird es euch gut gehen!" Du bist mit unserem Bruder zu Hause geblieben, für gemeinsames Reisen fehlten uns die Mittel.

Tante Dora war bereits zwanzig Jahre alt bei deiner Geburt. Die älteste von euch fünf Schwestern. Lange bevor ich meiner Tante persönlich begegnete, war ich ihr zugetan. Es waren deine Schilderungen, die bei mir das Bild einer fürsorglichen großen Schwester entstehen ließen: „Die Älteste von uns hat sich stets liebevoll um mich gekümmert. Nach dem frühen Tod unserer Mutter und auch nach dem Tod unseres Vaters hat sie mir in Phasen der Not beigestanden."

Du setztest uns am Hauptbahnhof in Kiel in den Bus Richtung Hannover. Der Busfahrer erhielt den Auftrag: „Werfen Sie die Mädchen eine Haltestelle vor Celle raus!" Dann strecktest du den Zeigefinger in die Höhe und wir wurden wiederholt ermahnt: „Macht keinen Unsinn, macht euch nützlich, und achtet auf euer Gepäck!"

Als der Bus sich langsam entfernte, fiel mir dein blasses Gesicht auf, das sich wie ein heller Fleck aus dem Schwarz deiner Erscheinung abhebt. „Wirst du uns ein wenig vermissen? Du wirkst so zerbrechlich, mir fällt die Trennung schwer." Mein Blick wollte sich nicht lösen, bis du winkend immer kleiner werdend entschwandest.

Wir Mädchen saßen stundenlang im Bus brav auf unseren Plätzen. Die Zeit wurde nicht lang, denn wie immer hatten wir uns viel zu erzählen. Wir schnatterten und malten uns den Aufenthalt bei unseren Verwandten auf dem Lande in allen Farben aus. Wir waren skeptisch! Was würde uns erwarten?

„Ferien in einem winzigen Dorf! Öde! Wird das langweilig? Die haben ein Plumpsklo!", hatten wir gehört. „Wasser kommt aus einer Pumpe im Hof! Es gibt einen Wachhund! Ob der beißt?"

An einer unbekannten Chaussee mussten wir aussteigen. Der Schaffner stellte unseren Koffer an den Straßenrand. „Dort entlang, immer geradeaus!" Ein letzter Hinweis, eine energische Geste, dann schlossen sich die Türen und der Bus ließ uns zurück. Wir standen etwas hilflos neben unserem Koffer und blickten uns um. „Wie weit mag es sein?" Ein unbefestigter Weg vor uns sollte zum Ziel führen: „Adelheidsdorf! Dort steht es auf dem Wegweiser," gab meine Schwester die Richtung an.

Keine Wolke am Himmel, die Sonne blendete uns und hatte die Erde aufgeheizt. Eine lange Strecke war zu Fuß zu bewältigen. Es ging vorbei an einzelnen Häusern, an verschlafenen Bauernhöfen, die wir hinter uns zurückließen. Die Höfe mit ihren Scheunen und Stallgebäuden wirkten wie geschmückt. Eingerahmt von Rosensträuchern, Rhododendren und bunten Sommerblumen zogen sie unsere Blicke auf sich. Dazwischen säumten Kornfelder und grüne Wiesen unseren Weg. Die flimmernde Sonne ließ die Feldränder mit ihren Mohn- und Kornblumen kräftig für uns leuchten. „Bäh, bäh!" Wir steckten den schwarz-weiß geschecktten Rindern, die uns wiederkäuend hinterherschauten, die Zunge aus. „Glotzt nicht so blöd!"

'Immer geradeaus!', hatte man uns eingetrichtert. Auf dem staubigen Sandweg schleppten wir schwitzend, abwechselnd unser Gepäck. „Jetzt bist du wieder dran!"

Endlich erreichten wir das winzige Dorf und das kleine Anwesen von unserer Tante Dora und unserem Onkel Hermann.

Hier, in der Lüneburger Heide, waren die Verwandten nach dem Krieg gelandet. Müde von Bomben und Bunkern hatten sie sich bewusst aus der Stadt in die dörfliche Idylle, inmitten von Wäldern und Feldern, begeben! Die Lüneburger Heide versprach Abstand vom Krieg. In dieser entrückten Gegend wollten sie naturnah auf eigenem Boden mit ihren Haustieren in Frieden leben. Das kleine Wohnhaus Marke 'Eigenbau', am Waldrand, von Blumenstauden und einem Gartengelände umgeben, erschien uns märchenhaft. Wir erlebten, wie sehr sich das Leben unserer Verwandten in dieser Umgebung in jeder Hinsicht bescheiden gestaltete. Modernisierungen oder technische Errungenschaften hatten keinen Einzug gehalten. Auch die Nachbarn, die wenigen Dorfbewohner, schienen vom Aufschwung der Nachkriegszeit unberührt zu sein.

„Da seid ihr ja! Ihr seid sicher hungrig!", hieß unsere Tante uns mit warmherziger Geste willkommen. Der Tisch war bereits gedeckt. Duftender Apfelkuchen und frisch gepresster Fruchtsaft halfen uns, auch den Rest unserer Befangenheit zu überwinden. Nach der Erfrischung führte unsere Tante uns über das überschaubare, landwirtschaftliche Gelände. Wir Stadtkinder fanden alles ziemlich 'komisch'. Direkt neben dem Wohnhaus befand sich ein kleiner Stall. Ein dickes, rosafarbenes Schwein mit lustigen Knopfaugen begrüßte uns grunzend.

„Das ist unsere Emmi", erklärte Tante Dora. „Sie hat immer Hunger!" Daneben gab es Gehege, Schuppen und Ställe für Ziegen, Kaninchen und Federvieh. Und dann das Plumpsklo! Wir verzogen die Gesichter! Gewöhnungsbedürftig! In der Dunkelheit gingen wir am liebsten zu zweit in diesen Holzverschlag. Wir hielten uns die Nase zu! „Iiiih, es stinkt! Es gibt Fliegen und in den Ecken krabbeln Spinnen!" Auch an die Wasserpumpe im Freien, aus der rostfarbenes Wasser sprudelte, konnten wir uns nur langsam gewöhnen: Unsere morgendliche Reinigung kostete lautstarke Überwindung. Wenn Tante Dora befand, ab unter die „Dusche!", hüpften wir kreischend unter dem eiskalten Wasser hin und her, während sie den Pumpenschwengel bewegte.

Auf dem Hof befanden sich ein Schäferhund, ein Schwein, einige Ziegen, Kaninchen und eine Menge Federvieh. Unsere Tante zeigte sich über alle Maßen tierlieb. Ihre Schützlinge führten ein behütetes Erdendasein. Hühner oder Gänse hörten auf Namen wie 'Gretchen' oder 'Lottchen'. Viele der Tiere lebten, bis der natürliche Tod sie dahinraffte. Tante Dora gewährte ihren Lieblingen am liebsten ein sogenanntes Gnadenbrot. Starb hier überhaupt jemals ein Tier für den Kochtopf?, fragte ich mich.

Auch an die störrischen Ziegen kann ich mich gut erinnern. Sie hießen 'Lisa', 'Gitti', 'Betti' oder ähnlich und gehorchten der Tante, wie sie behauptete, 'aufs Wort'.

Am meisten liebten wir den Schäferhund mit dem irreführenden Namen 'Purzel'. Zuverlässig bewachte er Haus und Hof. Mit lautem Gebell meldete er jede fremde Person bei Annäherung an das Grundstück. Uns gegenüber zeigte er sich friedlich und anhänglich. Wir waren überzeugt: „Purzel ist unglaublich klug. Er lässt kein Tier vom Hof und fremde Personen nicht auf das Grundstück."

Unübersehbar war die Warnung: 'Vorsicht vor dem bissigen Hund', ein gut sichtbares Schild, bevor man das Grundstück betrat. Als wir zum ersten Mal vor dem Eingang standen, verharrten wir stocksteif vor diesem Schild und stießen uns gegenseitig an: „Nur keinen Schritt weiter, der Hund ist gefährlich! Hoffentlich ist er angeleint." Erst als unsere Tante wiederholt versicherte, „keine Angst! Purzel tut nichts!", wagten wir vorsichtige Schritte auf den Eingang zu. Als sie sich dann anschickte, den Hund von der Leine zu lassen, „Purzelchen, komm, wir haben Besuch!", starteten wir blitzartig und verschwanden hinter der nächstbesten Tür. Wir standen tatsächlich im Plumpsklo. Von innen war es dunkel. Nur ein paar Sonnenstrahlen zwängten sich durch Lücken in dem Holzverschlag. Wir krallten unsere Finger in das Holz einer Leiste, um die Tür geschlossen zu halten. Unsere Angst steigerte sich, als wir außen das Schnüffeln hörten. „Halt die Tür fest! Nicht loslassen! Der Hund lauert vor der Tür!"

Unsere Tante musste überzeugend auf uns einwirken: „Ihr könnt rauskommen! Purzelchen will euch begrüßen! Er tut euch wirklich nichts!"

Es brauchte eine geraume Zeit, bis wir den Mut zu einer Aug-in-Aug-Begegnung hatten. Längeres Zureden! Dann öffneten wir vorsichtig einen Spalt und spähten hinaus. „Habt keine Angst!", flötete unsere Tante: „Purzelchen freut sich."

Und wirklich, der Schäferhund stand mit blanken Augen schwanzwedelnd vor uns. Es war der Beginn einer Freundschaft! In der folgenden Zeit fanden wir in ihm einen ebenso treuen Begleiter wie auch einen geduldigen Spielkameraden.

Tante Dora war so gutherzig zu uns wie zu jedem ihrer Lieblinge: „Sie kann keiner Fliege etwas zuleide tun", stellten wir fest. Schnell entwickelten wir großes Vertrauen und genossen gemütliche Stunden in ihrer Nähe. „Die Ferien könnten nicht schöner sein!" Wir liebten unsere Tante und den freien Himmel über uns. Wir blühten auf in der Natur, eroberten den angrenzenden Birkenwald und zogen unsere Runden über Wiesen und Felder.

Jeden Abend, wenn die Arbeit in Haus und Garten getan war, lauschten wir den Geschichten unserer Tante in raschelnden Federbetten, wenn die Arbeit getan war. „Was machen wir morgen?", fragten wir vor dem Einschlafen.

„Heute war ein schöner Tag und morgen wird es wieder schön! Jetzt wird geschlafen! Gute Nacht!" Wir kuschelten uns selig in die frisch gestärkte Bettwäsche. So endete jeder einzelne Ferientag. Ich sehe unsere Tante noch deutlich vor mir: Eine kleine rundliche Gestalt mit leuchtenden Augen in einem freundlichen Gesicht. Besonders ihre warmherzige Ausstrahlung hat sich für immer bei mir eingeprägt.

Über den Tag erlebten wir sie summend bei der Arbeit, am Abend hatte sie Zeit für uns mit ihren anregenden Geschichten. „Früher, als eure Mutter noch ganz klein war ... Früher, als eure Großeltern noch lebten …"

Morgens staunten wir über ihr langes, über die Schultern fallendes Haar. 'Rapunzel,... lass dein Haar herunter…!', fiel mir im Stillen ein. Dann staunte ich, wie nach einem festen Bürstenritual das Haar geschickt zu einem Knoten gebunden und mit mehreren Haarnadeln kunstvoll hochgesteckt wurde.

Wir stellten eine Menge Unsinn an. Dennoch kann ich mich nicht erinnern, dass unsere Tante Dora jemals mit uns geschimpft hätte. Nie gab es Beschwerden bei unserem Onkel Hermann, der jeden Morgen mit dem Fahrrad in die Stadt nach Celle fuhr und erst Abends von der Arbeit zurückkehrte.

„Was ist los mit unserem Onkel?" Blass und erschöpft kam er nach Hause! Er redete nicht viel. Auch in unserer Nähe schien er abwesend zu sein. Seine zurückgezogene Art erinnerte mich an die traurige Stimmung bei uns zu Hause.

Auf seinem Grund und Boden gab es für ihn immer etwas zu errichten oder zu reparieren. Man hört ihn hämmern und klopfen. Manchmal beobachtete ich, wie er innehielt und in sich gekehrt ins Leere blickte.

„Warum sieht er so traurig aus?
Warum starrt er wortlos ins Leere?
Was mag er denken?"

Niemand hatte zu uns darüber gesprochen! Damals wussten wir nichts von seinem Schicksal. Ein Bruder unseres Onkels wurde ein Opfer der Rassenideologie im Naziregime. Euthanasie! Die Nazis begingen einen Massenmord auch an psychisch erkrankten, geistig und körperlich behinderten Menschen. Der Bruder unseres Onkels war mit einer Verhaltensstörung in einer Einrichtung für geistig Behinderte gestorben. Umgebracht! Adolf Hitler hatte es befohlen: Die arische Rasse sei von minderwertigem Leben zu reinigen.

War es die Trauer um den Bruder und das Leid so vieler Betroffener, die unseren Onkel so stumm machte?

In der Abgeschiedenheit der Lüneburger Heide waren wir Schwestern, etwa elf und dreizehn Jahre alt, vor allem auf eigene Spielideen angewiesen. Die Einsamkeit forderte unseren Unternehmungsgeist heraus! Unser Versprechen, fleißig im Haushalt oder Garten zu helfen, war bei einer so sanftmütigen Tante schnell vergessen. „Was können wir spielen?" Gut gemeinte Vorschläge wie Stricken oder Flechten von Zöpfen oder Blumenkränzen fanden wir bald eintönig.

Wie Max und Moritz strolchten wir in der Gegend umher, aufgelegt zu kleinen Abenteuern. Zu Hause nicht immer im friedlichen Miteinander, lebten wir hier eng verbunden als Elfen, Indianer und Zauberer in diesem Umfeld. Die reine Natur, voller Rätsel, eine Welt, die es zu entdecken galt! Es machte Spaß, auch die weitere Umgebung zu erkunden. 'Ab auf die Räder und los!' Wir schwangen uns auf die klapprigen Fahrräder, um angrenzende Höfe und das nächstgelegene Dorf kennenzulernen. Stets begleitete uns – brav an der Leine – Purzel, der außerhalb seines Geländes zuverlässig und lammfromm war. Es musste doch noch etwas Spannendes geben!

Manchmal mühten wir uns ab mit den störrischen Ziegen, wenn wir sie auf die Weide zerrten. „Los, komm schon! Vorwärts!" Wir sahen zu beim Melken und halfen, Ziegenbutter in einer Zentrifuge herzustellen. „Lecker!

Ziegenbutter, schmeckt gut!", beteuerten wir tapfer, um unsere Tante nicht zu enttäuschen.

„Wer hat die meisten?" Für die gelben Kartoffelkäfer, die wir um die Wette von den Blättern der Pflanzen sammelten, gab es eine Belohnung. Ich konnte nicht hinsehen, wenn die Käfer anschließend verbrannt wurden.

Freilaufende Hühner scharrten überall friedlich auf dem Gelände herum. Zur Nacht und zum Eierlegen kehrten Hühner und Gänse eigenständig zu ihren Schlafplätzen in die Ställe zurück.

Einige der Gänse waren mit Vorsicht zu genießen. Wir nahmen uns in Acht, wenn der grantige Gänserich mit vorgerecktem Kopf und erhobenen Flügeln auf uns zugeschossen kam.

„Lauf, lauf! Schnell weg! Der Wüterich will uns beißen!"

Ein angrenzender Birkenwald erschien uns geeignet für eine sportliche Herausforderung: „Gänsefangen mit Hindernislauf", frohlockten wir. Gesagt, getan! „Tsch, tsch ... Fang sie! Wir versuchen, die aufgescheuchten Tiere im Laufen zu greifen!"

Kreuz und quer ging es über Baumwurzeln und um Baumstämme. Mit langen Armen und ausgestreckten Händen versuchten wir das flüchtende Gefieder mit den Händen zu greifen. Lautes Geschnatter und Geflatter, bis Tante Dora erschien und mit erhobenem Finger drohend dem Spiel ein Ende bereitete: „Kinder, die Tiere dürft ihr nicht jagen!"

Wir blickten beschämt zu Boden, bis wir dem ausgestreckten Arm unserer Tante folgten: „Da ist er wieder!" Bedrohlich schwebte der Habicht über uns. Unermüdlich zog er seine Kreise am Himmel. „Sieh mal dort oben, dort gleitet er. Der will sich ein Huhn schnappen." Eigentlich mussten wir nicht nach oben sehen! Das Federvieh ahnte die Gefahr schon lange vor uns. Sobald der Raubvogel mit ausgebreiteten Schwingen hoch kreiste, stürzten die Tiere in panischer Angst aus allen Richtungen zu den Ställen. Wir fanden es lustig: „Wie die flitzen!" Alles, was zwei Beine hatte, rannte und überschlug sich. Die Hühner drängten zielstrebig über- und untereinander in die kleinen Luken, um einen sicheren Platz im Stall zu erreichen.

Das Schauspiel mit dem Habicht wiederholte sich und brachte uns auf die Idee: „Los, wir bauen eine Strecke mit Hindernissen und Fallgruben für die Hühner!"

Gesagt, getan! Wir machten uns an die Arbeit, dabei die Tante wohlweislich im Blick behaltend. „Sie arbeitet hinter dem Haus im Garten, sie sieht uns nicht! Jetzt schnell! Löcher graben!" In Windeseile wurden Löcher in den Boden geschaufelt. Darauf legten wir dünne Stöcke, die wir zuvor gesammelt hatten. „Her mit dem Zeitungspapier und alles abdecken! Und jetzt Sand darauf streuen!" Auf dem Papier verteilten wir eine Schicht Sand, sodass die Vertiefungen kaum sichtbar waren. Hühner sehen schlecht, das hatten wir hier gelernt.

Abwarten! Unser Blick richtete sich immer wieder gen Himmel. „Jetzt soll der Habicht kommen! Der geplante Hühner-Hindernislauf kann beginnen! Nichts zu sehen! Wo bleibt der Raubvogel denn heute?"

Er tat uns den Gefallen nicht. Wir mussten selbst aktiv werden: „Hui, hui!", mit ausgebreiteten Armen und lautem Klatschen trieben wir das Federvieh aus allen Richtungen über unsere Fallgruben. Welch ein Gegacker und Geschnatter: „Guck mal, wie sie rennen und stolpern, wie sie einbrechen, auf die Nase fallen und davon flattern." Diebische Freude bei uns, Panik beim Federvieh, das erschrocken zum Stall flüchtete.

„Schon wieder dieser Habicht!", schimpfte Tante Dora! „Der schockt die Tiere derart, dass sie keine Eier mehr legen!" Wir sahen uns an und schwiegen.

Wie herrlich schmeckten im Gemüsegarten die Süßkirschen. In Fülle hingen sie greifbar über uns im Baum. Wir pflückten und verzehrten auch die roten und schwarzen Johannisbeeren. Bei den pelzigen Stachelbeeren verzogen wir die Gesichter. „Puh, die schmecken sauer!" Vor dem Naschen der Himbeeren wurde gemahnt: „Achtung, in jeder Himbeere wohnt ein kleiner Wurm!"

Die unbekümmerte Zeit, die Befreiung und Ablenkung musste einmal zu Ende gehen. Der Abschied von unserer Tante fiel nicht leicht: „Kommt bald wieder!" Unser Beschützer blieb mit verständnislosem Blick zurück. 'Man kann einen Hund so lieb haben', dachte ich traurig, als wir ihm den Rücken kehrten.

Gut erholt kehrten wir mit vielen neuen Eindrücken zurück. Während der Busfahrt malte ich mir die Heimkehr aus: Wie würden wir dich vorfinden? Wir wünschten uns, dass du wieder lachen kannst, Mutter. Was würde uns erwarten?

„Hallo, da seid ihr ja! Wie war es bei Tante Dora?"

Du standest am Bus, hattest auf uns gewartet. Du freutest dich: „Wie gut, dass ihr wieder da seid!" Deine Umarmung war wie ein Geschenk. Das Schönste aber war deine Aufmachung! Nie vergesse ich die Überraschung: Deine triste

Trauerkleidung hattest du etwas aufgehellt. Das Lächeln in deinem Gesicht verbreitete Hoffnung; die weißen Punkte auf deiner schwarzen Bluse vermittelten Licht und Zuversicht.

Die Verwandten hatten die Flucht in die Einsamkeit gewählt. Uns wurde mit dem Aufenthalt in der Lüneburger Heide ein kleines Glück beschert. Unsere Tante bemühte sich, uns das Leben mit Tieren und Pflanzen nahe zu bringen. „Habt Respekt vor den Zusammenhängen in der Natur! Bedenkt, jedes Tier hat eine Seele! Tiere lügen nicht, sie schenken uns ihr Vertrauen!" Wenn sie so redete, rührte sich mein Gewissen, weil ich an unsere Streiche dachte. „Das arme Federvieh, wir haben es geängstigt und durch den Wald gejagt."

8) Tiere bereichern

Ein kleiner Vogel verzaubert unseren Alltag

Es blieb aber nicht aus! Wir Geschwister träumten von einem eigenen Haustier. Wir bettelten unaufhörlich: „Bekommen wir einen Hund? Bitte, bitte, nur einen kleinen!” Wir bedrängten dich so lange, bis du eines Tages überredet warst. Beflügelt machten wir uns auf die Suche, studierten alle möglichen Zeitungsannoncen und fanden bald einen entsprechenden Züchter. Dort angekommen waren wir sofort von einem schwarz-weißen Cocker-Spaniel-Welpen begeistert. „Der kleine schwarz-weiße, der sieht mich so lieb an. Den nehmen wir“, jubelte meine Schwester! Wir waren uns einig. Der Kauf wurde beschlossen. Aber wir mussten uns gedulden: „Ihr könnt ihn nicht mitnehmen. Der Welpe muss noch einige Zeit bei seiner Mutter bleiben!”

Große Vorfreude auf ein lebendiges Tier, einen Hund zum Liebhaben! Kuscheltiere reichten schon lange nicht mehr. Wir überschlugen uns: „Der Hund schläft bei mir!”

„Nein, das darf der gar nicht!”

„Ich gehe mit ihm Gassi!”

„Nein, ich!”

Wir Schwestern planten für unseren Familienzuwachs. Die Zeit bis zur Ankunft wollte kaum vergehen. Abwarten! „Wie lange dauert das noch? Wann kommt der kleine Hund endlich zu uns?”

Doch dann geschah alles ganz anders. Selbst du warst sichtlich geknickt. Dir blieb nichts anderes übrig, als uns die Enttäuschung mitzuteilen: „Der Hauswirt will eine Hundehaltung nicht erlauben! All meine Versuche, ihn doch noch zu überreden, scheiterten!" Eine schlagartige Ernüchterung! Damit hatten wir nicht gerechnet! Alle Vorfreude war vergeblich!

Der Vertrag musste rückgängig gemacht werden. Wir Schwestern waren tief enttäuscht. „Das ist ungerecht! Die Kinder des Hauswirts dürfen einen Hund haben und wir nicht!" Wir fühlten uns benachteiligt.

Du wollest uns besänftigen: „Seht mal, was ich hier habe!" Statt eines Welpen zog ein kleiner blauer Wellensittich bei uns ein. Er erhielt den Namen 'Jackie'. Schneller als erwartet half er über unsere Enttäuschung hinweg. Es dauerte auch nicht lange, bis er sich an uns gewöhnt hatte.

Dieser kleine Vogel konnte tatsächlich unser Familienleben bereichern: Immer zutraulicher, geradezu anschmiegsam, wagte er sich bald in unsere Nähe. Er flog gern auf die Schulter, zwickte ins Ohr oder balancierte auf der Schreibhand während unserer Schularbeiten. Wie sehr verstand es dieses kleine Tier, uns zum Staunen zu bringen! Es sah lustig aus, wenn er Hindernisse überwand, die wir als Parcours über die Tischfläche ausbreiteten. Wenn wir ihn lockten, „komm Jackie, komm!", wurde nicht lange gezögert; zielstrebig stolperte er mit seinen kleinen, dünnen Beinchen über Federtaschen, Bücher und Schachteln, ohne sich seiner Flügel zu bedienen.

Unermüdlich kullerte er auch den letzten Stift vom Tisch und blickte prüfend über die Tischkante nach jedem einzelnen Teil.

Selbst du warst amüsiert und wirktest gelöst, Mutter: „Seht mal, was der kleine Vogel alles anstellt!"

Nur wenn die Stecknadeln aus den gefalteten Gardinen flogen, hielt sich deine Freude in Grenzen. „Weg da, verschwinde aus meinen Gardinen! Lass die Stecknadeln in Ruhe!"

Wir fanden es lustig, wie er provozierend auf dem Gardinenbrett hin und her hüpfte, bis du ihn mit fuchtelnden Armen vertreiben konntest.

Diesem kleinen Vogel gelang es tatsächlich, Ablenkung und viel Freude in unseren Alltag zu zaubern.

9) Ungeschützt

Ein Vater, der fehlt - eine Mutter, die nichts bemerkt

Rechts und links von mir ließ ich die alten Mietshäuser mit den unterschiedlichen Fassaden zurück. Hier befand sich auch das Haus mit den vorgezogenen Erkern und der Gastwirtschaft, in dem wir wohnten.

Vereinzelte Geschäfte, wie die Drogerie, der kleine Milchladen oder das Lebensmittelgeschäft mit den ausgestellten Obst- und Gemüsekisten hatten geöffnet. Ich kannte die Läden alle gut von unseren täglichen Einkäufen. Dazwischen befand sich das Schaufenster des Bestattungsunternehmens mit den merkwürdigen Auslagen. Immer gab es noch Trümmer und Baulücken, die auf einen Wiederaufbau warteten. Zum Glück haben die Bomben unser Haus nicht völlig zerstört!, überlege ich, als ich daran vorbei radelte. Dank der handwerklichen Fähigkeiten des Stiefvaters konnten wir 1948 hier unsere Wohnung beziehen; nur wenige Häuser von der Großmutter entfernt, die durch unseren Umzug entlastet wurde.

Nach dem Tod des Stiefvaters warst du finanziell darauf angewiesen, von unserer Dreizimmerwohnung vorübergehend ein Zimmer zu vermieten, Mutter. Du wolltest nicht dauervermieten. Kurzzeitig zogen wechselnde Untermieter, die für eine Firma Montagearbeiten in Kiel und Umgebung durchzuführen hatten, bei uns ein und aus. Untermieter – fremde Männer – bewegten sich in unmittelbarer Nähe, in unseren Räumen! Und du hattest keine Ahnung von der Zumutung, du weißt nichts von meiner Angst vor diesen Männern.

Dunkle Erinnerungen an ein Ereignis in weit zurückliegender Zeit tauchten dabei vor meinen inneren Augen auf, die ich keinem Menschen offenbaren konnte. Wie war das damals?

Ich musste mich auf dem Fahrrad aufrichten und konzentrieren. Die Bilder meiner Pein als Kleinkind drängten sich spontan auf:

Es geschah 1947 nach unserer Flucht und Aufnahme bei der Großmutter. Unser Vater war gefallen! Ich war ein kleines Mädchen von vier Jahren. Ich erinnere mich an die Besuche eines 'Kriegskameraden'. Einer der Augenzeugen des Unglücks unseres Vaters. Der sogenannte Onkel, wie es bei uns hieß, wusste, dass unser Vater tödlich verunglückt war.

Ich sah das Geschehen verschwommen vor mir: Dieser Mann muss es geschafft haben, mit mir allein zu sein. Für mich war er ein Vertrauter der Familie mit lockenden Versprechungen: „Du darfst mitfahren! Du darfst in meinem Auto vorne sitzen!" Nur wenige Menschen besaßen zu der Zeit ein Auto. Autofahren war etwas ganz Besonderes.

Ich sah wie dieser Mann mir über den Kopf strich, auf mich einredete, wie er mich auf seinen Schoß zog, wie seine Augen plötzlich hart wurden. Er umschloss meine vierjährige Hand fest, ließ nicht los, um sich zu befriedigen.

Mir war es nicht möglich, einzuordnen, was hier passiert war. Zurück blieb eine kindliche Ahnung von Unrecht, von verbotenem Geschehen.

Es gelingt mir oft nicht, die Erinnerungen abzuschütteln. „Was hat dieser Mann gemacht? Etwas Böses? Wem kann ich etwas erzählen?" Ich behielt das Erlebte vorsichtshalber für mich, trotz tiefer Verunsicherung.

In meinen Träumen erschienen grässliche Monster, die sich bedrohlich auf mich zu bewegen! Immer zahlreicher, immer größer! Die Monster lockten, redeten auf mich ein! Sie griffen nach mir! Gesteigerte Angst! Ich mochte nicht hinsehen! Panik! Ich wollte diese Ungeheuer nicht sehen!

Schreien und ein nasses Bett! Von der Großmutter kamen Drohungen: „Du bist kein Baby mehr! Wehe, wenn das noch einmal passiert!" Albträume ließen sich davon nicht abhalten! Ich war 'nicht lieb!' „Schon wieder ins Bett gemacht!" Die Großmutter griff durch: „Nur Ärger mit euch! Ich habe schon genug Arbeit!" Für meine 'Ungehorsamkeit' gab es Schläge mit dem Kochlöffel.

Strafen und Schläge und ich wagte nicht zu reden. Auch auf deinen Schutz wartete ich umsonst. Eine Mutter, die nichts bemerkte! Ein Vater, der fehlte! Der Täter, dieser sogenannte Kriegskamerad, der bei uns ein- und ausging, war für mich ein Verräter. Du ahntest nichts von meiner Not. Das Böse blieb bei mir: 'Kinder, die ins Bett machen, haben Strafe verdient!'

Häufige Bauchschmerzen! Kein Appetit! „Ich mag das nicht! Ich möchte nichts essen! Ich muss spucken!"

Ich litt und hörte Vorwürfe: „Andere Kinder hungern … Du bist undankbar …!" Ich konnte mir nicht vorstellen, dass Hungern etwas Schlechtes sei. „Du isst das jetzt auf! Andere Kinder würden sich freuen!" Erleichterung, wenn mich niemand drängte: „Sie hat eben einen empfindlichen Magen!" Wegen meines Untergewichts schlepptest du mich schließlich zu einem Internisten. Ekelhaft, ich schmecke noch das Kontrastmittel. Diese weiße, zähe Masse musste ich vor dem kalten Röntgengerät herunterwürgen. Die Arzthelferin drängte und drohte: „Wenn du nicht … dann kommt der Schlauch …!“ Das Röntgenbild ergab keine Diagnose. Die Probleme blieben bestehen! Wärmflasche auf den Bauch!

Auch in der Schule klagte ich: „Ich habe Bauchweh, darf ich nach Hause gehen?”

„Man sagt nicht Bauchweh! Es heißt Magenschmerzen!” So blieb ich mit meinem Schmerz allein!

Jahre später suchte ich in meinem Tagebuch nach Worten für mein Geheimnis.

Viele Nachkriegskinder, vor allem die untergewichtigen, wurden verschickt. Aufpäppeln in frischer Nordseeluft! Auf der Insel Föhr gab es das Kinderheim ‘Stadt Kiel’. Wie bei ‘Hänsel und Gretel’ sollten wir hier unter täglicher Kontrolle an Gewicht zunehmen. Jeden Morgen auf die Waage, jeden Morgen eine Verwarnung und ein Eintrag in die Karteikarte. „Du musst mehr essen! So geht das nicht!” Der Zwang zum Essen war heftig! Nicht wenige Kinder mussten sich übergeben und wurden bedroht. „Noch einmal und du isst das wieder auf!” Ich gehörte zu den Verweigerern und musste manchmal stundenlang auf meinem Platz schmoren, bis ich meinen Teller leer bekam. Ich weigerte mich, dabei Tränen zu zeigen. Eine qualvolle Zeit und am Ende kein Gramm zugenommen!

„Kinderverschickung ohne Erfolg”, so ging es wieder nach Hause. Dort erlebte ich dich weiterhin niedergeschlagen. „Ich kann belastende Situationen nicht mehr ertragen!” Mit diesen Worten wolltest du dich den Anforderungen des Alltags entziehen.

10) Wo bist du, Mutter?

Allein im Schmerz

Du warst nicht dabei, als man mich hilflos vor dem Eingang der Chirurgischen Klinik aufsammelte. Ein Schatten war über mich gefallen und hatte alles in Dunkelheit gehüllt. Besorgte Passanten trugen mich, die ich fast bewusstlos war, in das Behandlungszimmer. Ein dicker leuchtendweißer Verband an der linken Hand verwies auf mein Ziel.

Auf dem Behandlungstisch gelandet, drangen Stimmen wie aus weiter Ferne an mein Ohr: „Sie hat schon wieder eine weiße Nase!“ Jemand kniff in meine Nase und klopfte in meinem Gesicht herum. „Aufwachen!”

Nebel umhüllte immer wieder meine Sinne und überlagerte Angst und Schmerz. Als sich der Dunst etwas zu lichten begann, schoben sich aus dem dunklen Loch fragende Blicke in mein Bewusstsein. Geisterhafte, weiße Kittel schwebten um mich herum und wurden langsam zu Gesichtern, die sich über mich beugten.

Schon lange vorher hatte ich riesige Angst. Der verklebte Verband musste gewechselt werden. Die offene Wunde benötigte Begutachtung und Versorgung. Ich selbst wagte keinen Blick darauf, als der Verband gelöst wurde. „Gleich hast du es geschafft!” Mit rasendem Herzschlag und zusammengekniffenen Augen überstand ich diese Hürde. Die Wunde war freigelegt. Ein übergeordneter Arzt wurde herbeigerufen. Undeutliches Stimmengewirr. Ich verstand nicht, was über meine Hand besprochen wurde. Dann strich ein Arzt mir über das Haar: „Grad noch einmal gut gegangen, nächstes Mal kommst du früher, nicht wahr!“

Er konnte ja nicht wissen, dass ich schon tage- und nächtelang mit Seifenbädern versucht hatte, diesen pochenden Schmerz im Nagelbett meines Zeigefingers selbst zu besiegen. Dir hatte ich von meiner nächtlichen Qual nichts erzählt. Nachts verknüpfte sich jedes tickende Geräusch unserer Wanduhr mit dem Pochen in meinem Finger. Seifenbäder! Das war dein Rezept bei Entzündungen, Mutter: „Nur in Kernseife baden ...!" Dieses Mal blieb es ohne Wirkung!

Ein Verwandter zu Besuch war auf meine Qualen aufmerksam geworden. „Was machst du für ein grimmiges Gesicht?" Bei näherer Betrachtung wurde das Übel erkannt und umgehend ein Arztbesuch organisiert.

Mir wurde nicht mitgeteilt, dass es höchste Zeit für einen medizinischen Eingriff war und die Gefahr einer Amputation des oberen Fingergelenkes drohte. Der Knochen war bereits durch die fortgeschrittene Entzündung angegriffen. Lange Begutachtung und Beratung durch verschiedene Mediziner. „Ein Schlauch zum Ableiten quer durch die Fingerkuppe". Nach einer größeren chirurgischen Intervention konnte der Finger gerettet werden.

Auch jetzt wurde die Wunde von mehreren Ärzten begutachtet und die Operation als gelungen bewertet; so vernahm ich es aus dem Dunkel, das mich immer wieder umgibt. Ich bemühte mich, wach zu bleiben, musste die Zähne zusammenbeißen und die Augen schließen! Nur kein Blut sehen …

Bis der neue Wundverband saß, gingen immer wieder Wellen schwachen Kreislaufs über mich hinweg. Schneidend drang eine vorwurfsvolle Stimme in meine Benommenheit. Eine Krankenschwester drängte: „Wo bleibt denn die Mutter für dieses Kind?“

Immer diese quälende Frage: „Wo ist deine Mutter?” Sofort fallen mir ähnliche Ereignisse ein: Schulfeste, Theateraufführungen unserer Laienspielgruppe, Vorturnen im Sportverein! Warum warst du nie unter den Zuschauern? Jedes Mal verfolgte ich traurig, wenn andere Eltern ihre Kinder rühmten und bewunderten. Du hättest doch auch ein wenig stolz auf mich blicken können. Erkundigungen nach dir waren mir peinlich. „Wo ist denn deine Mutter?” Meine Antwort war immer die gleiche: „Meiner Mutter geht es nicht gut, sie kann leider nicht kommen!“

Gerade in meiner Kraftlosigkeit hier in der Klinik hätte ich deine Hilfe so dringend gebraucht! In den beißenden Schmerz traf mich die Frage nach dir, sodass sich zu meinem Kummer auch Wut und Scham aufblähen. „Wo bist du? Wieder einmal schutzlos! Wieder bin ich allein gelassen!”

Erinnerungen an ähnlich leidvolle Erfahrungen kehren zurück: Ich war noch nicht zehn Jahre alt und musste wegen einer schweren Lungenentzündung viele Wochen im Krankenhaus verbringen. Ich lag in einem Krankenzimmer lange Tage isoliert, ohne Besuch, und fühlte mich schwach und verlassen.

„Wo bist du, Mutter? Wann kommst du?” Im Fieber entstanden Visionen von dir! Ich sehnte dich vergeblich hinter der Besucher-Glasscheibe herbei. Ich träumte von den nahen Momenten, die ich mit dir erlebt hatte, von den wohltuenden Bildern, die ich wieder lebendig werden ließ. Es gelang mir nicht, dich als ein und dieselbe Mutter zu sehen. Mir schwebten zwei Mütter vor: Einmal erschienst du mir zugeneigt und heiter, daneben sah ich dich abgewandt und unerreichbar. Du warst zwar anwesend, aber nicht ansprechbar! Ich ersehnte einen Kuss von dir zum Einschlafen, Hände, die mich in meinem Klinikbett zudeckten.

In meinen Fieberträumen tauchten Momente von Zärtlichkeit und Humor auf: Einmal legtest du mir behutsam einen Wollschal um, bevor ich in die frostige Kälte zur Schule aufbrach. Du verabschiedetest mich mit einem Kuss auf die Stirn. „Tschüß und pass gut auf in der Schule!" An solchen Tagen nanntest du mich mit meinem Kosenamen 'Jettchen'. Ein Name wie ein Liebesbeweis! Wenn wir miteinander lachen konnten, fühlte ich, dass ich dich nicht verloren hatte.

In guten Zeiten gelang es mir tatsächlich manchmal, dich zum Lachen zu bringen: Ich verkleidete mich, spielte vor deiner Nase Theater, imitierte verschiedene Personen, tanzte vor dir herum! „Du hast immer Unsinn im Kopf", hieß es dann und ich genoss deine Aufmerksamkeit.

Verwirrend waren deine schwankenden Gefühlslagen. Annahme und Abwehr! „Warum bist du so traurig?

Was hab ich getan?

Hast du mich gern?"

Im Wechsel deiner Stimmungen erlebten wir drei Kinder, ein Wechselbad von Hoffnung und Enttäuschung: „Ich kann jetzt nicht! Lass mich! Später!"

Deine Äußerungen, „ich kann Belastungen nicht mehr ertragen!", zeigen Wirkung. Wir Kinder verinnerlichten dieses Bekenntnis: Nur keine Probleme machen! Wir durften dich nicht bedrängen! Wir durften nicht jammern und nicht klagen!

11) Kriege hinterlassen Spuren

Vielleicht fand ich dich bei unserer Oma. Sie war die Einzige von unseren Großeltern, die zwei Weltkriege überlebt hatte. Könnte sie mir vielleicht behilflich sein? Die Idee schob ich sogleich beiseite. Mit ihrer schroffen Art konnte ich mir nicht vorstellen, Verständnis für meine Dummheit zu erlangen. „Harte Schale, weicher Kern!“, hattest du entschuldigend gesagt, Mutter, wenn wir uns über sie beschwerten. Als kleines Kind hatte ich großen Respekt vor ihren unvermittelten Ohrfeigen. „Den weichen Kern, den hat ihr wohl der Krieg genommen!”, stellte ich mir vor. Nicht gerade eine Oma zum Anlehnen!

Rückblickend fällt mir ein, wie sie mich einst als Grundschulkind pflichtschuldig in die Schule zurückbeordert hatte: Durch ungestümes Toben und Rennen auf dem Schulhof zog ich mir nach einem Zusammenprall aufgeplatzte Lippen und wackelige Vorderzähne zu. Eine heftig blutende Verletzung! Nach kurzer Versorgung wurde meine Schwester – eine Klasse über mir – beordert, mich nach Hause zu begleiten. Die Großmutter nahm mich ohne ein Zeichen von Mitgefühl in Empfang: „Was hast du denn schon wieder angestellt!”, schimpfte sie. Die offene Wunde wurde kurz betrachtet, gekühlt und dann wurde ein sauberes Taschentuch über die aufgequollenen Lippen gehalten. Darauf erfolgte die Anordnung: „Abmarsch! Schnell zurück in die Schule!” Keine Möglichkeit zum Jammern oder Lamentieren. Pflicht ist Pflicht! Nur nichts versäumen!

Wie damals tauchte das entgeisterte Gesicht meiner damaligen Grundschullehrerin auf. Unerwartet, blass und ziemlich mitgenommen, dazu die aufgeplatzte Lippe und die blutende Wunde unter meinem Taschentuch, so stand ich wieder vor ihr. „Mit dir muss doch jemand zum Arzt!“, entfuhr es ihr entsetzt. Ich schämte mich nur!

Bei uns zu Hause war eben vieles anders.

Unsere Großmutter ruhte wie immer zur Mittagszeit auf ihrer Couch. Hier habe ich als Kleinkind oft gespielt. Die Räume verknüpften sich mit frühesten Erinnerungen; erzählten viele Geschichten und versetzten mich in eine andere Zeit: Hier erschienen wir 1946 ohne Ankündigung nach unserer Flucht. Völlig abgerissen, hungrig und erschöpft standen wir vor der Tür. „Gott sei Dank, endlich seid ihr angekommen!” Wir waren erleichtert, als wir von unserer Großmutter in ihre kleine Zwei-Zimmer-Wohnung aufgenommen wurden.

Eine sichere Bleibe nach allen Strapazen der Flucht! Wir lebten zwar beengt, aber wir hatten ein neues Zuhause gefunden. Ich erinnere mich, dass eine amtlich eingewiesene Frau ihren Platz für unsere gestrandete Familie räumen musste. Der Raum und das Essen reichten nicht für alle. Die eigene Familie hatte in diesem Fall Vorrang. Sie musste ausweichen! Wie würde es ihr wohl weiter ergangen sein? Darüber wurde nicht mehr gesprochen.

In der kleinen Wohnung unserer Großmutter überbrückten wir gemeinsam die erste Zeit nach dem Krieg. Der Großvater war verstorben, ‘weil man seine Krankheit im Krieg nicht behandeln konnte’. „Eure Oma ist unendlich traurig. Beide Söhne und auch der Opa wurden ihr innerhalb eines halben Jahres genommen“, wurde uns immer wieder vorgehalten, wenn wir zu wild waren und ihre Ruhe störten. „Harte Schale, weicher Kern!” Wir sollten ihre

Verbitterung verstehen. Wie oft rutschte ihr die Hand aus. Für kleinste Ungezogenheiten oder Ungeschicklichkeiten setzte es Schläge ins Gesicht. „Die haben auch Angehörige im Krieg verloren!", glaubte ich mit kindlichem Respekt, wenn mir Erwachsene ungeduldig begegneten.

Aber wie entsteht so eine harte Schale?

Die Kindheit der Großmutter und der Erste Weltkrieg lagen für mich undenkbar weit zurück. Über die Auswirkungen des Ersten Weltkrieges, die die Großeltern auch erlebt hatten, wurde nie etwas erzählt. So blieb auch das Los unserer väterlichen Vorfahren im Dunkeln. In der Not der Nachkriegszeit gab es wenig Platz für Rückbesinnungen. Alle versuchten nach vorn zu blicken!

Über die Kriegsfolgen auf der mütterlichen Seite erfuhren wir mehr! Bereits der Erste Weltkrieg hinterließ tiefe Spuren. Er prägte nicht nur deine Kindheit, Mutter; dieser Krieg veränderte das Leben der gesamten Zivilbevölkerung und hinterließ tiefstes Leid. Vor deiner Geburt 1918 wurde dein Vater eingezogen und deine Mutter zum Kriegsdienst verpflichtet. Sie musste in einer Fabrik an schweren Maschinen arbeiten. „Ungeübt und ungeschützt geriet sie dabei in eine Presse und verlor zwei ihrer Finger", so erzählte es eine deiner älteren Schwestern.

Der verheerende Erste Weltkrieg endete mit einer Niederlage, außer millionenfachen Kriegstoten hinterließ er Witwen und Waisen und zahlreiche Kriegsversehrte. Auch in deiner Heimatstadt Zeitz fanden sich viele Familien, die um ihre Toten trauerten. In diese schwierige Zeit – am Ende des Ersten Weltkrieges – wurdest du 1918 geboren, Mutter.

Nach den großen Verlusten durch die Kampfhandlungen mussten noch Tausende von Menschen durch ausbrechende Krankheiten, als Folge von Unterernährung und Not, ihr Leben lassen. Deine Mutter, unsere Großmutter, gehörte dazu. Sie starb, als du noch nicht zwei Jahre alt warst. Die weit um sich greifende Grippeepidemie, 'die Spanische Grippe', nahm auch ihr das Leben. Sie hinterlässt deinem Vater fünf Kinder.

Der verlorene Krieg führte zu einer extremen Staatsverschuldung. Die Inflation stieg von einer Minute auf die andere. Hungernde Menschen standen mit ihren Milliarden Geldscheinen stundenlang vor den Läden mit leeren Regalen. Überall herrschte Arbeitslosigkeit und Armut.

In diesen Jahren wuchs das nationalsozialistische Gedankengut und antisemitische Bestrebungen fanden in immer weiteren Bereichen in der Bevölkerung Zustimmung und Gehör.

Du warst schon im hohen Alter, Mutter, als es gelang, deine Geschichte durch Interviews mit dir aufzuzeichnen:

Aus dem Gesprächsprotokollen:

„Ich war ein Jahr und eine Woche alt, da schlug das Schicksal hart zu. Meine Mutter musste am Anfang ihres 40. Lebensjahres ihre Familie allein lassen. Sie verstarb, wie viele andere, am 02.08. 1919 an der 'Spanischen Grippe', als Folge der Entbehrungen des zu Ende gegangenen Krieges 1914 bis 1918. Man stelle sich einmal meinen Vater vor: ein Alleinerziehender mit fünf Kindern zwischen einem und neunzehn Jahren. Es war keine leichte Aufgabe. Die Geschwister bekamen dies deutlich zu spüren. Jeder der Schwestern wurden viele Pflichten aufgetragen. Ich profitierte zunächst von der Liebe meiner Schwestern. Der Vater ging zur Arbeit früh aus dem Haus, am späten Abend kehrte er heim. Jeder musste sein Bestes geben …

Unser Vater suchte sich wieder einen Familienbeistand, eine Stiefmutter kam zu uns ins Haus."

Ich sehe dich auf einem der erhaltenen Fotos, hübsch ausstaffiert für den Fotografen: Ein süßes, etwa einjähriges Kleinkind. Nur kurz darauf verlorst du deine Mutter. Neben dieser Wunde musstest du weitere Qualen ertragen. Dramatisch wurde es, als drei deiner älteren Schwestern, die dich umsorgten, das Haus verließen. Die zweite Ehefrau deines Vaters ersetzte die Mutter und übernahm die Aufgaben in der Familie, die sich um zwei Halbgeschwister erweiterten.

Deine Erinnerungen an die Stiefmutter, die dir die Kindheit zur Hölle machte, erzeugen bei uns Kindern Gänsehaut. „Erzähl doch noch einmal von der bösen Stiefmutter", forderten wir dich immer wieder auf. Für uns waren die Geschichten über die Intrigen und Grausamkeiten dieser neuen Mutter wie düstere Märchen: Kaum war dein Vater aus dem Haus, wurdest du herumgestoßen. Du musstest in frühester Kindheit wie Aschenputtel alle Schmutzarbeit verrichten und bekamst auch häufig verdorbenes Essen zugeteilt. In ihrer Ablehnung ließ die Stiefmutter dich nicht am gemeinsamen Tisch sitzen. Dein Vater war als Werkmeister beruflich oft abwesend. Er konnte nicht einschreiten, dir keinen ausreichenden Schutz bieten. Er bemühte sich, in der Zeit der Ernährungskrise die Familie durchzubringen. Wenn er erschöpft nach Hause kam, wollte er nichts als seine Ruhe. Deinen Beschwerden mochte er nicht recht glauben, zumal deine Stiefmutter alles leugnete und sich darüber beklagte, wie schwer sie es hatte. Was sich an ihrem boshaften Handeln nicht verbergen ließ, wollte dein Vater nicht wahrhaben. So warst du dieser Frau völlig ausgeliefert.

Aus den Gesprächsprotokollen:

„Meine Stiefmutter hatte täglich Gelegenheit, mich zu strafen. Und sie tat es. Meine Angst erlaubte nicht, meinen Vater über diese Tagesgeschehen in Kenntnis zu setzen, da mir laufend gedroht wurde, was passieren würde, wenn ich ihm ‘Unwahrheiten’ erzählen würde.

Ich schwieg aus unvorstellbarer Angst vor dieser Frau, vor ihren Härten und Launen.

Wenn mein Vater um 6.00 Uhr morgens das Haus verließ, wurde ich unsanft aus dem Schlaf gerissen und musste, bevor ich zur Schule ging, eine Menge Pflichten erfüllen. So gehörte es zu meinen Aufgaben, Kohlen aus dem Keller zu holen und den Ofen zu heizen. Wir wohnten in der dritten Etage, die Kelleretage kam dazu. Ich hatte große Mühe, das Heizmaterial in die Wohnung zu schleppen. Andere Schikanen in den frühen Morgenstunden waren üblich. Ich war froh, wenn ich das Haus verlassen und in die Schule gehen konnte. Ich ersehnte stets die Rückkehr meines Vaters.”

Mit seinem plötzlichen Tod wurdest du als vierzehnjähriges Mädchen, noch am Tag seiner Bestattung, von der Stiefmutter auf die Straße gesetzt. „Du packst deine Sachen und gehst zu deiner Schwester!“, wurde dir befohlen. Damit warst du auf Hilfe und Entgegenkommen deiner älteren Schwestern angewiesen.

Aus den Gesprächsprotokollen:

„Als ich nach Hause kam, lagen mein Bett und mein Schrank zerlegt auf dem Treppenpodest. Daneben lagen mein Federbett und noch ein paar Habseligkeiten. Erst durch die Hilfe meines Vormundes konnte ich unsere Wohnung noch betreten.

Meine Stiefmutter unterschlug meine Waisenrente und musste zur Rückzahlung verklagt werden. Von dem Geld konnte ich dann eine Ausbildung als 'Weißnäherin' beginnen; eine Vorstufe zur Ausbildung als Schneiderin. Nach einem Jahr bei meiner ältesten Schwester war mein Schwager der Meinung, ich müsse nun auf eigenen Füßen stehen. Meine Schwester suchte für mich als 15-Jährige eine Haustochterstelle bei einem Großbauern mit drei Kindern. Die Familie nahm mich auf, obwohl ich eigentlich als zu schwach für die Aufgaben angesehen wurde. Dort musste ich viel arbeiten, aber ich fühlte mich wohl; denn alle waren gut zu mir."

Du berührtest oft das Bild, wie du verlassen am Grab deiner Mutter standest und weintest: „Ich hätte auch so gern einmal ‚Mutter' gesagt." In diesen Momenten wünschte ich mir, dich trösten zu können. Mein Herz zog sich zusammen und in mir entwickelte sich ein tiefes Bedürfnis nach Wiedergutmachung für dich.

Hochzeitsfoto unserer Eltern, 1941

Aus den Gesprächsprotokollen:

„Stark ist mir in Erinnerung geblieben, dass mein Vater mich an den Wochenenden an die Hand nahm. Wir gingen allein zum Grab meiner Mutter. Ich durfte Blumen für die Grabstätte aussuchen. Mein Vater erzählte mir, was für eine gute, treusorgende Mutter wir gehabt hatten. All dies hat mich als Kind so beeindruckt, dass ich des öfteren von daheim fort lief zum Grab meiner Mutter. Ich habe Zwiegespräche mit ihr geführt und viele Tränen um sie geweint."

Das Schicksal verfolgte dich, doch es gab auch helle Strecken auf deinem Weg. Es gab Menschen, die dir durch Mitgefühl das Leben erleichterten. Es gab sogar großzügige Menschen, die dir eine Ausbildung ermöglichten. Kurzes Glück erfuhrst du durch die liebevolle Aufnahme bei deinen künftigen Schwiegereltern in Kiel. Mit ihrer wohlwollenden Unterstützung, „wir wollten doch immer eine Tochter haben", fandest du bei ihnen offene Arme und eine Unterkunft.

Aus den Gesprächsprotokollen:

„Meine Schwester Gertrud machte mir das Angebot, nach Kiel zu kommen. Mit allen guten Wünschen wurde ich nach zwei Jahren bei dem Großbauern entlassen und zog 1935 zu meiner Schwester. Dort erlebte ich eine schöne Zeit. Mein fünf Monate alter Neffe war für mich ein großes Glück.

Meine erste Arbeitsstelle erhielt ich in einem Lebensmittelgeschäft bei einem kinderlosen, fürsorglichen Ehepaar, das sich viel Mühe mit mir gab.

1936 trat euer lieber Vater in mein Leben. Es war zunächst eine lose Freundschaft. Er war Fliegersoldat und in Parow bei Stralsund stationiert. Unsere Verbindung blieb durch Briefe erhalten.

Wir sahen uns nur zwei- bis dreimal im Jahr, bis wir den Entschluss fassten, unseren Lebensweg gemeinsam fortzusetzen. Damit änderte sich mein Leben von einem Tag auf den anderen. Ich begann ein neues Arbeitsverhältnis in der Herrenschneiderei Thöl in Kiel und zog zu meinen zukünftigen Schwiegereltern, um die wenigen Stunden, die uns blieben, nicht durch weite Wegstrecken zu verkürzen. Es waren schöne Jahre. Ich habe diesen Schritt nie bereut.

Leider brach der Krieg im Herbst 1939 aus. Wir verbrachten viel Zeit in Luftschutzkellern und Bunkern. Wir trauerten bald um Freunde und Bekannte."

Die Geschichten deines zerrissenen Lebens sind in mir lebendig. Oft bedrücken sie mich, lassen mich nicht los, verfolgen mich bis in meine Träume. Dein Leben war von Anfang an durch zwei Weltkriege und deren Folgen schwer belastet. Dagegen erscheinen meine Entbehrungen weniger schwer zu wiegen. Wir sind immerhin im Frieden aufgewachsen! Wenn ich an deine Kindheit denke, glaubte ich dir, wenn du betontest: „Meine Kinder haben ein besseres Leben."

Mein Blick richtete sich auf die Zerstörungen der Umgebung. Was hatte der Krieg uns alles genommen? Wie wäre unser Leben ohne den Krieg, wie wäre es mit unserem Vater gelaufen? Dabei fielen mir die Hochzeitsfotos ein: Wie schön hast du damals als junge Braut ausgesehen, Mutter. Es war das Jahr 1941. Du warst geschmückt mit einem weißen Schleier, der kunstvoll dein Haar zierte. Der Schleier umrandete deinen Kopf mit zartem Tüll. Du trugst ein langes weißes Kleid, in deinem Arm lag ein Brautstrauß. Mit Interesse habe ich mir meinen leiblichen Vater, den Bräutigam betrachtet: Groß und schlank überragte er dich um einiges an deiner Seite. Einige Orden und weitere Abzeichen waren auf seine Brust, auf seine Uniform geheftet. „Die blauen Uniformen der Luftwaffe sind am schönsten", hatte unsere Großmutter einmal behauptet. Mit glatt gescheiteltem Haar blickte der Vater nachdenklich in die Kamera. Eure Köpfe, einander zugeneigt, berührten sich. In deinem Gesicht erkannte ich ein leichtes Lächeln. Ein Lächeln wie ein Hauch von Hoffnung!, ging mir durch den Kopf. Eure Haltung drückte Zusammengehörigkeit aus. Meine Eltern! Ein schönes Brautpaar! Dieses Hochzeitsfoto bewahrt auch für mich das besondere Ereignis in eurem Leben!

Auf einem weiteren Foto steigst du aus einer weißen Kutsche. Der Bräutigam reicht dir den Arm. Wie magst du dich in diesem Moment wohl gefühlt haben? Später erinnertest du dich, dass dieser Tag zu den schönsten in deinem Leben gehört, obwohl die Angst vor ständigen Bombenabwürfen euch begleitete. Du hattest deinen zukünftigen Ehemann, unseren Vater, an deiner Seite und träumtest wohl davon, dass sich nach dem Krieg alles zum Guten wenden würde.

Ich wundere mich über die würdige Zeremonie mitten in den Kriegsjahren: eine weiße Hochzeitskutsche, davor zwei Schimmel, eine festliche kirchliche Trauung! 1941! Ein kurzes Glück, denke ich. Meine Eltern auf dem Weg in eine zerstörende Zukunft.

Aus den Gesprächsprotokollen:

„Wir hatten einfach Glück durch die Unterstützung der Eltern meiner Freundin. Die Großbauern haben uns in den schweren Kriegsjahren mit Nahrungsmitteln aus manch einem Engpass geholfen. In der Landwirtschaft gab es ausreichend zu essen und diese Bauern waren unglaublich hilfsbereit und stets einladend. So wurde die Ausstattung unseres Festtages mit einem – für die Zeit – üppigen Festessen ausgerichtet. Sogar ein gebrauchtes Brautkleid aus irgendeinem Schrank wurde für mich umgearbeitet.

Unser Fest war schön, aber wir hatten stets die Angst im Nacken. Kiel bekam die Auswirkungen des Krieges zu spüren. In jedem Moment konnten wieder die Bomben fallen. Zunächst blieb unsere Hochzeitsfeier – im engsten Kreis der Familie – vom Bombenterror verschont. Es blieb überwiegend ruhig und so wurde es mein schönster Tag. Zum Ausklang des Festes fielen doch noch Bomben. Zum Glück wurden wir nicht getroffen. Wir verbrachten die erste Nacht nach unserer Hochzeit mit den Hausbewohnern im Keller.“

Im Hintergrund des Hochzeitsfotos erkenne ich die ehemalige Michaelis-Kirche, die sich neben dem Kieler Hauptbahnhof befand. Die Gebäude wurden kurze Zeit nach der Trauung – wie ein Symbol für euer Leben – durch Bomben zerstört.

Als man die Trümmer räumte, sollten gleichzeitig die Gräber des angrenzenden Friedhofs wegen der damaligen Stadtplanung ausgehoben werden. Die Gebeine der dort Bestatteten wurden umgebettet und erhielten eine neue Ruhestätte auf dem ‘Eichhof’ in Kiel. Während der Bauarbeiten traten Knochenfunde und Totenschädel zu Tage. Wir Kinder verbreiteten darüber Gruselgeschichten, die wir untereinander ausschmückten und weitergaben. Heute befindet sich an dieser Stelle ein Parkplatz.

Zwei Weltkriege mit nachhaltigen Auswirkungen durch Zerstörung, Hunger und Tod hatten unsere Eltern und Großeltern verkraften müssen.

Dein kurzes Glück mit der Hoffnung auf ein gemeinsames Leben wurde durch viel Unheil abgelöst, Mutter. An welche Zukunft glaubtest du noch?

Euer erstes Heim wurde in Stralsund – nahe des Luftwaffenstützpunktes Parow – eingerichtet. Dort war unser Vater stationiert.

„Es war wie ein Segen für uns, dort eine schöne, geräumige Wohnung zu bekommen", erinnertest du dich. „Für jedes Möbel- und Ausstattungsstück benötigte man in den Kriegszeiten einen Bezugsschein oder den 'Schwarzen Markt'."

Unter Einsatz aller Kräfte und mit vielen Schwierigkeiten gelang es dir, die neue Wohnung einzurichten. Besorgt schrieb unser Vater im März 1943: „Ich möchte Dich darum bitten, wiederhole nicht solche anstrengenden Tage, wie Du sie jetzt hinter Dir hast. Ich habe mich über das Schlafzimmer sehr gefreut. Ich weiß auch, daß ich es Dir zu verdanken habe. Aber ich möchte nicht, daß Du Dich so sehr aufopferst. Du hast Dir die Nächte um die Ohren gehauen, um mich zu überraschen! Das geht zu weit! Kein richtiges Essen und kein Schlaf. Wo soll denn das hinführen? Verstehst Du meinen Rat und meine Bitte? Was wir jetzt nicht bekommen, das kaufen wir uns nach dem Krieg".

Die Zeit um 1941/42 empfandest du in deiner jungen Ehe als erfreulich. Als meine ältere Schwester, das erste Kind, im Mai 1942 geboren wurde, schien euer Glück vollkommen zu sein.

Aus den Gesprächsprotokollen:

„Im September 1941 haben wir geheiratet. Wir zogen von Kiel nach Stralsund. Ich habe mich sehr schnell eingewöhnt. Bald hatten wir nette Bekannte und es wurden Abende des Zusammenseins gepflegt.

Ende des Jahres 1941 kam die erste Trennung. Euer Vater wurde versetzt nach Hamburg zu Blohm und Voß. Welche Mission er erfüllen musste, darüber wurde geschwiegen.

Bis Mai 1942 war es eine wirklich schöne Zeit. Wir erwarteten Familienzuwachs. Am 5.5.1942 kam unsere erste Tochter zur Welt. Eine heile Welt, so glaubten wir. Das Glück wurde dadurch etwas getrübt, dass ich wegen Kindbettfieber ein Vierteljahr im Krankenhaus bleiben musste.

Anfang Juli 1942 wurde ich entlassen und in unsere neue Wohnung gebracht. Das Baby auf dem Arm, der Vater und die Großmutter an der Seite, so nahmen wir unser gemeinsames Heim in Besitz. Unser Glück war unermesslich!"

Dieses Glück währte nicht lange. Ein Bombenangriff nahm euch bald das neue Heim. Alle Errungenschaften, mühsam erworben und zusammengetragen, wurden zerstört. Nur wenige kleine Habseligkeiten konntest du waghalsig aus ausgebrannten Räumen bergen. Ausgebombt, ohne ein Dach über dem Kopf, nahm die Familie väterlicherseits dich in Erfurt auf.

Du wolltest die angeheiratete Familie nicht zu sehr belasten und irrtest von einem Asyl zum anderen. Immer wieder hieß es, den Bomben zu entgehen und eine Unterkunft für dich und dein erstgeborenes Kind zu finden. Kein Zuhause, kein eigenes Bett! Zwischenzeitlich bot sich ein Unterschlupf bei deiner zweitältesten Schwester Grete in Leipzig an.

Viele Jahre sandten wir ihr regelmäßig Pakete mit Lebensmitteln, Salben und Verbandsmaterial in die damalige 'Ostzone'. Notwendige Dinge, die man in der Planwirtschaft des Sozialismus nicht oder nur mit Schwierigkeiten erhalten konnte. Wenn deine Schwester uns in Kiel besuchen durfte, beeindruckten mich die leuchtend weißen Mullverbände an ihren beiden Händen. Starke Röntgenstrahlen hatten unheilbare Schäden verursacht. Nur unschwer konnte ich meinen Blick abwenden. Mit Unbehagen, aber neugierig, beobachtete ich, wie unsere Tante geschickt die weißen Mullbinden von Fingern und Händen abwickelte, um dann über dick aufgetragene Heilcreme frische Verbände zu legen.

Ich hatte gehört, dass die Verletzungen durch einen gravierenden Fehler eines Röntgenarztes erfolgt waren. Eine Entschädigung für diese Beeinträchtigungen gab es nicht, da sich der Arzt, dem weitere Fehlbehandlungen nachgewiesen wurden, das Leben genommen hatte. Unsere Tante erhielt eine winzige Rente, die sie mit Näharbeiten aufbessern musste.

In diesem Zusammenhang fallen mir die Schilderungen über deinen Aufenthalt im Jahr 1943 in Leipzig ein. Für dich gab es kaum Zeit zum Durchatmen. Einheiten der USA und der Britischen Armee überzogen die Stadt mit massiven Bombenabwürfen. Wie auch die übrigen Einwohner verbrachtest du fast jede Nacht in einem Luftschutzkeller oder Bunker. Überall Bomben und Tote und kein Ende der Strapazen war abzusehen!

Es machte mir Angst, wenn du erzähltest: „Es gab keine Ruhe, Schlaf war nicht möglich. Wegen des ständigen Alarms war man sprungbereit, um jederzeit mit gepackten Koffern eine Schutzzone zu erreichen!"

Dir fiel die Erinnerung schwer, wenn du an die vielen Nächte im Bunker zurückdachtest: „Gemeinsam mit anderen Schutzsuchenden, verängstigten, verstummten oder leise vor sich hin betenden Erwachsenen, mit schreienden Kindern, haben wir ausgeharrt und im Bunker um unser Leben gezittert!"

Bei dem Großangriff 1943 auf die Innenstadt, dem sogenannten 'Feuersturm', fielen allein in Leipzig fast 2000 Menschen den Bomben zum Opfer. Der Albtraum wirkte in dir weiter: „Diese schrecklichen Bilder werde ich niemals vergessen! Brennende, um Hilfe schreiende Menschen, lebende Fackeln, die in den Straßen herumirrten und um ihr Leben kämpften!"

Wegen der vielen Luftangriffe suchtest du hochschwanger in deiner Heimatstadt Zeitz Schutz und Sicherheit. Hier lebte Dora, die älteste deiner Schwestern, mit ihrem Mann und ihrem einzigen Sohn. Deine Hoffnung auf etwas Ruhe und Entlastung am Ende der Schwangerschaft erfüllte sich nicht. Auch in dieser Stadt mit den bekannten Industrieanlagen verfolgen dich die kriegerischen Angriffe.

In einer Bombennacht wurde ich im Dezember 1943 in dieser Kleinstadt Zeitz geboren. Als ich das Licht der Welt erblicken wollte, so erzähltest du, ertönte Fliegeralarm: Großes Chaos im Kreißsaal! Rundherum fielen die Bomben, die in der Nähe einschlugen. Du lagst in den letzten

Wehen, um dich herum wackelte und vibrierte alles. Nach der Geburt wurden alle Wöchnerinnen eilig, getrennt von den Neugeborenen, in den Luftschutzkeller der Klinik verfrachtet. Die Aufregung von damals war dir noch anzusehen, während du diese Situation geschildert hast: „Meine Panik kannte keine Grenzen. Ich war kraftlos und zu schwach, um mich zu wehren. Wir konnten unsere Kinder nicht beschützen; wir wurden von den Neugeborenen getrennt!"

So war meine Ankunft überschattet vom Fliegeralarm, von Bombeneinschlägen und deiner Angst um unser Überleben. Unser Vater war schon lange Zeit abwesend. Einsatz an der Front! Auf dir allein lag jetzt die Verantwortung, zwei kleine Kinder zu beschützen.

Im Vorbeiradeln erinnerte mich der Platz der ehemaligen Michaeliskirche in Kiel an deine Hochzeit und Vergangenheit. Auf der Suche nach dir bedrückte mich ein Schuldgefühl, weil mich das Wissen um dein schwieriges Leben begleitete. Meine Angst steigerte sich, wenn ich bedachte, dass du auch noch meinetwegen traurig warst.

12) Republikflucht

Neues Leben im Westen

Ich sah mich auf dem Balkon in unserem Mietshaus in Kiel stehen, während ich mir eine schönere Welt ausmalte. Es muss das Jahr 1955 gewesen sein. Das Bild kehrte zurück, Mutter, wie du dich mit pendelnder Handtasche, deine Schwester Elsa am Arm, langsam auf unser Haus zubewegtest. Die Zweitjüngste von euch fünf Schwestern war zehn Jahre älter als du. „Wir waren sehr miteinander verbunden, weil unsere Mutter so früh verstarb. Ich musste bereits als zehnjähriges Mädchen Verantwortung für eure Mutter, die noch keine zwei Jahre alt war, übernehmen", erzählte uns diese Tante.

Mein Blick streifte die staubige Trümmerlandschaft, die ein zerbombter Bunker in unmittelbarer Nähe hinterlassen hatte. Sonnenlicht spielt um die aufragenden Mietshäuser, zwischen denen sich mehrere Ruinengrundstücke befanden. Löwenzahn, Brennnesseln und andere wilde Pflanzen überwucherten die zerstörten Flächen. In dem Umfeld kamt ihr mit langsamen Schritten auf mich zu. Ich beobachtete eure Erscheinung, die Art, euch zu bewegen. Zwei gebeugte Frauengestalten, dachte ich, jede vom Schicksal gezeichnet. Für einen Moment erschütterten mich eure blassen Gesichter, die sich kaum von dem Staub über dem zerstörten Gelände abhoben. Mir fielen die Bilder von den Trümmerfrauen ein, die unter Einsatz all ihrer Kräfte mithalfen, nach dem Krieg die zerbombten Städte von Geröll und Trümmern zu befreien.

Ich musste auch daran denken, unter welchen Gefahren du, Mutter, dieser Schwester geholfen hattest. Mit deiner

Unterstützung konnte sie aus einer schwierigen Ehe und einem bedrückenden Leben im DDR-Staat fliehen. Wir hatten damals große Angst um dich! Sehr beherzt, ohne auf Gefahren zu achten, brachtest du auf Ost-West-Reisen nach und nach wichtige Wertgegenstände und Papiere über die Grenze. Anfang der fünfziger Jahre waren die Grenzübergänge noch für jeden offen. Es gab zwar noch keinen Eisernen Vorhang, keine Mauer, aber die Schikanen und Kontrollen der Volkspolizisten waren gefürchtet.

Einmal hat man dich bei der Rückreise aus dem Zug geholt. Wir standen ratlos auf dem Bahnsteig in Kiel und fanden dich nicht unter den ankommenden Reisenden. Während wir besorgt nach dir Ausschau hielten, kam einer der Mitreisenden auf uns zu und berichtete: „Einige Personen wurden von den Vopos aufgefordert auszusteigen, darunter war auch eine junge Frau!"

Große Aufregung und eine schlaflose Nacht! In meinen Fantasien wuchsen schaurige Vorstellungen: Die Willkür der Vopos und die Maßnahmen der DDR-Diktatur waren uns bekannt: Verhöre, Verhaftungen, Gefängnis! Zum Glück geschah mit dir nichts dergleichen. Sie durchsuchten deine Taschen. Das Versteck in deinem Koffer, die im Futter eingenähten Unterlagen, wurden nicht entdeckt. Eine Nacht verbrachtest du in der Gesellschaft der Vopos. Dann ließ man dich straffrei gehen und gestattete die Weiterreise.

Bei deiner Ankunft wollte ich deine Hand nicht mehr loslassen. Alles war wieder gut!

Mit deiner Hilfe gelang es, wie deine Schwester sagte: 'sich aus ihrer unglücklichen Ehe zu lösen'. Bei Nacht und Nebel verließ sie ihr Heim und schaffte es, unbehelligt ihre

Vergangenheit sowie das DDR-System hinter sich zu lassen.

Ich erinnere mich gern an unsere Tante Else. Als Kinder erhielten wir regelmäßig ihre Briefe aus der Ostzone. Sie war es, die uns Tiergeschichten schickte und kleine Gedichte schrieb.

Nach ihrer Flucht wurde sie bei uns in Kiel aufgenommen. „Ich musste Hab und Gut, Freunde und Verwandte verlassen." Wie traurig muss die Flucht für sie gewesen sein. Ich versuchte sie zu trösten: „Hier, ich schenk dir meinen Stoffhund, mein Lieblings-Kuscheltier. Es soll bei dir bleiben!"

In Tagträumen begab ich mich oft in eine positive Zukunft, Mutter. Ich wollte heraus aus unserem grauen, freudlosen Alltag. Ich mochte eure Kittelschürzen-Kultur nicht mehr.

Noch war ich abhängig, noch war ich an dich gebunden. Aber ich spürte Kraft und Energie, die mir helfen könnten, mich daraus zu lösen. Ja, ich wollte frei sein! Ich wollte heraus aus dieser Enge! Ich wollte meinen eigenen Weg finden! Doch noch wusste ich nicht, was ich tun konnte!

Deine Schwester Elsa gestaltete ihr Leben im Westen. Bald fand sie einen Arbeitsplatz und eine Wohnung. Gern denke ich daran, wie wir von ihrem neuen Wirkungsbereich und ihrer Gastfreundschaft profitierten. „Tante Else, immer offen für uns und großzügig!", schwärmten wir. Als Kantinenleiterin einer großen Firma wusste sie um attraktive Angebote: Aufschnitt, Schinken, Salate, Käsesorten und weitere Leckerbissen. Ich, als Lehrling und mein Freund, der Student, beide knapp bei Kasse, ernährten uns normalerweise nicht so üppig. „Heute gibt es Fußball im Fernsehen bei Tante Else! Heute futtern wir uns durch!" Jeder dieser Besuche war ein Gaumenfest. Unvergessene Verwöhn-Abende!

Deine Schwester Else, die dir am nächsten war, erhielt im Rentenalter von dir das Angebot: „Zieh zu uns! Wir haben für dich Platz in unserem Haus! Ein Eigenheim mit ausreichendem Wohnraum gehörte in dritter Ehe zu deinem neuen Leben, Mutter. Deine Schwester zog gern bei euch ein. Als hätte unser Vizevater, wie wir ihn nannten, es geahnt: Als er sehr früh verstarb, hattest du, Mutter, deine Schwester an deiner Seite. Bis ins hohe Alter blieb sie eine unverzichtbare Stütze für dich. 1998 starb sie im Alter von 87 Jahren nach kurzer schwerer Krankheit.

Die Erinnerungen an unsere Tante wurden wieder lebendig, als wir auf Spurensuche durch Thüringen reisten.

In der Nähe von Erfurt standen wir vor dem gelben Ortsschild mit dem Namen: Kretschau. Der Name kam mir vertraut vor: „Hier hat doch unsere Tante Else früher einmal gelebt!“ Ein paar Runden durch das Dorf und wir sahen das Schild eines Handwerksbetriebes. „Hier war es! Hier hat sie als junge Frau eingeheiratet!" Wir sahen uns neugierig um. Ein größeres landwirtschaftliches Gebäude mit einer Werkstatt unter einem Dach. Eine alte Dame schlurfte gebeugt mit kleinen Schritten auf dem Gelände herum. Ich näherte mich vorsichtig und betrat den Hof: „Hallo! Darf ich Sie etwas fragen?" Die Angesprochene war offensichtlich schwerhörig und kam langsam auf mich zu. Fragend lenkte sie mit einer Hand am Ohr ihren Kopf in meine Richtung: „Entschuldigung, kennen Sie …" Ich nannte den Namen unserer Tante. „Ist Ihnen diese Person bekannt?" Ich musste mich lautstark wiederholen. „Sie hat hier gewohnt!"

Als die alte Dame mich endlich verstanden hatte, richtete sie sich sichtlich überrascht auf: „Wieso? Das bin doch ich! Das ist mein Name!" Bevor ich etwas erklären konnte, öffnete sich im Wohnhaus ein Fenster über uns. „Was ist hier los? Was machen Sie hier?", tönte es lautstark von oben herab. Ich erschrak wegen der aufgebrachten Stimme und entschuldigte mich: „Hier soll früher meine Tante gelebt haben!" Ich versuchte es noch einmal. Darauf legte der junge Mann in seinem unverkennbaren sächsischen Dialekt nicht gerade freundlich los: „Ach die, die hat in den Westen gemacht! 1953! Die ist abgehauen! Keiner wusste etwas, keiner hat sie je mehr gesehen!"

Empörung über diese Flucht spürte ich noch deutlich in seiner Stimme. In Verlegenheit geraten, versuchte ich das Gespräch aufrecht zu halten: „Es geht um eine Verwandte, die verstorben ist. Sie hat hier früher gewohnt!" Meine Erklärungen machten seinen Gesichtsausdruck nicht milder. Wie bedauerlich! Leider ließ ich mich durch sein Gebaren einschüchtern. Er hätte doch so viel erzählen können! Ich zog es dennoch vor, keine weiteren Fragen mehr zu stellen. Immerhin konnte ich mir zusammenreimen, dass es sich bei der angesprochenen Frau um die Nachfolgerin unserer Tante handelte. Der verlassene Ehemann hatte sich nach der Trennung anscheinend noch einmal vermählt. Er selbst war inzwischen verstorben. Die schwerhörige alte Dame im Hof war seine Witwe. Offensichtlich trug sie denselben Vornamen, 'Elsa', wie ihre Vorgängerin, unsere Tante. Der skeptische Mann im Fenster erwies sich als der Sohn, der aus dieser weiteren Ehe hervorgegangen war.

Während ich meinen Blick noch einmal über Haus und Hof gleiten ließ, knallte das Fenster über mir wieder zu. Besser, ich verschwinde schnell!, dachte ich. Ich beeilte mich, den Hof zu verlassen. Gern hätte ich noch weitere Fragen gestellt und mehr aus dem Leben unserer Tante erfahren.

Mir fielen die Tiergeschichten ein, die sie für uns aufgeschrieben und regelmäßig in den Westen geschickt hatte.

Von etwaiger Unzufriedenheit ihres Lebens in der DDR und ihren Fluchtplänen hatte sie nur dir verschlüsselt berichtet, Mutter. Man wusste, dass alle Briefe von der Staatssicherheit der DDR kontrolliert wurden. Aber sie kamen bei uns an: „Post von Tante Else und für euch wieder etwas dabei!" Wir freuten uns über ihre Gedichte und Erzählungen von 'Bello', ihrem Foxterrier, von 'Kati', dem Katzenkind, oder von 'Erich', dem wütenden Gänserich. Ihre genauen Beschreibungen ließen mir das Wohnhaus mit dem Handwerksbetrieb sowie dem angrenzenden Obstgarten vertraut erscheinen.

Dennoch hatte ich mir die Umgebung nicht so düster vorgestellt. Dieses abseits gelegene kleine Dorf mit seinen farblosen Bauernhäusern, verfallenen Stallgebäuden und ungepflasterten Straßen wirkte auf mich etwas trostlos. Hier schien die Zeit auch lange nach der Wende stehen geblieben zu sein!

Ich prägte mir das Gelände noch einmal ein. Dies war also das Haus, in dem deine Schwester Elsa viele Jahre gelebt, hart gearbeitet und so manches erlitten hat. „Wenn sie wüsste, dass wir nach Jahren hier stehen …!"

Im Westen wurde sie begraben. Anonym, so hatte sie es gewünscht und ohne unser Wissen verfügt. Wir denken gern an sie: Sie hat mit ihren Geschichten und Gedichten während unserer Kindheit und später mit ihrer Gastfreundschaft einen festen Platz in meinen Erinnerungen.

Heimlich und zielgerichtet hattest du mit deiner Schwester die Flucht in den Westen vorbereitet, Mutter. „Nicht wenige Fluchtversuche wurden hart bestraft, später haben Menschen beim sog. 'illegalen Grenzübertritt' sogar ihr Leben gelassen. Nicht wenige wurden erschossen, wenn man sie bei dem Versuch, die Mauer zu überwinden, erwischte! Überall standen Wachtürme und Grenzposten!"

Hätte man eure Pläne entdeckt, wäre unsere Tante mit Sicherheit – wie andere Bürger – wegen Republikflucht in einem Gefängnis des DDR-Staates gelandet. Du, Mutter, warst ihre Vertraute, mit deiner Hilfe hat sie sich aus ihrer schwierigen Lage schließlich lösen können.

Die Mauer zwischen Ost und West ist nun schon viele Jahre verschwunden, aber noch lange nicht vergessen! Erst nach dem Fall des Eisernen Vorhangs im November 1989 durfte jeder Bürger ungestraft von einem in den anderen Teil Deutschlands reisen.

Unberührt von diesen Ereignissen pickten und scharrten ein paar freilaufende Hühner auf dem Grundstück im Sand, während ich nachdenklich den Rückzug antrat.

Urlaub von der Front. Unser Vater hält uns im Arm

13) Tödlicher Absturz

Ich war etwas mehr als ein Jahr alt, als unser Vater fiel! Es gab nur wenige Dinge in unserer Familie, die an ihn erinnerten. Du hast kaum etwas über eure gemeinsame Zeit, die Freundschaft, Verlobung, die kurze Zeit der Ehe, erzählt, Mutter. Wolltest du nicht an die Vergangenheit erinnert werden? Als Kind blieb mir vor allem das Foto mit dem ernsten Gesicht unseres Vaters, das all die Jahre auf dem Buffet unserer Oma einen festen Platz inne hatte.

Wenig erfuhr ich über die Person, über das Leben unseres Vaters. Bruchstückhaft bildeten sich aus Erzählungen einige Teilstücke heraus: „Nur einige Tage vor Kriegsende im Mai 1945 ist euer Vater mit einem Flugzeug in die Ostsee gestürzt."

In einer Schublade fand ich noch einige weitere Fotos, die du in den Kriegswirren retten konntest, Mutter. „So sah er also aus! Mein leiblicher Vater." Am liebsten betrachtete ich ihn in Zivil: Ich sah in das Gesicht eines jungen Mannes. Ein Gesicht, das keiner zeitlichen Veränderung unterliegt. Gern betrachtete ich ein kleines Foto mit dem vergilbten Rand: Darauf hält er mich als Säugling in einem Kissen auf seinem Schoß, mit dem anderen Arm umfasst er meine Schwester, die sich an ihn lehnt. Ich entdeckte so etwas wie Freude in deinem Gesicht, als ich dir das Foto vor die Nase hielt: „Urlaub von der Front, ein paar Tage mit der Familie verbringen, die Kinder im Arm!", so beschriebst du die damalige Situation, Mutter.

„Ich wusste lange Zeit nicht, wo er sich aufhielt! Wir hatten uns Monate nicht gesehen. Plötzlich stand er in der Tür. Überraschend hatte er Fronturlaub bekommen".

Nur kurz dürfte damals eure Wiedersehensfreude gewesen sein! Wenige gemeinsame Tage und schon ging es wieder zurück in den Krieg. Dabei immer die Angst im Nacken: Viele Soldaten kamen nicht zurück! Wie schwer muss der Abschied für euch gewesen sein. Wie weit war es euch überhaupt möglich, die kurze Zeit des Glücks zu genießen?

Auf mein Drängen hast du einmal kurz erwähnt, wie ihr euch in Kiel kennengelernt habt. „Eine romantische Geschichte!", wie ich erahnte. Mich beeindruckte deine Schilderung, wie du, das Waisenkind, von unseren Großeltern väterlicherseits liebevoll aufgenommen wurdest. „Ich fühlte mich wie eine Tochter!"

Einige wenige Bemerkungen über das Flugzeugunglück unseres Vaters klingen mir im Ohr: „Ein tragischer Absturz! Den ganzen Krieg mitgemacht und so kurz vor Kriegsende noch gefallen!"

Über den Hergang dieses Unglücks existierten in unserer Familie nur verschwommene Schilderungen: Vielleicht Feindeinwirkung? Vielleicht Sabotage? Gewissheit über die Ursache des Absturzes bestand nicht. Eine amtliche Nachricht verzeichnete den Ort Dranske auf der Insel Rügen, vor dem das Flugboot mit unserem Vater in der Ostsee versank.

Ein Augenzeuge überbrachte dir unmittelbar nach dem Absturz die schreckliche Gewissheit, Mutter: „Es gab von der Besatzung keine Überlebenden!" Das Grab unseres Vaters blieb für meine Vorstellungen der Rumpf der Maschine auf dem Boden der Ostsee. Ein unsichtbares Grab, das er sich mit anderen Toten teilte. Von dir gab es keine Nachforschungen, Mutter. „Welches Ziel hatte die Maschine? Wie war es zu dem Absturz gekommen? Wie war unser Vater umgekommen?" Die vorliegende Nachricht wurde nicht hinterfragt. In dieser Zeit waren derartige Schicksalsschläge nicht ungewöhnlich! Es gab um uns herum viele betroffene Familien, die Angehörige im Krieg verloren hatten.

Wichtig für uns war eine amtliche Todeserklärung. Damit hatte man eine Bescheinigung von offizieller Seite in der Hand; die staatliche Unterstützung für die Versorgung der Familie war damit gesichert.

Auch von Seiten des Militärs wurde wenig über Ursache und Ablauf dieses Unglücks erfasst. Am 02. Mai 1945 herrschte am Ort des Geschehens, dem Fliegerhorst 'Bug' auf Rügen, ein chaotisches Durcheinander. Wie ich später nachlesen konnte, stand die Rote Armee bereits vor Ort und die deutschen Truppen waren dabei, sich panikartig nach Westen abzusetzen. Ich fand Aufzeichnungen, die von der Rettung von Tausenden von Flüchtlingen mit den letzten einsatzfähigen Schiffen und Flugzeugen nach Dänemark berichteten. Kriegsgerät und -materialien wurden in aller Eile vor der Kapitulation von deutschen Militärs zerstört: Kriegsschiffe und Boote gesprengt und versenkt, Unterlagen vernichtet. So fanden sich später kaum Militärberichte oder Aufzeichnungen über die letzten Kriegstage, niemand notierte die Namen ungezählter toter Flüchtlinge und Soldaten.

Wie musste es unserem Vater ergangen sein? Er teilte den Tod mit unzähligen Gefallenen, die im Meer und auf den Soldatenfriedhöfen ihre letzte Ruhestätte fanden.

Auf einem Grabstein in Kiel wurde sein Name zum Gedenken verewigt. Als Kinder standen wir oft vor diesem

Stein, lasen seinen Namen, der auch unser Name war. Ich versuchte mir ein Bild zu machen: Wer war dieser verlorene Vater? Wer war er, bevor er unser Vater wurde?

14) Opfer oder Täter

Briefe von der Front

Eines Tages machtest du mich neugierig:

„Einige Briefe eures Vaters sind erhalten geblieben, hebt sie gut auf."

1957: Ich war etwa vierzehn Jahre alt, als ich die Schriftstücke zum ersten Mal in meinen Händen hielt. Ein merkwürdiges Gefühl: Vor mir sechs handgeschriebene Briefe von meinem leiblichen Vater! Sie waren in der Zeit vom März 1943 bis zum April 1945, an die 'lieben Eltern', unsere Großeltern, und an dich, 'mein liebes kleines, tapferes Frauchen', gerichtet. Inmitten der Schriftstücke fand ich vergilbte, kaum leserliche Dokumente eines Suchdienstes, die den Absturz eines Flugzeuges und den Tod unseres Vaters durch Eidesstattliche Versicherungen bestätigt. Mit einiger Spannung betrachtete ich die Schriftzüge unseres Vaters: „Es gibt Deutungen der Handschrift!", das hatte ich einmal gehört. „Kann man aus Schriftzeichen die Persönlichkeit eines Menschen erkennen?" In den Briefen in meiner Hand fielen mir gleichmäßige, gut leserliche Buchstaben auf. „Viel besser und klarer als meine eigene Schrift", befand ich.

Ein merkwürdiges Gefühl beschlich mich. Mir war, als würde sich aus einem Dunkel schemenhaft die Gestalt meines Vaters lösen! Ich musste die Augen schließen. Nicht ohne Herzklopfen blätterte ich in den Papieren:

Zuerst beschäftigte mich ein Brief vom 07.3.1943. „Was schreibt unser Vater mitten im Krieg? Kann ich etwas über seine Person erfahren?"

Ich spürte seine Sehnsucht! Er wollte, wie er schrieb, noch ein wenig mit dir plaudern, Mutter. Berührende Gedanken, die ich nachvollzog:

„Ich saß bei einem Kameraden auf der Stube und hörte mir die schönen Weisen an, die im Radio gebracht wurden." Musik bedeutete ihm also etwas! Welche Art von Musik wird es wohl gewesen sein? Er beschrieb, wie er sich den Klängen hingab: „Während ich die wunderschöne Musik genießerisch in mich aufnahm, kamen mir so wunderliche Gedanken. Meine Gedanken wanderten, wie schon so oft, einen weiten Weg. … Ich habe Heimweh nach Euch. Es ist mir noch nie so schwer gefallen, von Dir und unserem Schatz fortzufahren …"

Ich versuchte, mir die Situation bildlich vorzustellen: Er befand sich nach längerer Trennung in einer militärischen Unterkunft – auf dem Fliegerhorst Parow – und ließ sich durch die Klänge der Musik in deine Nähe tragen. Wie empfindsam er schrieb!

Er offenbarte seine Gefühle: „Wenn ich es mir überlege, dann muss ich die Feststellung machen, dass wir nur bitter wenig voneinander hatten. Die meiste Zeit waren wir getrennt. Du kannst Dir kein Bild machen, welche Bedeutung die vier Tage hatten, die ich mit Euch zusammen verlebt habe. Es waren nur wenige Stunden, aber diese kurze Zeit hat mir so viel gegeben … Mein Liebes, ich bin Dir so dankbar … Wir wollen uns gegenseitig stark machen, damit wir jeden Schmerz, sei es beim Abschied oder sonst wie, überstehen … Wenn Du einmal traurig bist, dann denke immer daran, dass ich Dich und unseren Schatz bei mir trage und dass ich immer wieder zurückkehre …"

Ich atmete schwer durch! Wie verantwortlich das klang! Er zeigte sich besorgt. Er vermisste dich und meine Schwester!

Sein Versprechen konnte er nicht einhalten, er kehrte nicht zurück.

Einmal nachgerechnet, verdanke ich diesem letzten Urlaub, den er in seinem Brief erwähnt, meine Existenz. Er wusste – an diesem Ort zu dieser Zeit seiner Zeilen – noch nicht, dass ich 'unterwegs' war.

Dann folgten weitere Bekenntnisse. Aussagen, deren Worte mich irritierten, die ich nicht einordnen konnte! Was meinte er? Was sprach aus seinen Worten?

„Ich kann nicht sagen, dass ich es bereue, dass ich mich zum Verband gemeldet habe. Nein, ganz und gar nicht. Aber es erfüllt mich mit Stolz, dass ich mich für solch liebe Menschen, wie ihr es seid, einsetzen darf, um den Endsieg mit erringen zu helfen. Es ist doch das Schönste für einen Soldaten, sich für das geliebte Vaterland und für seine Lieben daheim voll und ganz einsetzen zu dürfen."

Mir wurde unwohl!

Soviel wusste ich: Überzeugte Nationalsozialisten sprachen vom Endsieg und die Soldaten fielen in 'Ehre für das Vaterland'! Heldentod! Welche Gesinnung steckte hinter diesen Worten unseres Vaters?

Andere, liebevolle Erklärungen folgten: „Mein Liebstes, ich bin dir ja so dankbar. Ich vermag meine Gefühle kaum auszudrücken. ... Meine Liebe zu dir und unserem Schatz kennt keine Grenzen. Ihr bedeutet mir alles …"

Immer hastiger folgte ich weiteren Ausführungen:

„Wenn ich auch manchmal hart bin, dann darfst Du nicht zürnen. Ich muss auch zu mir selbst hart sein. Wie würde es aussehen, wenn ich mich gehen lassen, weinen und klagen würde? Dadurch gewinnen wir den Krieg auch nicht. In solch schwerer Zeit muss man sehr hart sein. Damit wir aber nicht an unserer eigenen Härte zerbrechen, ist es gut, wenn man sein Herz einem lieben Menschen ausschütten kann …"

Welche Momente benötigen die Härte, von denen der Vater spricht?, fragte ich mich. Soldaten konnten viel Zerstörendes bewirken. Hat er sich auch Gedanken über die Opfer auf der Seite 'des Feindes' gemacht?

„Wäre es nicht gut, wenn wir alle über den Krieg und die Opfer weinen könnten?", wollte ich ihn fragen. Wie weit war er selbst Opfer, Täter oder Mensch in diesem Krieg?

Offen bleibt für mich, welche Aufgaben unser Vater bei der Luftwaffe zu erfüllen hatte. „Militärische Aktionen waren auch vor den Angehörigen geheim zu halten", war deine unbefriedigende Antwort, Mutter.

Ich faltete einen weiteren Brief auseinander. Die letzte Nachricht von ihm, datiert vom 07. April 1945, nur 15 Tage vor seinem Tod. In mir entstand eine merkwürdige Beklemmung! „Konnte ich etwas von seinem Seelenzustand erkennen?" Erneut las ich liebe Worte an dich, Mutter. Ein letzter Brief! Ein letztes Zeichen!

Er versuchte, dir eine Überraschung zu bereiten und freute sich auf das nächste Wiedersehen: „Für die Kinder habe ich im Ausland Schuhe besorgt, ein Paar Nr. 22 und ein Paar Nr.24 … Für Dich habe ich auch etwas sehr Schönes bekommen. Was das ist, wird nicht verraten. Damit will ich Dich überraschen ..."

An anderer Stelle bemüht er sich, dich aufzurichten:

„Ich glaube gerne, daß Du manchmal auch den Mut sinken lässt, aber das darf nicht lange dauern. Ich freue mich, daß Du immer wieder zu Dir selbst findest."

Und dann folgten Ratschläge, die mich durcheinander bringen: „Gerade, weil wir so liebe Kinder haben, musst Du immer überlegt handeln. Nicht zu früh, aber auch nicht zu spät abreisen. Du musst immer die Ohren offen halten … Sollte der Iwan die Oder bei Stettin überschreiten, dann ist es Zeit für Euch zu flüchten."

Ein tragfähiger Rat? Wie dringend war das gemeint? Nach meinem Wissen war es die höchste Zeit zu flüchten, um der russischen Besatzung zu entgehen. Er hätte es doch wissen müssen! Er hätte dich warnen müssen! Warum hat er dir nicht dringend zur Flucht geraten, obwohl die Ankunft der Roten Armee unweigerlich bevorstand? Der Krieg war im April 1945 so gut wie verloren!

Lange hielt ich die Frontbriefe in der Hand. Sie verursachten verschiedenartigste Empfindungen. Sie sprachen von Sorge, Zuversicht und Hoffnung. Ich erkannte aber auch, dass eine bevorstehende Niederlage nicht ausgeschlossen wurde:

„Wie Du mir mitteilst, hast Du das kostbare Geschirr vergraben. Das kann ich nur gutheißen. So wird doch im Falle einer Zerstörung unserer letzten Habe wenigstens etwas gerettet."

Als ich mich noch bemühte, diese unterschiedlichen Stimmungen nachzuvollziehen, stieß ich am Ende des Briefes auf einen Satz, der mich schockierte und nicht mehr losließ:

„In diesem Jahr wird die Entscheidung fallen. .. wir wollen hoffen und Gott bitten, dass er unserem Führer die Kraft gibt, den Endsieg zu erringen."

Wie passte das zusammen?

Ich hatte schon vieles von den Gräueltaten der Nazis und von Hitler gelesen, sodass dieser Satz große Bestürzung in mir auslöste. Ich ließ das Schriftstück sinken. Befremden breitete sich aus: Warum schrieb mein Vater so etwas? Welcher Gott sollte wohl Hitler unterstützen? Der Krieg war doch so gut wie verloren. Wer konnte sich überhaupt einen Sieg der Nationalsozialisten wünschen?

Meine Neugierde kippte. Mein Interesse, meine Anteilnahme lösten sich auf in Enttäuschung! Wie konnte er auf diesen „Führer" hoffen? Ich konnte es nicht nachvollziehen, wieso sprach unser Vater noch im April 1945 vom 'Endsieg'?

Ein mulmiges Gefühl beschlich mich: Warum sollten wir an Ort und Stelle der Evakuierung in dem kleinen Dorf Moltzahn bleiben? „Meine Lieben fühlen sich bei den Bauern in Moltzahn sehr wohl!", schrieb er an seine Eltern. „Erst abreisen, wenn der Russe die Oder überschritten hat?" Diesen Rat deutete ich als unbeirrbaren Glauben an das System des Nationalsozialismus. „Endsieg!" Mein Bild verdunkelte sich: So etwas schrieb und glaubte mein Vater noch im April 1945!

Ich war bestürzt! Vor meinem inneren Auge erhielten die noch vorhandenen Fotos militärische Konturen! Der Vater in Uniform mit verschiedenen Abzeichen und Orden. Auszeichnungen, wofür?

In meiner kindlichen Vorstellung verfestigte sich die Befürchtung: Mein Vater war mit dem Nazisystem fest verbunden. Weitere Fragen ließen sich nicht ausschalten: Was wusste er als Soldat von den Judenverfolgungen und den Konzentrationslagern? Wie weit gab es Mitgefühl oder Entrüstung wegen der Verfolgungen? Wie sah er die Brandstiftungen, Verwüstungen, Plünderungen, Verschleppungen und Demütigungen in der Progromnacht im November 1938?

Noch ein weiterer Brief und ich fand meine Bedenken wieder: Unsere Großmutter, die unsere Familie bereits im Jahr 1944 gern zu sich nach Kiel geholt hätte, wurde vertröstet. Sie wurde noch im März 1945 von unserem Vater beruhigt: „.... ein Umzug für die Familie nach Kiel wird wohl kaum in Frage kommen."

Warum hatte unser Vater die bevorstehende Niederlage nicht gesehen? Wenn er dich, Mutter, rechtzeitig gewarnt hätte, wäre dir viel Leid erspart geblieben.

Wohin mit meinen Fragen? Inwieweit war unser Vater als Soldat an den Gräueln unserer Vergangenheit beteiligt? Ich mochte es nicht denken: Dachte auch er in rassistischen Kategorien? Was wusste er von den staatlich organisierten Verbrechen der Nazis?

Bestürzt über die Äußerungen in den hinterlassenen Briefen, versuchte ich von dir, Mutter, Näheres zu erfahren:

Welche Aufgaben hat unser Vater im Krieg gehabt?

Gehörte er zu den Unbelehrbaren, die wirklich bis zuletzt an Hitler glaubten?

Wie sehr war er ideologisch gebunden?

Hat er vor seinem Tod noch erkannt, wem er diente?

Alle Versuche, dich zum Reden zu bringen, Mutter, scheiterten. Über die braune Vergangenheit, über 'diese Sachen', redeten die Erwachsenen allgemein nicht. Nur kein Blick zurück! Ein neues Leben muss bewältigt werden.

Wovor hattest du Angst?

Ich spürte, wie jede Frage dich in bedrückende Erinnerungen versetzte. Es schmerzte dich und du wehrtest mich ab! Ich sah dein gequältes Gesicht und hörte nur ausweichende Antworten:

„Es war eine andere Zeit!
Wir haben es schwer gehabt!
Wir haben so wenig voneinander gehabt!
Er durfte über seine Einsätze nicht reden!
Wir haben nichts gewusst!"

Auch in der Schule wurde eine Auseinandersetzung mit unserer Vergangenheit ausgeblendet. Erst durch meine Klassenlehrerin erfuhren wir Hintergründe über das Dritte Reich und den Nationalsozialismus. Ich war tief erschrocken über die Judenverfolgungen und den schockierenden Film über den Holocaust. Die Ereignisse und Bilder der leidenden und ermordeten Juden in den Konzentrationslagern ließen sich nicht mehr löschen.

Mein Vaterbild war durch die Äußerungen in den Briefen schwer beschädigt. Ich blieb allein mit meinen bedrückenden Fragen und Vermutungen. Nicht mehr nach dem Vater fragen, nicht mehr an ihn denken!, das nahm ich mir in diesem Moment vor.

Der Nachlass unseres Vaters flog in die äußerste Ecke einer Schublade.

Nein, ich wollte nicht die Tochter eines Nazis sein!

15) Hamstern, handeln und tauschen

Für dich blieben die schmerzlichen Erinnerungen als junge Mutter: Drei unerfüllte Ehejahre, mit siebenundzwanzig Jahren warst du eine junge Witwe. Mit zwei kleinen Kindern musste das Leben irgendwie weitergehen.

Die Kriege und ihre Auswirkungen forderten deinen Lebenswillen und deine ganze Kraft. Wie viel Ballast trugst du auf deinen Schultern: Der Verlust deiner Eltern im Ersten Weltkrieg, im Zweiten Weltkrieg ausgebombt, allen Besitz verloren, vor Bombenangriffen geflohen, herumgeirrt von einem Ort zum nächsten, durchzitterte Nächte in Bunkern und Luftschutzkellern, um dich herum Tote und Verletzte.

Wie tragisch mag es gewesen sein, am Ende auch noch den Verlust deines Partners, unseres Vaters, zu ertragen?

Der Krieg war Anfang Mai 1945 endgültig verloren! Die Gräueltaten an der Bevölkerung durch die sowjetischen Soldaten – Plünderungen und Vergewaltigungen – blieben in dir lebendig, aber dieses Trauma war noch nicht das Ende deines Leidens. Eine Typhusepidemie, die in der Region ausgebrochen war, erwischte dich und deine Erstgeborene. Nach überstandenen Qualen und traumatischen Erlebnissen glückte dir mit uns Kindern die Flucht nach Kiel!

Die Nachkriegszeit forderte weitere Überlebensstrategien: Durchstehen auf engstem Raum, Geldnot, Unterernährung, Mangel an Kleidung und Heizmaterial.

Hungern, hamstern, handeln und tauschen auf dem Schwarzmarkt füllten den Alltag. Die Lebensmittelversorgung anhand der zugeteilten Karten war knapp bemessen.

Der Wille zum Überleben machte einfallsreich. „Aus Alt wird Neu", berichtetest du nicht ohne Stolz. „Wir haben gesammelt, aufgeribbelt, aufgetrennt und genäht. Aus Tischdecken, Bettwäsche, Fahnen oder Fallschirmseide entstanden neue Kleidungsstücke. Aufgewickelte Wollreste wurden verhäkelt oder neu verstrickt." Mit unserer Großmutter gemeinsam entstanden viele nützliche Ideen!

Die selbst gefertigten Dinge wurden in der Nachbarschaft gegen Nahrungsmittel eingetauscht. Trotz offizieller Verbote schlicht ihr nachts in den Wald, um Holz zu stehlen. Neben den Eisenbahngleisen hinter dem Wohnhaus unserer Großmutter wurde herabgefallene Kohle für den Winter gesammelt.

So gut es ging, versuchte jeder, den Hunger zu besänftigen: Du bemühtest dich um zusätzliche Nahrungsangebote und scheutest vor einer Lüge nicht zurück: Mit Risiko und schlechtem Gewissen erklärtest du, deine Töchter wären Zwillinge, um Milchpulver auf Rezept zu erhalten.

Durch dein Schummeln durften wir Schwestern auf einer Scheibe Brot das breiig angerührte Milchpulver genießen. Unserer Oma gelangen Wunder im Herstellen von essbaren Gerichten.

Für uns Kinder wurde das 'Zuckerei' oder das in den Zähnen knirschende Zuckerbrot zur außergewöhnlichen Lieblingsspeise.

16) Rückgrat und Humor

Die Großeltern

Unser leiblicher Vater blickte stumm aus einem silbernen Bilderrahmen auf dem Buffet unserer Großmutter. Solange ich zurückdenken kann, sah ich dort die Gesichter der gefallenen Söhne: unser Vater und sein jüngerer Bruder. Als Kind irritierten mich die Fotos wegen der Uniformen mit den Abzeichen darauf. Es gelang mir nur schwer, die Gesichter von den Kriegsgeschichten zu trennen.

An der Wand über dem Sofa hing ein Bild von unserem Opa. Ich betrachtete sein ernstes Gesicht mit den dunklen Augen. Er trugt keine Uniform. In meinem Alter begriff ich unterschwellig die Tragweite der Trauer für unsere Großmutter. Den Ehemann und zwei Söhne hatte sie in kürzester Zeit im Krieg verlorenen! Noch war ich zu jung, um Fragen zu stellen.

1949 gibt es für dich 'Licht', wie du sagst, Mutter. Hoffnung! Hochzeit! Du entschiedst dich für eine zweite Ehe. Für uns gab es wieder eine vollständige Familie.

Durch deine neue Heirat rückte unser leiblicher Vater in den Hintergrund. Die Ereignisse um seinen Tod waren undurchsichtig und blieben von dir unerwähnt.

Sollten wir uns an den Stiefvater gewöhnen?

War ein Erinnern zu schmerzhaft?

Wir bekamen einen neuen Vater, den 'Stiefvater' und sogar einen Bruder.

Über den Verlust unseres Großvaters wurde viel gesprochen. Ich spürte deine Betroffenheit über seinen Tod. Das erste, woran ich mich jedoch erinnere, waren Erzählungen über seinen Humor. Lustige Episoden über ihn wurden auch von anderen Verwandten beschrieben. Aus den Schilderungen wuchs in mir eine Art Bewunderung für ihn. „Ich hatte den besten Schwiegervater der Welt! Wir haben zusammengehalten!", hast du betont und schmunzelnd ergänzt: „Euer Opa brachte mich oft zum Lachen. Jeden Sonntagvormittag traf er sich zum Frühschoppen und Skatspielen mit Freunden in einer nahe gelegenen Gastwirtschaft. Ihr kennt ja eure Großmutter. Sie hatte kein Verständnis für dieses Vergnügen. Nach strengem Blick auf die Uhr wurde postwendend alles Geschirr vom Tisch geräumt, weil der Opa nicht auf die Minute genau zum Essen erschien. Dann begab sich unsere Oma verärgert zur Mittagsruhe. Kurz darauf schob sich vorsichtig die Wohnungstür einen Spalt auf und nach einem verhaltenen Moment kam ein Hut in den Raum geflogen. Erfolgte keine Schimpftirade, war die Luft rein. Der Großvater erschien in voller Gestalt mit einem Augenzwinkern im Raum."

Rückblickend amüsiertest du dich: „Wie eine Komplizin habe ich dann heimlich das Essen gewärmt." Ich denke, für dich, Mutter, war er ein wichtiger Vaterersatz. Sein Tod war ein großer Verlust: „Er stand in der schweren Zeit stets hinter mir. Er half uns allen mit seinem Mut und seinem Humor!" Er muss ein liebevoller Mensch gewesen sein, freute ich mich.

In den zwanziger Jahren, der Zeit der Weimarer Republik, kam unser Großvater als Arbeiter zu den Sozialdemokraten. Folglich wurde er im Dritten Reich arbeitslos. Das bedeutete, unsere Großmutter musste allein für den Unterhalt der Familie sorgen. „Hier, das bin ich!" Stolz zeigte sie uns ein zerknittertes Foto: eine junge Frau in einer

Straßenbahn-Uniform, eine Kasse mit blanken Knöpfen um den Hals gehängt. „Das bin ich als Schaffnerin in der Straßenbahn.”

Als überzeugter Sozialdemokrat war unser Opa ein erklärter Gegner von Hitler und seiner Ideologie. Später, als ich mehr von der politischen Situation verstand, bekam ich eine Vorstellung von einem Vorfahren, der zu den ‘Andersdenkenden’ in dieser Zeit gehörte. Mich drängte es, Genaueres zu erfahren und ich hörte dir gern zu: „Euer Großvater August hat sich trotz vieler Aufforderungen strikt geweigert, in die Partei einzutreten. Er hielt auch durch, als er von Nachbarn teilweise bedroht wurde, das obligatorische Hitlerbild in seiner Wohnung aufzuhängen.”

Zivilcourage im NS-System! Es bestand eine Verordnung, dass in der Wohnung jeder deutschen Familie ein Bild vom Führer sichtbar anzubringen war.

Bewundert habe ich, dass er Häftlingen aus dem ‘Arbeitserziehungslager’ in Kiel-Russee geholfen haben soll. Wenn die Häftlinge in Kolonnen zum Straßenbau eingesetzt waren oder Räumungsarbeiten „Trümmerdienst” oder Putzarbeiten verrichten mussten, hat er ihnen heimlich Brot zugesteckt. Dabei war jede Hilfe für die Zwangsarbeiter bei Strafe strengstens verboten. Diese Taten machten unseren Opa für mich fast zu einem Helden.

Später wusste ich, dass es sich bei der Lagerstätte in Kiel-Russee um eine KZ-ähnliche Einrichtung gehandelt hatte. Durch Hunger und durch die brutale Behandlung, die Schikanen von Seiten der Wachmannschaften kamen viele Menschen dort zu Tode, so steht es heute auf den Gedenktafeln.

Nach meiner Information hatten die Alliierten nach dem Ende des Krieges die Verwicklung der Deutschen in die Verbrechen des Dritten Reiches in verschiedene Stufen eingeteilt: Entsprechend dieser Definition gab es Mitläufer, Belastete und unzählige Hauptschuldige, die ihre menschenverachtenden Befehle mit Überzeugung ausführten. Auch in diesem Erziehungslager wirkten viele Hauptschuldige. Warum war es diesen Tätern wichtig, Menschen mit skrupellosen Bosheiten zu behandeln?, fragte ich mich. Später versuchte man sich vor den Tatsachen der braunen Vergangenheit zu verstecken: „In dem Lager waren alles Kriminelle", war eine der abwehrenden Entschuldigungen, die man später hören konnte.

Heute verweist ein Gedenkstein am Straßenrand auf das 'Arbeitserziehungslager Nordmark' und erinnert an die Gewalt und das Leid und an die vielen Menschen, die in dieser Haftstätte umkamen.

Unser Großvater lebte in den Geschichten weiter, die in der Familie gern zum Besten gegeben wurden: „Wie war noch die Geschichte mit dem Ausflug?", löcherten wir dich. Auch wenn unsere Oma protestierte: „Ach lass doch die alten Sachen!", wurde die Begebenheit gern wiederholt: „Einmal, an einem Himmelfahrtstag, hatten die Herren vom Skatclub einen Ausflug mit ihren Damen angekündigt. Es wurde ein kleiner Bus mit einem Anhänger gemietet. Die herausgeputzten Frauen mit Federhüten und Handtaschen wurden in den Anhänger verfrachtet. Alle Herren befanden sich mit ausreichenden Biervorräten im vorderen Teil des Fahrzeuges. Es herrschte Fröhlichkeit bei den Herren und bei den Damen erwartungsvolle Spannung. „Wann geht es los! Wo geht es wohl hin?" „Überraschung!“ Als sich der Bus endlich in Bewegung setzte, blieb der Anhänger mit den Frauen stehen. Abgekoppelt! Anfangs viel Gelächter. „Wie lustig! Die Männer machen Spaß, gleich kommen sie zurück!“ Dann wurden die Gesichter immer länger. Die Stimmung kippte langsam um in Fassungslosigkeit. Tatsächlich! Unmöglich! Die Herren wagten es wirklich! Sie ließen ihre Frauen zurück und machten ihre ‘Vatertagstour’ ohne Anhang. Für die Ehefrauen war der Tag verdorben. Drohend und schimpfend machte man sich auf den Heimweg. „Der soll mir nach Hause kommen!”

„Eure Großmutter hat dann tagelang nicht mehr mit ihm gesprochen”, fügtest du lachend hinzu. Ich sah noch dein Kopfschütteln, Mutter: „Eure Oma hatte schon immer eine ureigene Art, sich zu wehren! Als euer Großvater im Kino neben ihr eingeschlafen war, ließ sie ihn zurück und machte sich allein auf den Weg nach Hause.”

Die lustigen Episoden, in denen der Großvater in guter Erinnerung blieb, hörte ich gern.

Die Großmutter erlebte ich in ihrer schroffen Art nicht gerade als warmherzig. Man konnte sich aber ihrer Hilfsbereitschaft stets sicher sein. Ohne zu zögern war sie, immer, wenn es nötig war, in unserer Familie, bei Freunden und in der Nachbarschaft sofort zur Stelle.

Erst als wir erwachsen waren, gab sie etwas über ihre schwere Kindheit preis: „Ich wurde unehelich geboren. Meine Geburt war damals eine ‘Schande’, bis meine Eltern endlich geheiratet haben. Ich war ein ungeliebtes Kind. Schon früh wurde ich verantwortlich für drei jüngere Geschwister eingespannt. Man gewährte mir nur eine knappe Schulzeit! Ich musste hart in meinem Elternhaus für alle arbeiten. Meine Mutter hat mich schlecht behandelt und heftig geschlagen."

Deine Beschreibung: 'Harte Schale, weicher Kern', das passte zu unserer Oma. Allerdings machte mir ihre harte Schale oft zu schaffen.

In ihrem peinlich geordneten Haushalt gab es keinen Raum für Bildung und Kultur, lediglich die Tageszeitung, 'Die Kieler Neueste' wurde regelmäßig studiert. Daneben sah man kein einziges Buch.

Ich blieb in ihrer Nähe und erlebte sie im hohen Alter milder und zugänglicher. Wer ihre Art verstand, amüsierte sich über ihren besonderen Witz.

Einmal im Jahr, ausschließlich zu ihrer Geburtstagsfeier, überraschte sie uns stets aufs Neue: „Sie pafft wieder!", stießen wir uns an. Von rauchen konnte keine Rede sein. Mit verschmitztem Gesichtsausdruck, unter Keuchen und Husten, zog sie an einer Zigarette und verlangte: „Einen Schnaps, bitte!" Das erste Glas leerte sie mit Schwung und Verachtung, prustete und schüttelte sich heftig, um dann mit dem geleerten Glas auf den Tisch zu klopfen: „Auf einem Bein kann man nicht stehen!" Tatsächlich trank sie einen weiteren Schnaps und verzog ihr Gesicht! „Puh, wie scheußlich", ekelte sie sich, um dann hinzuzufügen: „Trinkt nicht so viel." Wahrscheinlich sollte das auf uns Heranwachsende erzieherisch wirken.

Immer, wenn sie ihre Weltsicht verbreitete, brachte sie mich in Verlegenheit. Ich bangte, sobald sie auf meine angeheiratete, bürgerliche Familie traf. Wenn ich bettelte: „Oma, hör auf!", schlug sie mit ihren gefürchteten Weisheiten extra zu: „Alle Männer wollen nur das eine! Erst schöpfen sie den Rahm ab, dann sind sie auf und davon!"

Unvergessen bleibt dabei ein Weihnachtsfest: Unsere Oma feierte mit uns in unserem kleinen Familienkreis den 'Heiligen Abend': Ein weihnachtliches Menü war vorbereitet worden. Geschenke für alle Beteiligten warteten darauf, ausgewickelt zu werden. Der geschmückte Tannenbaum trug mit seinen flackernden Kerzen zur festlichen Stimmung bei. Unsere Tochter, etwa zehn Jahre alt, und meine Schwiegermutter saßen am Klavier, um vierhändig einige Weihnachtslieder für uns anzustimmen.

Das Problem war das neue Hörgerät unserer Oma. Schon Tage vorher hatte sie Schwierigkeiten mit dem Einstellen der Lautstärke: „Schrei mich nicht so an!", beschwerte sie sich bei jeder noch so sanften Ansprache und zuckte empfindlich zusammen: „Knall doch die Tür nicht so zu!" Während wir versuchten, den weihnachtlichen Klängen des Klavierspiels der beiden Vortragenden zu lauschen, war sie es, die schmerzhaft das Gesicht verzog und demonstrativ die Zeigefinger in die Ohren steckte: „Halt! Nicht so laut!"

„Oma, lass das! Hör auf damit!", flüsterte ich und stieß sie an.

'Alle Jahre wieder!', das nächste Lied klang aus und ich sah noch die erwartungsvollen Blicke meiner Schwiegermutter. Sah, wie sie sich in ihrem festlichen Seidenkleid, mit fragenden Blicken in unsere Richtung drehte: „Wie war das? Haben wir das nicht gut gemacht?"

Noch bevor ich das erwartete Lob aussprechen konnte, hörte ich neben mir das Urteil meiner Oma: „Drei bis vier!"

„Wie bitte? Was hast du gesagt?"

„Drei bis Vier!" Es war nicht zu überhören. Gern wäre ich im Boden versunken. Sie hatte in ihrem Leben nie an einem Klavier gesessen! Was erlaubte sie sich? „Drei bis Vier!" lautet ihre nochmalige Bewertung, indem sie mir zuzwinkerte. Ich versuche die Peinlichkeit zu überspielen: „Du machst immer Spaß, Oma!"

Nicht genug damit, sie trieb es noch weiter auf die Spitze. Bei „Oh Tannenbaum", begannen wir die Strophe gemeinsam zu singen. Aber was machte sie? „Der Lehrer hat in Sack gehau'n!", fand sie es lustig, selbst zu texten. „Wü bütte?", fragt sie auch noch mit übertrieben gespitztem Mund, als ich mit ihr schimpfe.

„Frag doch nicht immer 'hä', es heißt: 'Wie bitte!'", hatte ich sie belehrt. „Wenn meine Schwiegermutter da ist, dann sag doch bitte nicht immer 'hä', wenn du etwas nicht verstehst."

Ich hätte es mir denken können, unsere Oma würde sich nichts vorschreiben lassen! Jetzt provozierte sie wegen meiner Belehrung. Was soll ich machen? Sie hat mich im Griff, dachte ich. Dieses „Wü bütte?" musste ich nun über mich ergehen lassen. Während des weiteren Abends spielte sie weiter 'vornehm' und wandte sich mit geschürzten Lippen an meine Schwiegermutter. „Wü bütte?" Dabei blinzelte sie mir spitzbübisch zu.

Als die Großmutter schon lange nicht mehr lebte, tat es mir leid: Warum hatte ich sie nicht ausführlicher befragt, nach ihrer Kindheit, nach ihrer Geschichte, nach ihrem Leben? Wie wenig hatte ich über sie und den Großvater erfahren? Ich wusste so wenig über das Leben meiner Großeltern und – damit zusammenhängend – so gut wie nichts über die Jugend meines Vaters. Wo ging unser Vater zur Schule? Wie war seine Kindheit, seine Schul- und Ausbildungszeit?

Als erster Sohn wurde er 1913 in die Regentschaft des Kaiser Wilhelms II in den Ersten Weltkrieg geboren. „Ich habe den Kaiser bei seinem Auftritt in Kiel selbst erlebt", erzählte unsere Großmutter nicht ohne Stolz.

Manchmal sprach sie über den spektakulären 'Matrosenaufstand' von 1918 in Kiel, der das Land bewegte und schließlich zu einer Art Revolution führte: „Soldaten und Werftarbeiter widersetzten sich einer sinnlosen Fortsetzung des Krieges, bewaffneten sich und schlossen sich zu einem Volksaufstand zusammen. Dieser Aufstand führte zur Abdankung des Kaisers und eine Demokratisierung Deutschlands begann."

Unsere Großmutter erlebte auch die schweren Zeiten des Ersten Weltkrieges, in dem nicht so viel geschossen, aber Hunger und Not zu bewältigen waren: „Euch geht es viel besser! Ihr seid verwöhnt! Wir mussten viel hungern und Hunger tut weh!"

17) Gewalt, Thyphus und Flucht

„Ich hole euch heraus", hatte unser Vater versprochen.

Augenzeugen überbrachten dir die bittere Nachricht: „tödlich verunglückt!" Mit dieser schrecklichen Gewissheit bemühtest du dich so schnell wie möglich den russisch besetzten Teil Deutschlands zu verlassen. Man hatte einen Antrag auf eine behördliche Ausreise-Bewilligung zu stellen, um aus dem besetzten Teil Deutschlands herauszukommen. Nur wer eine Anlaufadresse nachweisen konnte, bekam die Genehmigung.

Mit unserer Großmutter in Kiel konntest du ein anerkanntes Ziel nachweisen. Ihre kleine Wohnung war in der zerbombten Stadt heil geblieben. „Kommt nach Kiel, ich nehme euch auf", hatte sie wiederholt voller Sorge gebettelt. Damit gab es für dich keine weitere Überlegung, zumal auch die Drittälteste deiner vier Schwestern in Kiel lebte.

Zu deinen Traumatisierungen gehört die Zeit der russischen Besatzung: Bevor du die befreiende Ausreisebewilligung in Händen hieltest, war es über zwölf quälende Monate nicht möglich, den schlimmen Ereignissen – die ich mir nicht vorstellen mag – zu entfliehen. Wie sehr wirst du den erlösenden Bescheid ersehnt haben? Ein Leben lang verwahrtest du diesen vergilbten, zerknitterten Beleg zwischen deinen Unterlagen, bevor du ihn an mich weitergegeben hast. Mit diesem Papier erteilte man uns Ende 1945 offiziell endlich die Genehmigung, den sowjetisch besetzten Teil Deutschlands zu verlassen.

Der Krieg war mit allen Konsequenzen verloren. Nach dem grausamen Vernichtungskrieg der Deutschen gegen

Osteuropa überschritten die siegreichen sowjetischen Truppen im Januar 1945 in Ostpreußen die Reichsgrenze. Die Rache der 'Roten Armee' stand bevor, besonders die Frauen in Deutschland bekamen die ungezügelte Gewalt der Soldaten zu spüren.

Von dir gibt es über diese Zeit lediglich versteckte Andeutungen. Du warst mit uns und mit weiteren Müttern und Kindern in dem kleinen Dorf Moltzahn untergekommen. Evakuierung nannte man diese Sicherheitsmaßnahmen!

Für unsere Kinderohren gab es nur Fetzen von schaurigen Andeutungen, immer dann, wenn die Erwachsenen tuschelten. Es waren Ahnungen, die in uns ungebändigte Fantasien erzeugten. Ich gruselte mich vor diesen Bildern: „Wir Frauen standen hinter den Vorhängen auf den Fensterbrettern, als die Russen nachts die Türen eintraten, … sie suchten in allen Räumen nach jungen Frauen." Jede Andeutung bereitete mir neues Erschrecken: „Als ich mich an mein Kind krallte und wie wahnsinnig schrie, nahm der Soldat die Pistole von meiner Stirn und ließ von mir ab."

Diese Bedrohungen, deine panikartige Angst und dein Leid spukten in meinem Kopf herum. „Was haben sie mit dir gemacht?" Über detaillierte Beschreibungen fiel für uns Kinder ein Vorhang. Dein Schweigen uns gegenüber machte es nicht besser, es bewirkte nur das Gegenteil. Beängstigende Vorstellungen!

Meine Schwester glaubt sich an Szenen zu erinnern, wie junge Frauen von russischen Soldaten drangsaliert wurden. Hatte sie etwas bewusst miterlebt? Etwas gesehen, aufgeschnappt oder geträumt?

Ein bedrückendes Mitgefühl blieb in mir, als hätte sich ein Teil der Schmerzen in mich hineingesetzt.

Wie hast du diese grauenvolle Zeit überstanden? Welche Narben für dein weiteres Leben haben diese Ereignisse hinterlassen?

Ich stellte mir vor, wie du vor Angst gezittert haben musst in deinem Versteck. Wochenlang verkrochst du dich vor den marodierenden Soldaten in einem Taubenschlag! Welche Qualen, welche Schrecken waren dort durchzustehen? Ich mag mir nicht ausmalen, was passiert wäre, hätten die russischen Soldaten dich dort entdeckt.

Das ältere Ehepaar, auf dessen Bauernhof wir untergebracht waren, hatte dich trotz eigener massiver Bedrohung durch die sowjetischen Soldaten nicht verraten. Es hatte sich nicht einschüchtern lassen, selbst als die Sowjets hinter vorgehaltenen Waffen forderten: „Wo ist die junge Frau! Wo ist die Mutter der Kinder?“ Ich spitzte die Ohren: „Dieses mutige Bauernpaar hat meine Anwesenheit unter Gefährdung ihres eigenen Lebens tapfer verleugnet. Nachts schlichen sie in mein Versteck, um mich mit dem Nötigsten zu versorgen. Diese heldenhaften Menschen haben nicht nur mich gerettet, sie haben auch euch Kinder geschützt und versorgt, solange ich mich verbergen musste.” So viel gibst du preis.

Ich denke an den Mut dieses Ehepaares. Sie erscheinen mir wie Engel in dieser dunklen Zeit! Wie stark müssen sie gewesen sein, trotz eigener Bedrohung selbstlos zu handeln? Wie viel Leid haben diese Menschen den evakuierten jungen Frauen und ihren Kindern erspart!

Das Schicksal machte nicht halt. Als im Umkreis unseres Aufenthaltsortes eine Typhusepidemie mit vielen Schwerkranken und Toten ausbrach, steigerten sich deine Qualen ins Unerträgliche, Mutter: Auch dich traf diese gefährliche

Infektion, die unzählig viele Betroffene, ohnehin durch den Krieg geschwächt, dahinraffte.

„Es dauerte nicht lange", so hast du dieses Unglück beschrieben, „da hatte ich mich gleichzeitig mit meiner dreijährigen Tochter infiziert. Das hohe Fieber warf mich unweigerlich nieder und fesselte mich lange Zeit an das Bett." Neben der schweren Erkrankung musstest du ertragen, dass deine hoch fiebernde Tochter ohne deine Begleitung in ein entferntes Krankenhaus – in die nächstgrößere Stadt –, nach Demmin gebracht wurde. „Es war mir in meiner Sorge nur möglich, wärmende Decken und etwas Essbares mitzugeben", erinnertest du dich. Später stellte sich heraus, dass alle guten Gaben im Krankenhaus unter den Pflegekräften verteilt wurden.

Meine Schwester erinnerte sich an kratzende Pferdedecken und malte mir gegenüber aus, wie sie damals auf dem harten Boden eines offenen Pferdewagens wieder nach Hause transportiert wurde. „Wir können nichts mehr für das Kind tun!", hatten die Ärzte entschieden. So wurde sie abgemagert und völlig geschwächt aus dem Krankenhaus entlassen. „Ich lag kraftlos neben anderen Menschen mit dem Kopf direkt unter dem Kutschbock und habe vor Kälte gezittert." Noch nach Jahren erinnerte sie sich an die Qualen des Alleinseins und den Druck eines jeden Steines auf den holprigen Wegen, die sich in ihren Körper und ihre elende Angst bohrten.

Heute erscheint es mir wie ein Wunder, dass ihr trotz unzureichender ärztlicher Versorgung, trotz Hunger und Kälte, diese Epidemie lebend überstehen konntet und ich mich als Kleinkind nicht angesteckt habe.

Wir haben überlebt! Die Ausreisegenehmigung war eingetroffen und du warst bereit, Mutter, in den Nordwesten, nach Kiel, zu gelangen. Noch wackelig auf den Beinen musstest du dich allein mit der Verantwortung für zwei kleine Kinder auf den Weg machen ...

Unzählige Menschen hatten gleichzeitig das Ziel, dem sowjetisch besetzten Teil Deutschlands zu entfliehen. Auf den Bahnsteigen herrschte ein unüberschaubares Chaos und Panik. Die Flüchtlinge versuchten im Sturm auf überfüllte, anfahrende Züge aufzuspringen. Einige wurden von außen in die Türen gedrückt, andere durch offene Fenster gezogen, Enttäuschte müssen resigniert zurückbleiben.

Für mich unvorstellbar, mit welcher Stärke du es schafftest, mit uns zwei kleinen Kindern dein Ziel zu erreichen. Ohne eigene Erinnerung habe ich die geschilderten Szenen vor Augen: Du, in dem Menschengewühl, ein Kind auf dem Arm, bepackt mit Koffer und Rucksack und neben dir deine vom Typhus geschwächte vierjährige Tochter, die plötzlich abgedrängt aus deinem Blickfeld entschwand. Nicht wenige Kinder gingen auf der Flucht in derartigen Situationen verloren! Dir war der Schock noch anzumerken: „Kopflos und wahnsinnig vor Angst habe ich den ganzen Bahnsteig zusammengeschrien. Halt, halt, mein Kind! Wo ist mein Kind!"

Eine Person, die es gut meinte, hatte sich des vermeintlich verloren gegangenen Kindes in dem Durcheinander angenommen. Man wurde auf deine Panik trotz des Gedränges und Stimmengewirrs aufmerksam. „Zu wem gehört das Kind? Wo ist die Mutter?"

Deine Tochter, bereits abgetaucht im Gewühl der Menge, wurde im letzten Moment entdeckt und dir durch hilfreiche Hände zurückgegeben.

Völlig entkräftet, aber überglücklich wurdest du schließlich mit der Unterstützung Gleichgesinnter in den Zug geschoben. Endlich landetest du mit Kindern und Gepäck in einem Abteil. Eingepfercht zwischen vielen erschöpften Menschen, die auch einen Platz erobert hatten, starteten wir in den Westen. Ein in deinem Rucksack transportierter Nachttopf, gedacht für deine Kinder , machte immer wieder die Runde und wurde zum Retter für viele Nöte in dem vollgestopften Zug. Als der Zug plötzlich stoppte und du deinen Koffer anhobst, musstest du feststellen, dass jemand ein Loch in die Rückseite geschnitten hatte. Dir kamen die Tränen: „Die wenigen Wertsachen und einige gerettete Kleidungsstücke! Alles entwendet!" Es gab keine Hilfe und es blieb keine Zeit, dem Verlust nachzutrauern.

Alle Züge hielten in Lübeck! „Endstation! Der Zug fährt nicht weiter! Alles aussteigen!", hallte es durch den Bahnhof. Noch sechzig Kilometer bis nach Kiel. Wegen kriegsbedingter Gleisschäden fuhren die Züge nicht weiter. Du warst verzweifelt, zwei übermüdete, hungrige Kinder und du am Ende deiner Kräfte. Die Strecke bis zum Ziel erschien ohne fahrbaren Untersatz unerreichbar. Lähmende Ratlosigkeit! Doch gab es plötzlich ein Aufatmen!

Ich war erleichtert, wenn du zuversichtlich betontest: „Immer wenn du glaubst, es geht nicht mehr, kommt von irgendwo ein Lichtlein her." Die Geschichte unserer Flucht ging am Ende gut aus: „Ich wusste nicht mehr ein noch aus, da gab es plötzlich Licht! Angestellte der Bahnhofsmission tauchten auf wie rettende Engel. Sie nahmen uns in ihre Obhut." Dir wurden die Kinder von Krankenschwestern abgenommen und versorgt. Welch ein Glück! Es gab etwas Essbares und Milch, sogar Wasch- und Schlafmöglichkeiten. Wir übernachteten und erholten uns neben vielen anderen Geflüchteten auf Strohsäcken. Du erlebtest diese Wende wie eine wundersame Fügung und warst für diese Wohltat ewig dankbar.

Jedoch, bei allem Glück, es ging nicht weiter! Die Gleise waren beschädigt! Kein Zug und kein Bus in Richtung Kiel! Was blieb zu tun?

Nach kurzer Erholung drängte es dich, weiter nach Kiel zu kommen. Unvermutet gab es einen weiteren Lichtblick auf dieser Flucht. Ein hilfsbereiter junger Mann, der wie ein Engel auftauchte, bot seine Hilfe an. „Ich kann Sie mit den Kindern nach Kiel bringen. Es gibt Platz auf meinem Pferdewagen." Ein mitfühlender Mensch beförderte dich mit uns Kindern ohne Gegenleistung von Lübeck nach Kiel. Dann half er dir sogar noch, uns Kinder und dein Gepäck bis an die Wohnungstür der Großmutter zu tragen. „Ich hätte diesem Wohltäter so gern für alle Hilfe gedankt", hast du bedauert. „Aber in dem Durcheinander der Ankunft, in dem Wirbel von Überraschung und Begrüßung, entschwand er so plötzlich und lautlos, wie er zuvor aufgetaucht war."

Mir gefällt der Spruch, der zu dir und dieser Geschichte gehört. Du hast ihn auch in mein Poesiealbum geschrieben: „Immer wenn man glaubt, es geht nicht mehr, kommt von irgendwo ein Lichtlein her."

Ich hielt daran fest. Es tat mir gut, daran zu glauben.

18) Unser Schrebergarten

Meine Gedanken richteten sich wieder auf mein angestrebtes Ziel. Mich trieb die Hoffnung weiter: Vielleicht fand ich dich in unserem Garten am Stadtrand.

Mit dem Fahrrad war das Gartengelände relativ schnell zu erreichen.

Wolltest du den Garten nicht abgeben?

Dir war die Arbeit neben der Verantwortung für drei Kinder nach dem Tod unseres Stiefvaters zu anstrengend. Unser kleiner Bruder war ja erst fünf Jahre alt, als sein Vater starb.

Unser Garten half uns in der schwierigen Nachkriegszeit über manchen Hunger hinweg. Kartoffeln, Obst und Gemüse aus diesem Stück Erde bereicherten die kargen Mahlzeiten. Vor meinem inneren Auge erschienen die für den Winter als Vorrat gelagerten Äpfel. Hoch oben, eigentlich für uns Kinder unerreichbar, leuchteten sie verlockend über uns auf dem Kleiderschrank.

„Bei uns gibt es leckere Äpfel", lockten wir unsere Spielgefährten von der Straße in die Wohnung. Ein heimlicher Spaß! Einer stand Schmiere in der Tür, dann wurde das begehrte Obst aus den hinteren Reihen vom Schrank geangelt. Wir klammerten uns an die Seitenwand des weiß gestrichenen Schrankes, hangelten uns mit Armen und Füßen hoch und griffen nach den Köstlichkeiten. Anschließend teilten wir die Eroberungen auf. Du warst zunächst ahnungslos, die Lücken waren von unten nicht zu erkennen: „Woher kommen diese schwarzen Striche am Schrank?" Hochgezogene Schultern: „Keine Ahnung!" Der Schwund der Äpfel blieb so lange unentdeckt, bis du plötzlich einmal in der Tür erschienst. „Was macht ihr denn da?" Überraschend erfolgte statt der erwarteten Strafe nur eine lockere Ermahnung: „Jetzt hört das aber auf!" Obwohl dir eine andere Verteilung der gelagerten Früchte vorschwebte, blieb es bei deiner verständnisvollen Reaktion.

Der Schrebergarten, am Rande eines Waldes gelegen, ermöglichte uns Kindern unbekümmerte Stunden in frischer Luft und unbeschädigter Umgebung. Ich liebte es, kleine Beete anzulegen, Gemüse zu ernten, Blumen zu pflücken. Besonderen Spaß machte es, in den Obstbäumen herum zu turnen. „Steigt nicht zu hoch und haltet euch gut fest!", wurden wir gewarnt. „Komm, wir bauen uns eine Schaukel", war eines Tages unsere Idee. Gesagt getan! Eine Möglichkeit für uns Schwestern zum Schwingen und Turnen in den Ästen! „Immer abwechselnd!" Die Freude an unserem selbst gebastelten Turngerät währte nicht lange. Wieder einmal traf mich das Pech einer Verletzung: Die zusammengeknüpften Tücher, die wir über einen Ast gelegt hatten, rissen in dem Moment, als ich gerade mit einem 'Kunststück' an der Reihe war. Kopfüber fiel ich zu Boden, direkt auf eine Steinkante. „Du blutest am Kopf!" Meine Schwester deutete erschrocken auf meine Verletzung. Eine Platzwunde am Kopf!

„Drück das Taschentuch fest auf die Wunde und dann Marsch, nach Hause!", verordnete unser Stiefvater. „Du passt auf!", wurde die Ältere wieder einmal in die Verantwortung gestellt. Auf unserem halbstündigen Fußmarsch nach Hause erregten wir die Aufmerksamkeit der Passanten. „Wo ist eure Mutter? Du bist ja schwer verletzt!" Von mehreren Personen wurden wir angehalten: „Was ist passiert? Können wir helfen?"

Mit meinem Bruder und dem Ballonroller, 1953

Keine Antwort von uns! Wir ließen uns nicht aufhalten, hielten uns nur fester an den Händen und rannten weiter. „Lasst euch nicht von Fremden ansprechen", hatten wir verinnerlicht. Nur so schnell wie möglich zu dir nach Hause rennen, Mutter. „Himmel! Was hast du nur wieder angestellt!"

Unser Garten befand sich im Vieburger Gehölz. Die umliegende Umgebung eröffnete viele Möglichkeiten für kleine Abenteuer: Wir geisterten im Wald herum, verwandelten uns in Hexen und Räuber oder spielten Verstecken. Auf engen Waldwegen machte ich meine ersten wackeligen Fahrradversuche. Im Winter holten wir uns blaue Flecken und Beulen beim Schlittenfahren auf der 'Todesbahn', weil die Bäume bei unseren Abfahrten zu dicht standen.

Würde ich dich hier in unserem Garten finden? Während ich in Eile mit meinem Fahrrad die letzte Steigung bewältigte, holten mich die Erinnerungen zurück. Keuchend und schwitzend erreichte ich das Gartentor. Ein wenig musste ich innehalten, um Luft zu schöpfen.

Bergab fiel mein Blick auf einen friedlich vor sich hin schlummernden Feuerlöschteich. Auf glatter Fläche spiegeln sich die Baumwipfel.

Wie war das damals mit meinem kleinen Bruder? Vor ein paar Jahren, an einem kühlen Märztag, geriet ich mit ihm – er muss etwa drei Jahre alt gewesen sein – in dieses schilfumwachsene Nass. Wir hatten den Plan, gemeinsam den steilen Hang abwärts und dann seitlich auf dem Weg am Teich vorbei zu rollern. „Komm, steig auf, es geht gleich los." Mein Bruder stieg voller Vertrauen zu mir auf seinen neuen 'Luftroller'. Mit den luftgestützten Reifen war dieses Fahrzeug eine besondere Errungenschaft in der Nachkriegszeit; es löste den üblichen Holzroller ab.

Mein Bruder stieg auf und konnte kaum über den Lenker sehen. Er trampelte erwartungsvoll mit den Füßen: „Abstoß! Los!" Ich stand dicht hinter ihm und übernahm das Lenken und Bremsen. „Auf die Plätze, fertig, los!" Noch ein kräftiger Tritt für den richtigen Schwung: „Auf gehts!", jubelten wir, als sich der Roller in Bewegung setzte. Eigentlich hatten wir uns das Ganze sehr spaßig vorgestellt. Die Freude hielt nur wenige Sekunden, denn mir fehlte die Erfahrung für die steigende Beschleunigung. Ich suchte mit dem Fuß die Bremse: „Ich muss fest in die Bremse treten! Die Bremse! Sie reagiert nicht!" Angst schoss in alle Glieder. Verzweifelt suchte mein Fuß den Knopf auf dem Trittbrett. Irgendetwas stimmte mit der Bremse nicht!

Wir wurden schneller und schneller und mir wurde schwindlig. Mit ungeahnter Geschwindigkeit sausten wir den steilen Hang in einer Länge von circa fünfzig Metern abwärts. Was sollte ich tun? Mein Fuß tastete, suchte und drückte! Vergeblich! Abspringen ging nicht, mit dem kleinen Bruder durfte ich nicht stürzen. Meine Hände verkrampften sich immer fester um den Lenker. Keine Rettung! Mein Herz pochte immer schneller. Unhaltbar sausten wir auf den vor uns liegenden Ententeich zu. „Auf dem Weg bleiben! Seitlich links halten! Links vorbei lenken!", hämmerte mein Hirn.

Trotz aller Kraftanstrengung gelang es mir nicht mehr, mich auf dem Gartenweg zu halten. Wir flogen geradewegs auf den Teich zu, segelten über einen kleinen Holzsteg und landeten mit Schwung im kühlen, hoch aufspritzenden Wasser. Ein Kreischen drang an mein Ohr, als wir in das Wasser klatschten. Die laut schnatternde Empörung der aufflatternden Enten höre ich noch heute. Während ich versuchte, mich zu orientieren und aufzurichten, gab es nur einen Gedanken: 'Mein kleiner Bruder? Wo ist er?' Ein Glück! Er stand im Wasser! „Komm, halt dich fest, ich zieh dich raus!" Ich griff rasch nach seiner Hand und zog ihn an das Ufer. Danach gelang es mir auch, den Roller aus dem Schlick zu ruckeln. Mein Bruder heulte laut und wies schniefend auf die Wasseroberfläche: „Meine Mütze, da, da, sie schwimmt weg!" Auf kleinen Wellen trieb sie schaukelnd davon und musste wegen der zunehmenden Tiefe aufgegeben werden.

Was sollte ich jetzt machen? Mich überkam Angst vor dem Stiefvater. Eine deftige Strafe war gewiss.

„Wir sagen, dass uns fremde Jungs ins Wasser geschubst haben!“, versuchte ich den vor Kälte Bibbernden zu überreden, der nur zustimmend nicken konnte. Ich schob den Roller aufwärts, als wir uns triefend auf den Rückweg zu unserem Garten machten. Dabei redete ich auf den Kleinen ein: „Hast du verstanden, wir sagen, dass waren Jungs, die uns geschubst haben!” Ich bemerkte den Schrebergärtner nicht, der in seinem angrenzenden Garten werkelte und Zeuge unserer Abmachung wurde.

Der Stiefvater reagierte empört: „Welche Jungen waren das? Wo sind sie?“ Ich schüttelte den Kopf: „Weiß nicht!” Ich traute mich nicht, ihn anzusehen: „Wo sind sie hingelaufen?”

„Weiß nicht!”

Wütend auf diese Jungs, nahm er an jede Hand ein Kind und zog uns so nass, wie wir waren, hinter sich her. Unverzüglich wollte er zum Ententeich, um nach den Tätern zu forschen. Wir kamen nicht so weit! Als wir auf den ‘wissenden Menschen‘ in seinem Garten trafen, war die Geschichte nicht mehr zu retten: „Haben Sie die Jungs gesehen, die meine Kinder ins Wasser geschubst haben?“ Der Kleingärtner legte seinen Spaten beiseite, trat langsam an den Zaun. Dann verriet er uns tatsächlich mit einem schiefen Lächeln: „Ich hab es genau gesehen. Das Mädchen ist mit dem Jungen ins Wasser gefallen! Ich habe auch gehört, wie sie auf den Kleinen eingeredet hat: Wir erzählen zu Hause …“ Trotz der Kälte und Nässe stieg mir eine Hitzewelle in den Kopf. Mit der Entdeckung der Wahrheit wusste ich, was mich erwartete. Lügen wurden vom Stiefvater grundsätzlich heftig bestraft. So kam es dann auch! Durch und durch nass, gab es für mich die spürbare Abreibung:

Seine Schläge taten weh, jedoch im Inneren spürte ich Erleichterung; Mein Bruder! Es hätte alles viel schlimmer kommen können!, dachte ich und heulte vorsichtshalber laut und deutlich, um das Ausmaß der Schläge zu bremsen.

Nach der verabreichten Strafe wurden wir in Decken gewickelt und verharrten einträchtig nebeneinander in der Gartenlaube. Der Stiefvater schwang sich fluchend auf sein Fahrrad. „Man kann sie doch nicht aus den Augen lassen! Von wegen, die Jungs!" Es dauerte eine Weile, bis er mit dir, Mutter, und trockener Kleidung zurückkehrte.

„Wie geht's? Bist du böse?" Mit schlechtem Gewissen wandte ich mich an meinen vor Kälte zitternden Bruder. Er schüttelte tapfer den Kopf. „Ach, nicht so schlimm!" Kein Schmollen! Kein Heulen! Mit klappernden Zähnen gab es sogar ein Lächeln zum Dank von mir eine nasse Umarmung.

Immerhin war mein Missgeschick noch lange unterhaltsames Gesprächsthema in der gesamten Familie.

Mit meinem Rückblick stand ich nun vor dem verschlossenen Gartentor. Meine Augen überflogen jeden Winkel: „Wo bist du?" Ich hätte es mir denken können! Hier würde ich dich also auch nicht finden!

Mein Blick fiel auf das kleine Beet, das mir jetzt verwahrlost erschien. „Das war einmal mein Beet!" Enttäuschung mischte sich mit Wehmut. Du hast dich entschieden: „Der Garten geht weg!" Du warst schon lange nicht mehr hier gewesen! Bald würde es also heißen Abschied nehmen von diesem kleinen, geliebten Stück Erde. Vorbei, die Zeiten freier Bewegung im Wald. Vorbei, das Graben,

Pflanzen und Ernten. Vorbei, der Ausgleich für die staubigen Ruinen in der Stadt.

Ich verharrte noch kurz in der Stille. Kein Mensch war zu sehen, kein Straßenlaut zu vernehmen. Nur aufgeregtes Vogelgezwitscher und das leichte Rauschen der Blätter in den Bäumen begleitete meine Gedanken, als ich mich, ohne dich gefunden zu haben, wieder auf das Fahrrad schwang.

19) Wir haben ihn 'Vati' genannt

Erziehung zu Gehorsam und Ordnung

Lebhafte Bilder mit dem Stiefvater tauchten wieder auf: Jähzorn und Schläge sind mir besonders in der Erinnerung geblieben. Was hat der Verlust dieses Menschen für mich bedeutet? Nie konnte ich einschätzen, ob mir der Stiefvater nah gewesen ist. Ich hatte großen Respekt, manchmal Angst vor ihm! Erst, als ich älter war, konnte ich nachvollziehen, wie sehr er sich über seine Kräfte für unsere Familie eingesetzt hatte.

Anfangs war ich traurig und konnte diesen überraschenden Tod nicht begreifen. Vor dem Einschlafen versuchte ich mir sein Gesicht vorzustellen, um es lebendig bleiben zu lassen. Aber mehr als der Verlust berührte mich deine Verzweiflung, Mutter: Ich sah dein bleiches Gesicht, deine Tränen, zuckte zusammen bei jedem Schluchzen und quälte mich wegen deiner Wortlosigkeit. Meine Aufmerksamkeit klebte nur an dir. Mich zog es in deine Nähe, meine Blicke verfolgten all deine Reaktionen.

Jede Auflockerung, jedes kleine Lächeln vermittelte mir die ersehnte Erleichterung. Jeden Abend ein Flehen: „Lieber Gott, lass die Zeit schnell vergehen, damit der Schmerz etwas nachlässt."

Du hattest den Mann, der dir Sicherheit bot, der Verantwortung übernahm und für uns ein Vater sein wollte, 1948 geheiratet, Mutter.

Wir haben ihn 'Vati' genannt. Ich war fünf Jahre alt, als er in unsere Familie kam. Du erinnerst dich in einem der medial aufgezeichneten Gespräche:

Zweite Ehe unserer Mutter, 1948

Aus den Gesprächsprotokollen:

„Euer Stiefvater erkannte unsere Notlage in der Nachkriegszeit. Wir hatten wenig zu essen. Als er zum ersten Mal bei uns eingeladen war, servierte Oma Torte aus Kaffeesatz. Er war für uns alle ein Halt in der Brandung. Als Kommandant eines Minensuchbootes im Dienst der Engländer konnte er vieles zum Überleben beschaffen. Wir waren dankbar, unsere Beziehung wurde gefestigt und wir beschlossen zusammen zu bleiben."

Der Stiefvater wollte mit uns eine Familie gründen. Ein junger Mann, noch keine dreißig Jahre alt, entschied sich für dich und nahm zwei kleine Kinder in seine Verantwortung.

s einen neuen Vater! Wir mussten uns an Meine damals sechsjährige Schwester re-ıd. Sie weigerte sich hartnäckig, 'Vati' zu reden half nichts! Man beschloss, ihr Zeit gewähren. Sie wurde für Monate zu einer bekannten Familie nach Baden-Baden geschickt. Dort, auf einem Bauernhof, sollte sie ihren Widerstand vergessen und in frischer Landluft 'aufgepäppelt' werden!

„So kann sie sich auch von den Folgen ihrer Typhuserkrankung erholen", das war euer Plan. Vielleicht war diese Entscheidung auch dadurch getragen, dass vorübergehend in der engen Wohnung der Großmutter ein Bett frei wurde, und es gab einen kleinen Esser weniger. „Bekomme ich morgen wieder eine Scheibe Brot?", hatte meine Schwester einmal vor dem Schlafengehen gefragt und dich damit eindringlich berührt.

Als kleines Kind war sie lange getrennt von dir, Mutter! Ich vermisste sie sehr! „Wo bleibt sie? Wann kommt sie zurück?", fragte ich jeden Tag. „Was soll ich ohne sie machen?"

Nach langer Zeit kehrte sie aus dem streng katholischen Baden-Baden zurück. „Mama, wensch' de sonntags wäscht, komscht' de in de Höll!" Geprägt von kirchlicher Anschauung und schwäbischem Dialekt, war sie mir fremd geworden. Ich konnte sie kaum verstehen. Ihre Aussprache war beeindruckend und löste allgemeine Heiterkeit aus, was meine Eifersucht beflügelte. So probte ich heimlich ihren erworbenen Dialekt. Ich übte und holperte über die einzelnen Laute: „Isch kann dasch auch!"

Es war für meine Schwester nicht leicht gewesen in der fremden Umgebung. Hatte sie doch schon eine längere

Trennung von dir durch den Krankenhausaufenthalt während der Typhuserkrankung durchgestanden, Mutter. Sie erinnerte sich an Heimweh und Angst in dieser Zeit, obwohl es alle gut mit ihr meinten.

Es war die Zeit der Wohnungsnot! Wir lebten etwa drei Jahre auf engstem Raum. Drei Erwachsene und zwei Kinder in der kleinen Wohnung unserer Großmutter. Zwei Zimmer und eine Küche standen zur Verfügung. Unser Stiefvater fand 1949 in derselben Straße für uns eine größere Mietwohnung. Unser Bruder hatte sich angekündigt. Wir zogen bald um, in ein nahegelegenes, vom Krieg beschädigtes Wohnhaus. Die Kriegsschäden der neuen Wohnung wurden vom Stiefvater beseitigt. Er war in der Lage, Fußböden, Mauerwerk, Fenster und Türen zu erneuern. Sogar Möbel, wie Schränke, Tische und Betten wurden von ihm getischlert und notwendige Gebrauchsgegenstände wurden beschafft.

„Er hat uns sehr geholfen unser Leben zu ordnen und uns über die Nachkriegszeit gerettet." Du konntest nicht aufhören, während deiner Trauer seine handwerklichen Fähigkeiten und Hilfestellungen hervorzuheben.

Die strenge Erziehung im Zusammenleben mit dem Stiefvater begleitete mich weiter auf der Suche nach dir, Mutter. Es ging mit meinem Fahrrad über unebene, sandige Wege unter den voll belaubten Bäumen des Vieburger Gehölzes. Als ich anschließend über die kopfsteingepflasterten Straßen radelte, wurde ich aus meinen Gedanken gerissen. Ich zuckte zusammen! Ein Krankenwagen mit Blaulicht raste an mir vorbei und hielt vor dem Eingang des aus roten Backsteinen errichteten Kinderkrankenhauses. Ein Notfall!

Immer, wenn ich hier vorbeikam, wurde mein Blick von einem Fenster besonders angezogen: das Krankenzimmer, in dem ich einst mehrere Wochen allein zubringen musste! Hier, hinter diesem Fenster, lag ich längere Zeit isoliert und sehnte mich nach dir, Mutter. Während diese Zeit zurückkehrte, bohrte sich der Sirenenton in mein Ohr und das kreisende Blaulicht vermittelte ein durchdringendes Gefühl.

Diese gespenstische Szene erinnerte mich an das Schicksal unseres Stiefvaters: ein Notfall mit tragischem Ausgang. Wie mag es gewesen sein, als er in einer entfernten Stadt mit Blaulicht in das Krankenhaus eingeliefert wurde. Wie war es ihm ergangen? War er noch bei Bewusstsein? Konnte er seinen nahenden Tod erfassen? Wir wissen es nicht! Als du im Krankenhaus ankamst, war es zu spät!

Ich ließ diese Strecke, die wir mit unserem Stiefvater, mit gefüllten Obstkörben, gemeinsam geradelt waren, bald hinter mir.

Mein Blick fiel auf unser ehemaliges Grundstück in der Pestalozzistraße. In der Vorkriegszeit entstand hier eine ruhige Wohngegend mit kleinen Einfamilienhäusern und gepflegten Vorgärten. Wir wollten im eigenen Heim in eine bessere Zukunft starten. Mit hohem Arbeitsaufwand unterstützte der Stiefvater den Hausbau. Die vorhandenen finanziellen Mittel waren nicht üppig, deshalb war so viel Eigenleistung wie möglich notwendig: „Die Kosten mussten klein gehalten werden", hörte ich deinen Kommentar, Mutter. An jedem Wochenende wurde auf dem Grundstück schweißtreibend geschuftet: eigenhändig ausgeschachtet, Steine aus Trümmern sortiert und mühsam von Mörtel und

Zement befreit. Alle brauchbaren Steine wurden wieder verwendet!

Ich blickte mich noch einmal um: Hier in diesem Haus hätten wir gelebt! Du hattest alles verkaufen müssen. Jetzt wohnten hier andere Leute!

Vielleicht war die unermüdliche Arbeit für ein Eigenheim, die ganze Schufterei über den Beruf hinaus, das ganze schwere Nachkriegsleben mitverantwortlich für den Schlaganfall. Uns alle traf dieser plötzliche Tod des Stiefvaters völlig unerwartet! Ein Blutgefäß in seinem Gehirn war geplatzt. Es hatte dem Bluthochdruck nicht mehr standgehalten. Die notärztlichen Bemühungen waren vergeblich. Sein Leben konnte nicht mehr gerettet werden. Im Alter von zweiunddreißig Jahren starb er durch eine Hirnblutung.

Ein Vatergefühl hatte ich in der kurzen Zeit unseres Zusammenlebens nicht empfunden. Deutlicher erinnere ich mich an die Angst vor seinem Jähzorn.

Unvergessen sind seine Wutausbrüche: Ich war noch nicht fünf Jahre alt, als seine große harte Hand erste Spuren in meinem Gesicht hinterließ. „Schließ die Augen, ich ziehe mich um!" forderte er mich auf. Ich kniff die Augen zusammen. Es dauerte, und dauerte! Warum hörte ich nichts? Was machte er? Warum sagte er nicht endlich: „Augen auf!" Ungeduldig, immer neugieriger, rutschte ich auf meinem Stuhl herum. Ich machte es wie beim Versteckspielen: „Eins, zwei drei! Ich komme!" Ich begann zu blinzeln. Vielleicht geschah vor mir etwas Interessantes? Bevor ich viel sehen oder begreifen konnte, landete ein kräftiger Schlag in meinem Gesicht.

„Kannst du nicht hören! Ich habe gesagt, du sollst nicht gucken!"

Vor Schreck zuckte ich zusammen: „Aua, das tut mir weh!" Was hatte ich getan? Warum war er so böse? Verwirrt hielt ich mir die Wange. Sie brannte höllisch.

Später wolltest du seine Ausbrüche entschuldigen: „Er hatte immer einen zu hohen Blutdruck! Hätte er nicht so viel gearbeitet … hätte er rechtzeitig einen Arzt konsultiert ... hätte er mehr auf sich geachtet ... hätte er die richtigen Medikamente genommen … alles wäre nicht passiert …" Du warst dir sicher, Mutter: „Er hat sich für uns alle aufgerieben."

Ich dachte in jungen Jahren nicht weiter darüber nach.

Den letzten Abend vor seinem Tod erlebten wir ihn ohne Anzeichen von Unwohlsein. Fröhlich betrat er unser Schlafzimmer: „Gute Nacht, ihr drei!", erinnere ich mich gut gelaunt an ihn. „Hier, ich habe eine Überraschung für euch!" Damit flog ein großer bunter Wasserball in unsere Betten. Jubelnd strecken sich sechs Hände dem Ball entgegen.

Am nächsten Morgen ging unser Stiefvater wie immer gesund aus dem Haus. „Ich habe auswärts zu tun, eine Dienstfahrt für ein Busunternehmen."

Er verstarb noch am selben Tag. Dieser Tag, sein Todestag, der 04. Juli 1954, hat sich mit allen Einzelheiten in meine Erinnerung eingegraben.

Als Zehnjährige interessierten mich Sportveranstaltungen. Ich verfolgte zu der Zeit besonders die Spiele der Fußball-Weltmeisterschaft. Am 04. Juli ging es um das Endspiel! „Ob die Deutsche Nationalmannschaft das Finale gewinnen kann?"

Ich hockte vor unserem kleinen Radioempfänger und lauschte aufmerksam der aufgewühlten Stimme des Sportredakteurs. Gespannt folgte ich der Übertragung des legendären Fußballspiels in Bern. Es sah zunächst nicht gut aus für die Deutsche Mannschaft! Die Gegenseite, die ungarische Mannschaft, führte bald mit zwei Toren. Das Spiel nahm einen überraschenden Verlauf. Es geschah, woran keiner mehr glaubte: zunächst der Anschlusstreffer. „Toooor!“, brüllt der Reporter. „Tooor!” und dann noch einmal: „Tor für Deutschland, Toooor! Toooor!“ Die Stimme im Radio überschlug sich. Spielstand: zwei zu zwei! Die Deutsche Mannschaft holte auf und schoss dann sensationell das dritte Tor. Deutschland gewann die Weltmeisterschaft! Ein Riesenerfolg! Ganz Deutschland war aus dem Häuschen! „Mit diesem Sieg und diesem Tag wird unser geächtetes Land zumindest im Sport international wieder auferstehen!”, jubelt der Reporter.

Dieses historische Ereignis verband sich mit unserem tragischen Familienereignis: Während die Übertragung im Radio noch lief, klingelte es an unserer Wohnungstür. „Wer stört jetzt, mitten im Spiel!” Unwillig und ahnungslos öffnete ich einem Arbeitskollegen unseres Stiefvaters die Tür. Der Mann wirkte merkwürdig nervös. Er trat von einem Fuß auf den anderen, klapperte mit seinem Schlüsselbund und sah unsicher an mir vorbei. Dann räusperte er sich mehrfach: „Ich muss unbedingt deine Mutter sprechen? Es ist dringend.”

Ich spürte, es war etwas passiert. „Meine Mutter hält gerade Mittagspause! Einen Moment bitte, ich hole sie!“

Der Kollege überbrachte stockend die erschreckende Nachricht: Große Angst überfiel mich, während ich nur

Bruchstücke vernahm: „Plötzlich zusammengebrochen, … bewusstlos, … Notarzt, … Operation."

Du fuhrst sofort mit in das weiter entfernte Krankenhaus.

Wir Kinder warteten viele Stunden auf dich und wurden mit Ablauf der Zeit immer unruhiger. Wir besaßen ja kein Telefon. Bei jedem Geräusch im Treppenhaus überkam uns ein mulmiges Gefühl. Wo bleibst du? Wann kommst du endlich zurück? Was ist passiert?' Warten und bangen! Bangen und warten! Erst spät am Abend, nach langen Stunden, gefüllt von bösen Ahnungen, hatte sich die Welt für uns schlagartig verändert.

Deine Rückkehr, das Bild deiner Verfassung, bleibt für mich unauslöschlich. Eine Taxifahrerin begleitete dich bis an unsere Wohnungstür. Ich sah alle Einzelheiten deutlich vor mir: Du musstest gestützt, fast getragen werden. Auf den Treppen knickten dir die Beine weg. Gebeugt, totenbleich und mit leerem Blick brach aus dir nach Atem ringend die entsetzliche Nachricht heraus: „Vati ist tot!"

Er würde nie mehr wiederkommen! Unwiederbringlich! Unvorstellbar für mich, was 'gestorben' bedeutete! Der Schock saß tief! Du warst wie von Sinnen! Das Leben hatte dir wieder einmal eine schwere Last aufgebürdet. Die folgende Zeit war erfüllt von deinem Leid. Du wurdest eine andere. Um uns herum flossen Tränen von Familienangehörigen und Freunden: „Er war so jung! Viel zu früh und so tragisch! Schon wieder Witwe und drei Kinder!"

Am Tag der Trauerfeier versammelten sich bei uns Verwandte und Bekannte. „Ihr Kinder bleibt zu Hause!", wurde entschieden. Irgendeiner aus der Nachbarschaft versuchte mich ständig zum Essen zu zwingen: „Du musst etwas essen! Nur ganz wenig! Sonst wirst du krank!"

Nach dem Tod des Stiefvaters, 1954

Meine Bauchschmerzen kehrten zurück. Ich bekam nichts herunter: „Ich mag nicht! Ich kann nicht!"

Wenn ich traurig war, erschien mir die Gestalt unseres Stiefvaters. Wenn es an der Tür klingelte, war ich überzeugt: „Er lässt dich nicht allein! Er ist wieder da!" In meiner Fantasie bleibt er noch lange lebendig, wie am letzten Abend vor seinem Tod.

Nur fünf Jahre waren wir eine Familie. Während dieser Zeit wurde unser Stiefvater zum 'Vati'. Er war sehr um unsere Erziehung und um eine weiterführende Bildung bemüht. Er war es, der für uns Mädchen die Umschulung auf die Realschule befürwortete. Streng achtete er auf gutes Benehmen und vermittelte uns Tischmanieren: „Fass das Messer richtig an! Sitz gerade, Hände auf den Tisch, keine Dellen in die Butter graben, mach den Mund zu beim Essen usw.” Unermüdliche Ermahnungen von seiner Seite: „Man sagt ‘bitte’ und ‘danke’, man guckt die Leute an, es heißt: ‘Guten Tag, Frau Sowieso!’“ Darüber hinaus legte er großen Wert auf die Vermittlung von Wissen und unsere aktuellen Schulleistungen.

Bei mir war eine tägliche Kontrolle der Hausaufgaben wohl angemessen: Besonders in den ersten Schuljahren war ich zappelig, unkonzentriert, verträumt. Immer vergaß ich etwas! Die Welt war gefüllt mit Ablenkungen! „Schon wieder vergessen! Andere Gedanken im Kopf!”, schimpftest du mit mir, Mutter. Meine ältere Schwester dagegen war vorbildlich in der Schule: Fleiß, Konzentration und Aufmerksamkeit waren ihr eigen!

So war es denn auch an jenem Abend, als der Stiefvater wie gewöhnlich forderte: „Schulhefte vorzeigen!“ Stets fürchtete ich die Strafen, die mich bei Nachlässigkeit trafen. Alle Schläge sind fühlbar hängengeblieben: Dieses Mal wurde ich direkt beim Lügen ertappt! Mit der Behauptung, „ich habe keine Schulaufgaben auf“, hoffte ich vergeblich, dass der gewohnte Ärger an mir vorübergeht. Aber, nein, der Stiefvater hielt mir auffordernd den Schulranzen vor die Nase. „Schulaufgaben!“, herrscht er mich an. Weitere Ablenkungsversuche wären erfolglos. Ich musste nachgeben; ich musste mein Schulheft herausrücken. Zögernd, mit eingezogenen Schultern, reichte ich ihm das Heft. Ich ahnte, was mir blühte. Er schlug das Heft auf. Unübersehbar! Ein großes Loch mitten auf der Seite fiel unmittelbar ins Auge.

„Das soll Schönschrift sein?“, polterte er aufgebracht und wedelte mit dem Heft über meinem eingezogenen Kopf. Zornesröte durchzog sein Gesicht. Ich kannte seine Anfälle! Es gab keine Möglichkeit, seiner Wut und seinen schweren Händen auszuweichen. Wie soll ich ihm die Umstände, meinen Kampf mit der Schönschrift erklären?

Bereitwillig und zügig begann ich mit der Aufgabe. Schnell schlich sich der erste Fehler ein. Also gut, zunächst kein Problem. Noch einmal von vorn beginnen! Die Zungenspitze arbeitete mit. Konzentration war hier angesagt, aber das war nicht gerade meine Stärke!

„Verdammt! Wieder verschrieben!" Die erste Seite riss ich noch locker aus dem Heft. Dann versuchte ich die vergebene Zeit wieder aufzuholen. Ein prüfender Blick auf meine Schwester. Sie saß mir gegenüber; wie gewohnt erledigte sie zielgenau ihre Aufgaben. Ruhig, leicht und locker, mit gut leserlicher Handschrift, füllte Zeile um Zeile ihr Blatt. Ich wurde ungeduldig. Jeder Blick auf ihr Heft machte mich kribbeliger! Die Anspannung stieg. Ich musste sie einholen. Nicht wieder die Letzte sein! Noch einmal von vorn! Aufpassen und aufholen!', nahm ich mir vor. Dabei verkrampfte sich nicht nur meine Hand: die aufsteigende Unsicherheit verspannte auch den ganzen Körper. Immer wieder ein Blick auf das Blatt meiner Schwester. Ich benötige ein neues Blatt und schon nach wenigen Zeilen passierte es: Verdammt, schon wieder! Meine Hand gehorchte nicht meinen Zielen! Verschrieben! Was sollte ich jetzt tun? Kurz entschlossen wurde auch die nächste Fehlerseite entfernt. So ging es weiter! Einige Zeilen gelangen, dann, wie ferngesteuert, ging wieder etwas schief. Kopf und Hand hatten sich inzwischen völlig verkrampft. Das sogenannte Schönschreibheft wurde dünner und dünner. Ich spürte, wie mir das Blut in den Schläfen pochte. Ein letzter überhasteter Versuch ging dann völlig daneben.

Oh, nein, oh, nein! Das darf doch nicht wahr sein! Ein Tintenklecks prangte mitten auf der Seite! Wo war mein Radiergummi? Hilfsmittel mussten zur Rettung eingesetzt werden. Aber die Spannung und der Druck in meiner Hand waren zu unkontrolliert. Das Unheil war nicht mehr abzuwenden. Zu meinem Entsetzen radierte ich vor Aufregung ein auffälliges Loch mitten in die Seite. Das war nicht mehr gut zu machen!

Der Stiefvater geriet besonders wegen meiner Lüge heftig in Rage und schlug mehrfach hart zu. „Wie oft habe ich dir verboten zu lügen? Und dann diese Pfuscherei!" Das Überbleibsel von Heft flog auf den Tisch. „Das schreibst du noch einmal!" Mir brannte das ganze Gesicht! Geduckt, mit hochgezogenen Schultern, begann ich die Hausaufgabe zu wiederholen. Wie sollte ich mich konzentrieren, wenn ich mich gleichzeitig quälen musste, meine Tränen zu unterdrücken. Die Angst, erneut Fehler zu machen, mischte sich mit Empörung: „Er darf mich nicht schlagen, er ist nicht mein Vater!“ Irgendwann schaffte ich eine akzeptable Leistung und entzog mich weiteren Strafpredigten. Mit der Erleichterung blieb innerer Widerstand und Furcht vor harten Schlägen zurück.

Warst du mit dieser Härte einverstanden, Mutter? Warum gab es von dir kein Einschreiten gegen diese Erziehungsmethoden?

Dass Kinder damals geschlagen wurden, war nicht außergewöhnlich. „Hat uns auch nicht geschadet", war die gängige Meinung von Erwachsenen. Ohrfeigen kannte jedes Kind, sie waren allgemein üblich. Von dir, Mutter, haben wir Ohrfeigen locker weggesteckt. Wenn es zur Wahrheitsfindung nötig war, traf es uns alle drei.

Kannst du dich daran erinnern? Aufgereiht wie die Soldaten standen wir vor dir. „Wer war das?“, begann dein Verhör. Einer von uns sollte Farbe bekennen, irgendeine Unart gestehen. Deine Methode der Befragung brachte keinen Erfolg. Selbst deinem nachhaltigen Drängen haben wir widerstanden. Deine Befragung ging der Reihe nach, von rechts nach links und von links nach rechts: „Warst du das?" „Ich? nein!" Dafür gab es die erste Ohrfeige. „Warst du das?" Kurzes Schulterzucken! Zweite Ohrfeige! Selbst der kleine Bruder bekam etwas ab. „Ich hab doch gar nichts gemacht ...!" Peng, noch einmal ausgeholt! Wir hielten uns die Wangen, aber verraten wurde nichts! Ehrensache, wir drei hielten dicht. Es wurde nicht gepetzt in unserem Pakt! Manchmal kippte die Stimmung sogar ins Heitere. In diesen Momenten sah ich deinen Humor aufblitzen. Wir prusteten vor Lachen, wenn wir im Zickzack um unsere Möbel rannten, um deinen Verfolgungsjagden mit Kochlöffel oder Teppichklopfer zu entwischen. „Sie ist zu langsam! Sie kriegt uns nicht!" Deine Wut löste sich dann auf in hechelnde Atemnot und in unserem gemeinsamen Lachen.

Ich ersehnte die Momente, in denen du ausgelassen sein konntest wie ein Kind: Mit dir gemeinsam toben und turnen, das wünschte ich mir. Leider erlebten wir von dir nur selten diese Hingabe.

Ich hätte mir so sehr gewünscht, du wärst gegen die harten körperlichen Strafen unseres Stiefvaters eingeschritten. Warum erhielten wir von dir keine Hilfe? Nie hast du dich entschieden vor uns gestellt?

War es deine eigene Schwäche?

Dein Wille?

Deine Abhängigkeit?

Auch damals gab es kein Eingreifen! Hättest du mehr Courage gezeigt, dann wäre es nicht zu dieser erschreckenden Attacke gekommen: Eine Attacke, die mit Hämatomen am Kopf unseres kleinen Bruders endete! Ein ungebremster Ausbruch seines Vaters! Der Stiefvater war außer sich geraten, weil der Vierjährige auf dem angrenzenden Ruinengrundstück mit herumliegenden Steinen geworfen und dabei ein kleines Mädchen unglücklich getroffen hatte. Die zu Recht empörten Eltern dieses Mädchens wussten, wohin der Schuldige geflohen war. Sie klingelten mit ihrem blutenden Kind an unserer Tür: „Das hat Ihr Sohn angerichtet!" Der Schreck des Stiefvaters war außerordentlich groß. Angesichts der blutenden Wunde im Gesicht des kleinen Mädchens war ihm jegliches Verständnis für seinen arglosen Sohn von vier Jahren abhanden gekommen. Aufbrausend, ohne sich unter Kontrolle zu haben, verprügelte er ihn: „Was hast du angerichtet! Wie oft habe ich dir das verboten! Das machst du nicht noch einmal!"

Nach heftigen Schlägen und Vorwürfen verbannte man den kleinen Missetäter in sein Bett. So fand ich ihn, zusammengekauert, zitternd und wimmernd unter seiner Bettdecke. Allein gelassen in seinem Schmerz! In mir stieg heiße Wut auf: „Was habt ihr getan! Er ist doch noch so klein! Ihr dürft ihn nicht schlagen!“ Ich schlich mich zu ihm, setzte mich auf die Bettkante und versuchte ihn zu trösten. Vorsichtig strich ich über seinen Kopf: „Nicht weinen! Du musst nicht weinen!" Ich war sicher: Er hatte nicht ganz begriffen, was geschehen war.

Meine Entrüstung klang nicht ab: Die Väter kommen aus dem Krieg und verprügeln ihre Kinder! Ich ballte innerlich die Fäuste: Die Erwachsenen, die sind so gemein! Wenn ich groß bin, bekommt ihr das wieder!

Die drastischen Bestrafungen veranlassten mich, meinen kleinen Bruder auch vor deinen Erziehungsmaßnahmen zu schützen, Mutter. Sobald es kritisch wurde, versuchte ich ihn an die Hand zu nehmen. So ergab es sich zum Beispiel, wenn er gezeichnet vom Spielen auf der Straße nach Hause kam. Frisch und sauber verließen wir Kinder stets das Haus. Wir besaßen jedoch nicht viel Kleidung zum Wechseln, eine Waschmaschine gab es noch nicht, deshalb bekamen wir oft Ärger mit dir. Wir kannten Stubenarrest zur Genüge! „Wie siehst du wieder aus! Morgen bleibst du zu Hause!"

Ab jetzt würde ich auf meinen Bruder achtgeben! Es war wichtig, den Kleinen an der Tür abzufangen, um ihn deinen Blicken zu entziehen. Mit dem Staub und Sand von Hinterhöfen und Trümmern paniert stand er vor unserer Tür; Gesicht und Hände verschmiert, die Schuhe von Matsch gezeichnet: „Was hast du gemacht, du Dreckspatz?"

Ich war vorbereitet! Wohlweislich hielt ich die nötige Ausrüstung vor: Seife, Waschlappen, Kamm und Haarbürste. Alles in meiner Trainingshose versteckt. Sobald er an der Tür klingelte, schnappte ich mir den Kleinen: „Psst, leise! Lass dich nicht erwischen! Los, ab nach oben!", flüsterte ich ihm zu, während er verständnislos an sich herunter blickte. „Wieso, ich habe mich doch schon sauber gemacht!" Es half nichts: „Komm, so geht das nicht!" Ich schob ihn eine halbe Treppe höher durch das Treppenhaus. Dort gab es ein WC mit einem Waschbecken und auch warmes Wasser. „Zuerst die Hände, dann das Gesicht und dann die Klamotten abreiben! Bleib stehen! Zappel nicht so herum!" Ich knöpfte ihn mir vor und bearbeitete ihn gründlich mit Waschlappen und Schwamm. Geduldig ließ er alles über sich ergehen, bis der gröbste Schmutz abgerubbelt war. „Los, schnell, jetzt nur noch die Haare kämmen! Fertig! Nun darfst du deiner Mutter unter die Augen treten!" Am Ende sah ich in ein blank geputztes, erleichtertes Gesicht.

Die schroffen Erziehungsmethoden von Sauberkeit und Ordnung trafen meinen Gerechtigkeitssinn: Das Versagen derer, die Vorbilder sein wollten, die uns mit Schlägen maßregeln, nahm mir jeglichen Respekt. Was bekamen wir zu hören: „Lügen haben kurze Beine! Vertragt euch! Man schlägt nicht!" Und was machtet ihr? Wie unglaubwürdig ihr wart! Wir Kinder waren schließlich Zeugen eurer eigenen Entgleisungen.

Gespenstisch blieb für mich eine Gewaltszene zwischen einem Vater und seinem Sohn in unserem Mietshaus. Du hast es miterlebt, Mutter! Mir gehen die Bilder ein Leben lang nicht aus dem Kopf: Der Grund für dieses gewalttätige Geschehen war ein zu Bruch gegangener Schlitten. Für die Nachkriegszeit stellte dieser Besitz etwas Besonderes dar. Wir waren stolz, unser Stiefvater hatte ihn für uns getischlert. Wir hatten das Gefährt an einen Nachbarsjungen ausgeliehen.

Zu waghalsig hatte der etwa Fünfzehnjährige eine steile Abfahrt aus einem Waldgelände in Richtung einer befahrenen Straße gewählt. Die Steigung hatte er unterschätzt, denn er sauste mit dem Schlitten direkt auf die Fahrbahn zu. Wegen der hohen Geschwindigkeit gelang es ihm nicht mehr zu bremsen. Geistesgegenwärtig ließ er sich fallen; der Schlitten geriet auf die Straße, stieß auf einen herannahenden Lieferwagen und ging dabei völlig zu Bruch. Dem Jungen war – bis auf ein paar Schrammen – glücklicherweise nichts passiert. Ein Schutzengel ließ ihn unversehrt! Doch das zählte bei seinen Eltern nicht! Sie waren aufgebracht: „Der Schlitten! Ausgeliehen und zerstört! Wie peinlich!”

Der Jugendliche stand mit hängendem Kopf und zersplitterten Resten unter dem Arm vor unserer Tür. Seinem Vater war es Grund genug, vor Wut außer Kontrolle zu geraten. Er zerrte seinen Gürtel aus der Hose und hörte nicht auf, damit auf seinen Sohn einzuschlagen.

Du, ich und die Mutter des Gepeinigten standen unmittelbar daneben. Ich suchte deine Hand während dieser brutalen Attacke und krallte mich in deinem Rock fest. Zwei Mütter starrten wie festgenagelt auf die Szene! Kein Eingreifen, keine Regung! Der Vater hörte nicht auf zu toben! Er holte aus und schlug und schlug: „Du Versager! Ich werde es dir zeigen! Was hast du wieder angerichtet!“ Der Junge krümmte sich auf dem Fußboden, versuchte mit seinen Armen die Schläge abzuwehren, um seinen Kopf vor der schwingenden Gürtelschnalle zu schützen. „Hilfe! Warum hilft denn keiner!”, hätte ich gern geschrien. Mein Hals war wie zugeschnürt. Kein Ton kam aus meiner Kehle! Zwei Mütter, kein Protest! Entsetzliche Lähmung! Nicht eine Hand rührte sich, um dem Schläger in den Arm zu fallen.

Als er endlich abließ und sich mit keuchendem Atem schimpfend verzog, sah ich das Blut auf dem Fußboden. Mir wurde schwindelig. Der Halbwüchsige hielt sich eine blutende Wunde am Kopf. Er humpelte mit schmerzverzerrter Miene davon. Aufgewühlt sah ich hinter ihm her:

Von ihm kam nur ein leerer Blick, keine Träne, kein Aufschrei!

Trotz meiner Starre konnte ich meine Tränen nicht unterdrücken. Zwei Mütter griffen mechanisch nach einem Wischtuch und beugten sich stumm nieder. Sie bewegten sich wie Marionetten, die die blutigen Spuren des Geschehens auf dem Boden beseitigten.

Ich war zu feige! Ich versuchte, dem Jungen aus der vierten Etage künftig aus dem Weg zu gehen. Nie hat er von meinem Schuldgefühl erfahren. Vielleicht hätte ich ihn etwas trösten können: „Dass mit dem Schlitten war nicht schlimm. Wir bekommen bestimmt einen Neuen. Aber die Schläge von deinem Vater, die waren schrecklich!" Ich fand nie den Mut ihn anzusprechen. Ich schaute weg.

Hast du dich damals nicht auch schuldig gefühlt, Mutter? Dieser Nachbarsjunge war in Not. Warum habt ihr Mütter nicht geholfen? Wir hätten den Vater anschreien können: „Aufhören! Aufhören!" Vielleicht wäre er zur Besinnung gekommen! Wie sehr habe ich mich danach geschämt! Was hat sich in deinem Kopf abgespielt? Bist du immer noch der Meinung, man sollte Kinder schlagen? Wir haben nie über dieses grauenhafte Erlebnis gesprochen.

Die Bilder väterlicher Gewaltattacken haben sich bei mir festgesetzt. „Schläge haben noch keinem geschadet!", so klingt es in meinem Ohr. Liegt diese Einstellung an der Kriegsgeneration? Die Uniformen wurden abgelegt und in die Kinder sollte Ordnung und Sauberkeit geprügelt werden.

Jahre später erfuhr ich vom Suizid dieses misshandelten Jungen. Knapp volljährig, wollte er nicht mehr leben!

Wie viel Gewalt hatte er erfahren?

Wie mag es ihm ergangen sein?

Bei mir verfehlte diese Härte ihr Ziel. Ich wollte mir von diesen Erwachsen nichts mehr sagen lassen! Ich suchte meinen eigenen Weg.

20) Spielräume

Auf der Hauptstraße bemühte ich mich, meine bedrückenden Erinnerungen abzuschütteln. Zum Glück war der Autoverkehr in den Jahren nach dem Krieg gering. Die Straßenbahn zog ihre Waggons quietschend um die Kurve der nächsten Kreuzung. Nur einzelne Autos rappelten auf dem Kopfsteinpflaster an mir vorbei.

Ich wollte meine Suche nach dir nicht aufgeben und beschloss zurück ins Zentrum der Stadt zu lenken. Vielleicht konnte ich dich bei guten Bekannten von uns finden.

Auf dem Weg dorthin gabelten sich die Straßen. Hier befand sich das Straßenbahndepot, das ich hinter mir zurückließ. Vor dem Depot lag eine kleine Verkehrsinsel, nur in kurzer Entfernung von dem Wohnhaus unserer Großmutter. Früher befand sich hier, mitten auf dem Rund, ein großer Sandhaufen, unser heimlicher Spielplatz. Ich sah vor mir zwei kleine Mädchen, es muss im Jahr 1948 gewesen sein. Meine Schwester und ich, wir waren neugierig. Trotz wiederholter Verbote der Großmutter, „ihr lauft mir nicht auf die Straße!", reizte es uns, auszuschwärmen, um die Umgebung zu erkunden. Eine von uns Schwestern stand dabei Schmiere: „Passt sie auf, steht sie am Fenster?" „Von Oma nichts zu sehen!" „Dann los!" Abenteuerlustig, mit einem Puppenwagen ausgestattet, zog es uns zu diesem verlockenden Platz. Aufmerksam überquerten wir die Straße, auf der es noch kaum Autoverkehr gab. Wir buddelten vergnügt im Sand und stießen den Puppenwagen unermüdlich mit Schwung den Sandberg hinunter. Unser Spiel dauerte so lange, bis plötzlich die Großmutter mit heftiger Drohgebärde auftauchte. „Wenn ich euch erwische!"

Es muss für andere ein lustiges Bild abgegeben haben: Wild gestikulierend, einen Kochlöffel über ihrem Kopf schwingend, kam sie angerannt, um uns dann laut schimpfend vor sich her zu treiben: „Kommt ihr mir nach Hause …!"

Wir wussten genau, das war kein Spaß, und rannten, so schnell uns unsere kleinen Beine tragen konnten, vor ihr her. „Komm, schneller", drängte mich meine Schwester und kämpfte dabei verzweifelt mit dem Lenken des Puppenwagens, der immer wieder an einer Hauswand hängen blieb. „Warte doch!" Ich versuchte mit meinen noch kürzeren Beinen auf ihrer Höhe zu bleiben. Wir konnten zwar dem Kochlöffel, aber nicht dem Donnerwetter der Großmutter entkommen. „Ihr wisst es genau, ihr sollt nicht über die Straße laufen. Wenn ich euch noch einmal erwische, dann …" Mit einer Moralpredigt wanderten wir kleinlaut ohne Mittagessen ins Bett. „Ich will keinen Ton mehr hören …!" Wir trösteten uns gegenseitig und flüsterten unter der Bettdecke: „Die Oma, die hat ja sowieso nichts zu sagen!"

Die Strafe unserer Großmutter war kurzfristig wirksam. Das Verbot, nicht auf der Straße, nur auf dem Hof spielen, schränkte unsere Entdeckungsfreude nicht lange ein: Wir Schwestern, in Freud und Leid verbunden, entdeckten innerhalb unseres Wohnhauses ein neues Spielfeld: die Kellertreppe! Wir ließen unseren Puppenwagen nun nicht mehr den geliebten Sandberg, sondern die Kellertreppe hinuntersausen. Auch das machte Spaß: Das Gefährt rappelte und polterte, überschlug sich am Ende mit einem Satz und landete im Keller. Der Konstruktion dieses Spielzeugs bekam das allerdings nicht.

Ahnungslose Eltern wunderten sich über so manchen Achsenbruch. „Schlechtes Material! Gerade repariert und schon wieder gebrochen!", beschwerte man sich. Wir verrieten nichts und der Puppenwagen wanderte wiederholt zum Schweißen in eine Werkstatt.

Wir ließen uns nicht einengen: Wenn die Erwachsenen beschäftigt waren, erweiterten wir unsere Spielräume. Im Duo zogen wir bald unsere Kreise durch die Nachbarschaft der Hinterhöfe. Ein paar Häuser weiter wohnten zwei Schwestern in unserem Alter. Auch sie hatten ihren Vater im Krieg verloren. Wir versuchten vorsichtig Kontakt aufzunehmen.

Ute und Gerda Dreyer, so hießen die beiden Mädchen, machten uns neugierig. Sie waren sich nie selbst überlassen. Wir sahen sie ständig in Begleitung der Mutter oder einer achtsamen Tante. „Die kommen nie auf den Hof zum Spielen! Mit denen kann man nichts anfangen!", bestimmte meine Schwester.

Nicht ganz ohne Neid bestaunten wir die schöne Kleidung der beiden Schwestern, mit der sie täglich ausstaffiert waren: blütenweiße Kragen, passende Haarschleifen, einmal sogar ein Handtäschchen, das sie stolz an uns vorbei trugen. Das musste uns herausfordern! „Die sind doof und langweilig." Wir konnten nicht umhin, wir mussten sie ärgern!

Gebückt schlichen wir auf deren Hof hinter dem Haus. „Auf die Plätze fertig los!" In Rufweite hinter Mauern versteckt, schmetterten wir einen selbst erdachten Text mit Freude an den Wörtern, die zu Hause verpönt waren:

„Ute Dreyer
frisst gern Eier,

kommt der Geier,
klaut die Eier,
oh die arme Ute Meier!'

Nach der Flucht angekommen in Kiel, 1946

Bald kannten die Genannten unsere Provokation. Diese Szene wuchs fast zu einem Ritual, denn unser Angriff wurde auf der anderen Seite erwartet. Kaum waren wir bei 'frisst gern Eier' angelangt, ertönte ein Schrei aus zwei empörten Kinderkehlen: „Tante, Tante, die Kinder von nebenan ärgern uns schon wieder!" Darauf wurde ein Fenster aufgerissen, die Tante erschien laut schimpfend im Rahmen: „Verschwindet von unserem Hof! Lasst euch hier nicht mehr blicken!" Wir wiederholten dennoch unseren Gesang in voller Lautstärke, bis das Fenster zuschlug. „Weg, sie kommt!" Wir mussten ihre Verfolgung befürchten, aber wir waren schneller auf den Beinen! Bevor sie uns schnappen konnte, verschwanden wir um die nächste Ecke und hielten kichernd Ausschau. „Komm, wir ärgern sie noch einmal!" Kaum wieder bei Atem, schlichen wir erneut vor das Fenster und brüllten unseren Text: „Oh, die arme Gerda Dreyer!" Dann flitzten wir mit dem Echo im Nacken um die Ecken der Gemäuer, bis wir außer Sichtweite waren.

Späterhin gingen wir vier Mädchen gemeinsam zur Grundschule. Wir hatten uns freundschaftlich angenähert und sogar Spaß daran, diesen Text aus vier Kehlen zu schmettern.

21) Mutter, ich finde dich, aber keine Lösung!

Indem ich eine weitere Strecke bewältigte, überfielen mich wieder die Erinnerungen an den Tod des Stiefvaters. Täglich erlebten wir dich in tiefem Schmerz: Sobald ein Gegenstand der Erinnerung in deine Hände fiel, versankst du in Tränen. Ich zuckte zusammen, wenn du aufstöhntest oder mit einem Aufschrei hinterlassene Kleidungsstücke wegschleudertest. „Ich kann nicht mehr! Ich schaff das nicht!" Du konntest meine Angst damals nicht wahrnehmen, und ich spürte, dass ich dich nicht erreichen kann. Still schrieb ich meinen Kummer in mein Tagebuch: „Warum musste der Stiefvater sterben? Warum musst du dich so quälen? Wie soll es bei uns weitergehen?"

Dich erdrückte die Trauer, die Angst vor der Zukunft und ich war auf dem Weg, um dich mit meinen Schulproblemen zu belasten.

Die Hauptstraße führte mich an unserem Wohnhaus vorbei, weiter zur nächsten Straßenkreuzung. Die Straßenbahnen bogen hier in den östlichen Stadtteil ab. Mitten auf der Kreuzung stand immer der nette Schutzmann, der den Verkehr regelte.

Bevor ich eingeschult wurde, hatte ich ihm bewundernd vom Straßengitter aus zugeschaut. Alles ging nach seinem Kommando! In seiner grünen Uniform konnte er dem Verkehr durch ein Handzeichen seinen Willen aufgeben. Ich verharrte hinter dem Straßengitter und er winkte mir freundlich zu. Manchmal verließ er seinen Platz, kam kurz an den Straßenrand und redete mit mir. „Na, wie geht es heute?" Ich war stolz, wenn er ein paar Worte an mich richtete.

Ein echter Polizist! „Das ist mein Onkel!", behauptete ich. Die frechen Jungs von der anderen Straßenseite bekamen Respekt „Sie kennt einen echten Polizisten!" Damit ließen sie mich und meine Schwester fortan in Ruhe.

Eines Tages war er nicht mehr dort. Ich habe noch oft nachgeschaut, aber der freundliche Polizist kehrte nicht auf seinen Posten zurück.

Die Stadt veränderte sich in den Nachkriegsjahren rasant. So wie Verkehrspolizisten an den Straßenkreuzungen durch Ampeln ersetzt wurden, verschwanden langsam Ruinen und Trümmergrundstücke. Unsere Spielbereiche wurden nach und nach abgeräumt und die Lücken füllten sich mit Neubauten.

Auch der kleine Kiosk an der Ecke musste mit all seinen Schätzen weichen. Vorbei war die Zeit, in der wir für Pfennige Tüten mit Brausepulver erhielten. Man musste nur Spucke auf das Pulver geben, bis es sprudelte, um dann die Köstlichkeit aus der Hand zu schlecken. Vorbei, das Leuchten der Bonbons in den gläsernen Bonbonieren, die uns mit ihren bunten Farben anlockten. Für Groschen erhielten wir hier Lollis, Liebesperlen, Sammelbilder und auch Schulhefte. Manchmal reichte das Geld sogar für einen Liebesroman, zum Lesen unter der Bettdecke.

Bald lag die Verkehrskreuzung und dieser Teil der Vergangenheit hinter mir. Vom Kopfsteinpflaster durchgeschüttelt, schwanden die Gedanken an diese Zeit.

Ich muss dich finden!

Ich muss unbedingt mit dir sprechen!

Ich muss mein Gewissen erleichtern!

Mit erneuter Konzentration auf mein Vorhaben erhöhte ich mein Tempo.

Mein Weg führte vorbei am Hauptbahnhof, der nach der Zerstörung wieder in Stand gesetzt wurde. Gespenstisch ragten hier nach dem Krieg die Betonbrocken eines gesprengten Bunkers in die Luft. Auch die Michaelis-Kirche, die noch den Hintergrund auf dem Hochzeitsfoto vom September 1942 bildete, wurde im Krieg völlig zertrümmert. Hier seid ihr mit der weißen Hochzeitskutsche vorgefahren. „Ich war vier Jahre alt und durfte den Schleier tragen", erinnerte sich unser Cousin. „Ich nahm meine Aufgabe sehr ernst und zerrte fest an dem Tüll. Mehrfach musste ich ermahnt und zurückgehalten werden, um den Kopfschmuck nicht zu gefährden."

Vor der Kirchenruine hatte man nach Kriegsende Holzbaracken aufgestellt. In einer Baracke errichtete man einen provisorischen Kindergarten. Dort nahm ich als Kindergartenkind an der sogenannten Schulspeisung teil. Wegen der klumpigen Schokoladensuppe, auf der sich sofort eine dicke Haut bildete, kann es mich noch immer schütteln! Wir wuchsen zwar genügsam auf, aber diese klebrige Speise fand ich zu eklig. Zum Glück durfte man alle Reste im Henkeltopf nach Hause tragen. Die Versorgungsnot war noch groß, sodass jeder froh war, das magere Angebot durch nahrhafte Reste ergänzen zu können.

Ich ließ den Bahnhof hinter mir, lenkte in eine Nebenstraße und war im Zentrum der Stadt angekommen. Hier wohnten Freunde von dir, die nach dem Tod des Stiefvaters zu einem tröstenden Zufluchtsort geworden waren. Vielleicht hatte ich Glück und du hieltst dich heute hier auf. Achtlos ließ ich mein Fahrrad gegen die Hauswand fallen und stemmte mich gegen die schwere Eichentür dieses ehrwürdigen Altbaus, der den Krieg im zerbombten Kiel heil überstanden hatte.

Kühle Treppenhausluft umfing mich im schummrigen Flur. Mit schnellen Schritten bewegte ich mich über abgetretene Fliesen und trat auf verblasste Muster aus besseren Zeiten. Ich nahm zwei Stufen auf einmal und bemerkte das kunstvoll gedrechselte Holzgeländer. Die Verzierungen fand ich schön, doch es drängte mich weiter. Ich wollte dich endlich finden!

Den ersten Treppenabsatz hastete ich noch entschlossen hinauf, dann begannen die Schritte schwerer zu werden. Mein Vorsatz, dir meine Dummheit zu beichten, geriet vor der entsprechenden Wohnungstür plötzlich ins Wanken. Vor der Tür angelangt, hörte ich Geräusche und erkannte deine Stimme: Hier warst du also! Erleichterung! Kaffeerunde mit deinen Freundinnen. Als ich auf den Klingelknopf drückte, stoppte innen die Unterhaltung.

Du warst überrascht, als ich vor dir stand, aber mich traf ein liebevoller Blick. Du legtest deine Handarbeit zur Seite. „Meine Kleine“, begrüßtest du mein Erscheinen mit etwas erhabener Stimme, die sich an die Runde richtete.

Ich fühlte mich zwar nicht so, aber ich war immer gern ‚deine Kleine‘ geblieben. Du fragtest mich nicht irritiert: ‘Was willst du? Was machst du hier?’ Ich war einfach da! Angekommen und Angenommen!

Ein warmes Gefühl durchfuhr mich. Ich hatte dich gefunden! Ich wünschte mir, diesen vertraulichen Augenblick zu bewahren. Als sich deine Hand auf meine Schulter legte, wollte ich das Gefühl nicht wieder hergeben. Mein Vorsatz begann zu schwinden. ‘Soll ich dir hier und jetzt etwas Unangenehmes berichten?’ Ich brachte es nicht fertig, diesen kostbaren Moment, der mir wie eine Umarmung vorkam, zu brechen. Auch mochte ich dich nicht in Gegenwart dieser Runde enttäuschen. Ich musste eine andere Lösung finden!

Mit deinem Versprechen „Ich komme bald nach“ radelte ich unverrichteter Dinge zurück nach Hause. Ich wollte dieses Gefühl der Verbundenheit mit dir nicht zerstören, blieb aber mit meinem Problem allein. Wohin mit meiner Angst vor deiner Drohung? „... dann weiß ich, was ich tue!” Wie sollte ich dir das beibringen? Wie würdest du reagieren? Ich stemmte mich gegen den Wind. Es hatte nicht geklappt mit meiner Beichte! Meine Tränen ließen die Konturen der Umgebung verschwimmen.

Als ich mein Fahrrad im Keller verstaute, schoss mir eine Idee in den Kopf. Meine Klassenlehrerin!

22) Jemand schätzt mich wirklich!

Morgen erste Stunde Mathe! Der Mathelehrer wollte sich bei dir beschweren, Mutter! Ich musste mir etwas einfallen lassen! Diese Aufforderung, „ich will deine Mutter sprechen!", bewegte sich wie Schwindel in meinem Kopf.

Ein Zusammentreffen musste unbedingt verhindert werden. Die Idee, meine Klassenlehrerin einzuweihen, erschien mir als einzige Hoffnung. Würde sie mir helfen?

Frau Dr. Lüders hatte erst vor kurzem unsere Klasse übernommen. Sie unterrichtete uns in mehreren Hauptfächern. Von Anfang an verschaffte sie sich Respekt und Anerkennung. Ich habe nie aufgehört daran zu glauben, dass ohne diese Lehrerin mein Leben anders verlaufen wäre.

Ich erinnere mich genau an unsere erste Begegnung: Unangemeldet überprüfte sie unsere Hausaufgaben. „Ich möchte die schriftlichen Arbeiten sehen!" Für mich waren bis dahin Hausaufgaben Nebensache. „Wo ist deine Arbeit?" Räuspern und Schulterzucken! Ich konnte nichts vorweisen! „Vergessen!"

Ohne ein Wort zu sagen, wandte sich die Lehrerin ab und begab sich mit energischem Schritt zur Wandtafel. Dort griff sie nach einem Stück Kreide und schrieb ihre Adresse mit großen Buchstaben an die Tafel. Darunter setzte sie eine Uhrzeit. Ihr Finger tippte unmissverständlich ein paar mal fest auf die Tafel, wobei sie mich gezielt in Augenschein nahm. '16.00 Uhr!' Damit war mir klar: Zu der Zeit hatte ich bei ihr zu erscheinen! In mir stieg Empörung auf: Nachmittags? Das ist meine Freizeit! Sind das die neuen Strukturen? Was tun gegen diese Anordnung? Ich wagte keine Diskussion, keinen Widerspruch! Mir fiel auch keine Ausrede ein.

Nach Schulschluss setzte ich mich sofort hin, um die versäumte Hausarbeit nachzuholen. Anschließend schwang ich mich schlecht gelaunt auf mein Fahrrad: Was erwartete mich? Was musste ich mir anhören? Längere Suche in der Innenstadt, bis ich endlich das richtige Haus erreicht hatte. In der festen Annahme strenger Ermahnungen, versuchte ich mich noch einmal stark zu machen: Darf sie das überhaupt? Das ist meine Freizeit!

Meine Spannung stieg bis zum spürbaren Herzklopfen. Durchatmen und dann den Klingelknopf drücken. Als sich die Tür öffnete stockte mir der Atem. „Hier, meine Hausarbeit", stieß ich hastig hervor und hielt meiner Lehrerin das Heft direkt vor die Nase. Auf dem Absatz umgekehrt, unterbrach mich eine wohlwollende Stimme: „Komm doch herein." Ich war verwirrt und traute meinen Ohren nicht. „Möchtest du nicht hereinkommen! Trinken wir einen Tee?"

War das eine Einladung? Mich machte es befangen. Sofort meldete sich mein schlechtes Gewissen: 'Mangelnde Leistungs- und Anpassungsbereitschaft', so etwa stand es in meinem letzten Zeugnis. Ich gehörte eben nicht zu den gern gesehenen Schülerinnen. Wie weit mochte meine Klassenlehrerin über meine Auflehnung und den Unfug, den ich schon angestellt hatte, informiert sein?

Ich versuchte meine Lage abzutasten! Ihr gegenüber zu sitzen genügte, um meinen Herzschlag beschleunigt zu halten. Verkrampft rutschte ich auf der Stuhlkante hin und her. Konnte ich diesem Wohlwollen überhaupt trauen? Eingeschüchtert und ein wenig neugierig sah ich mich um.

Sonnenlicht fiel durch das Fenster auf einen schwarz glänzenden Flügel, der fast den ganzen Raum einnahm. Wahrscheinlich ein kostbares Ding! ‘Bechstein’ stand auf der Vorderseite. In meinem Blickfeld überall vollgestopfte Bücherregale. Unzählige Bücher, über die ganze Wohnung verteilt. Mir wurde irgendwie feierlich zumute! Welch eine Ausstrahlung! Ein Leben mit Musik und Dichtkunst. Meine Klassenlehrerin in ihrer schlichten Kleidung und ihrem dunklen, zu einem Knoten gebundenem Haar wirkte eher streng in diesen einnehmenden Räumen. Verunsichert wich ich ihren fragenden Augen aus. Wo bleibt die Ermahnung? Warum höre ich keinen Vorwurf?

Mir blieb nicht viel Zeit zum Wundern. Ich versuchte eine Orientierung in ihrem Blick zu finden. Wäre es gut, wenn ich mich entschuldige?

Erstaunlich, sie berührte ein ganz anderes Thema! „Kommst du mit unserer Lektüre zurecht? Wie hast du die Schilderung der Heimkehr von Beckmann empfunden?”

Eine merkwürdige Überraschung! Sie kam auf den Stoff in unserem Deutschunterricht zu sprechen. Ernsthaft fragte meine Lehrerin nach meiner Meinung und ich fragte mich: Zählen meine Gedanken hier wirklich etwas? Nach kurzer Zeit füllte der Text „Draußen vor der Tür” von Wolfgang Borchert unser Gespräch.

Wie sehr fühlte ich mit der Hauptfigur, ‘Beckmann’, der bei seiner Rückkehr aus Russischer Gefangenschaft erdrückt von seiner empfundenen Schuld vor verschlossenen Türen stand. Niemand wollte ihm nach dem Krieg die Verantwortung abnehmen, ihn anhören oder entlasten. Angeregt durch diese berührende Geschichte sprachen wir über Krieg und Schuld, über Menschen, die von einer Verantwortung im Nationalsozialismus nichts mehr wissen wollten.

Ich musste dabei an meinen Vater denken. Wie viel Schuld hatte er im Krieg auf sich geladen? Wie wäre er damit umgegangen, wenn er überlebt hätte? Ich behielt die Gedanken lieber für mich und stellte mir vor, wie ein Gespräch wohl mit meinem Vater verlaufen wäre. Hätte er sich dazu geäußert? Hätte er – wie Beckmann – Schuld zugestehen können?

Alle Texte und Gedichte von Wolfgang Borchert hatte ich vielfach verschlungen. Über seine schicksalhaften Erlebnisse im Krieg und über seinen frühen Tod musste ich weinen.

Die Begegnung mit meiner Lehrerin verlieft völlig anders als erwartet!

Meine angespannte Haltung begann sich langsam zu lösen. Woher kam ihr Lächeln, das mir Wertschätzung zeigte? Ich, die aufsässige Schülerin hatte nicht im Traum daran gedacht, hier nach meiner Meinung gefragt zu werden. Meine Klassenlehrerin nahm meine Worte wahr und hörte mir ernsthaft zu! Auch später erlebte ich, wie sie selbst in den Pausen für ihre Schülerinnen da war. Dabei interessierte sie sich nicht nur für die Kinder mit guten Noten; besonders die schwachen Schülerinnen schienen ihr am Herzen zu liegen. Sie will kein Kind aufgeben, dachte ich.

Während unseres Gesprächs schwanden meine Vorbehalte; gleichzeitig breiteten sich die ersten guten Vorsätze aus: Ich will mich anstrengen! Bei dieser Lehrerin will ich zukünftig einen anderen Eindruck hinterlassen.

Überdies erlebte ich noch eine weitere vertrauensvolle Geste: „Möchtest du dir ein Buch ausleihen?" Freundlich legt sich eine Hand auf meine Schulter: „Dies könnte dich interessieren! Such dir etwas aus!" Ahnte meine Lehrerin etwa, wie schwierig es mit Literatur bei uns zu Hause bestellt war?

Bücher hatten bei dir, Mutter, keine besondere Bedeutung. „Du liest schon wieder!", hast du mir vorgehalten und mir so manchen Rückzug mit einem Buch verwehrt. Lesen war für mich wie eine Flucht aus unserem Alltag. Dabei hätte ich gern mit dir Geschichten geteilt. Wie gern hätte ich dich teilhaben lassen und dir etwas vorgelesen! Du hattest keine Muße, auch nur kurz zuzuhören.

Bei uns herrschte eine andere Gesinnung: Sauberkeit und Ordnung! Immerzu musste im Haushalt etwas getan werden. Widerstrebend musste ich meine Lektüre zur Seite legen, wenn mir ein Putztuch in die Hand gedrückt wurde: „Du musst mir jetzt helfen!" Dein Gebot stand: „Erst die Arbeit, dann das Spiel!" Alle Pflichten im Haushalt waren vorrangig: ständiges Aufräumen, Geschirr spülen, saugen, fegen, Fußböden wienern … usw.

Ein Aufschub war nicht erlaubt. Ablenkungsversuche wie 'Mach ich gleich oder mach ich später!' scheiterten. Deine Ordnungsliebe machte dich nicht nur unnachgiebig, sie war sogar leichtfertig: Einige Male hatten wir Mädchen den Auftrag, die Fenster unserer hochgelegenen Mietwohnung zu putzen.

Wo war deine Verantwortung?

Hattest du keine Sorge?

Wir wohnten immerhin im dritten Stock!

Diese Aktion war nicht ungefährlich! Die Fensterscheiben waren großflächig; wir mussten uns weit hinauslehnen, um die äußersten Winkel der Scheiben zu polieren. 'Lieber kein Blick in die Tiefe! Wenn ich abrutsche, lande ich sanft wie ein Vogel auf dem Straßenpflaster', überredete ich meine Angst, während ich ungesichert hoch über dem Straßenpflaster schwebte.

Gegen dein Putzdiktat waren wir machtlos, es ging über alles! Unsere Verabredungen mit Gleichaltrigen wurden nicht selten deinem Zwang geopfert. „Ich darf nicht mit, ich muss zu Hause helfen!" Ich empfand es wie Stubenarrest. Du jedoch warst eingenommen von deiner Moral: „Bei uns gibt es keine Unordnung, keinen Schmutz, keinen Staub!"

Wir mussten uns in dein Wertesystem fügen und stopften jede Auflehnung in uns hinein! Nur dir nicht noch mehr Kummer bereiten!

Wir fürchteten deine Drohungen: „... dann weiß ich, was ich tue …"

Einmal, nach dem Tod des Stiefvaters, versuchte ich dein trauriges Gesicht zu erhellen: Vielleicht kann ich ihr eine Freude machen? Es sollte eine Überraschung sein: „Heute hast du frei, Mutter! Heute werde ich Ordnung schaffen. Du sollst dich freuen!"

Frühmorgens, als noch alle schliefen, schlich ich aus meinem Bett. Still und heimlich griff ich zu den notwendigen Hilfsmitteln: Besen, Schrubber, Mob, Staubtuch usw. Mit Eifer habe ich losgelegt: gefegt, gewischt und gebohnert. Wie wirst du wohl staunen, wenn die ganze Wohnung glänzt! Am Ende kümmerte ich mich noch um das Frühstück. Laut klapperte das Geschirr. „Jetzt darfst du aufstehen!" Gespannt beobachtete ich dein Gesicht! Dicht hinter dir verfolgte ich jeden deiner Schritte durch unsere Räume. Was würdest du sagen? Es kam nichts! Kein Anzeichen! Du reagiertest nicht! Schnell kippte meine Spannung! Als wäre nichts geschehen, bewegtest du dich durch unsere Zimmer. 'Warum bemerkst du denn nichts? Warum siehst du nichts?' Ich schaute dich an: nichts! Kein Erstaunen! Und dann, was machtest du? Geschäftig griffst du nach deinen Utensilien und putztest jeden Winkel noch einmal.

Ich verkroch mich heulend in eine Ecke.

Ich hatte es nicht aufgegeben, deine Nähe zu suchen. „Darf ich dir vorlesen?" Deine Gefühlslage war schwankend und nicht einschätzbar: „Jetzt nicht!" Ich erlebte dich traurig, nervös, abgelenkt. Oft warst du unterwegs. Wenn es dir schlecht ging, litten wir unter deinen Ausbrüchen: „Wie sieht es hier wieder aus! Du bleibst zu Hause und räumst deinen Schrank auf!" Wütend hast du alle Kleidungsstücke aus den Schränken gerissen und auf dem Fußboden verteilt. Mir kamen die Tränen; während sich meine Klassenkameradinnen nach Schulschluss trafen, durfte ich meinen Schrank in Reih' und Glied wieder einräumen! Und wieder Stubenarrest!

Frau Dr. Lüders ahnte wohl, dass mein Leben zu Hause kompliziert war. Fast verwirrte mich ihre freundliche Annahme. Wie konnte sie mit mir so sprechen? Keine Moralpredigt! Keine Drohung! Keine Strafe!

Zum Abschied hätte ich sie fast umarmt.

Mit stillem Jubel schwang ich mich auf mein Fahrrad. Auf dem Weg nach Hause fiel die Sonne warm auf meine

Schultern und ließ den Himmel mit mir strahlen. Übermütig ließ ich den Lenker los und streckte meine Arme aus. Alle Menschen, die mir entgegenkamen, schienen zu lächeln.

Welch ein glücklicher Tag! Sie mag mich wirklich!

Noch konnte ich nicht ahnen, dass dies der Anfang einer späteren, tiefen Freundschaft war.

23) Unsagbares geschieht

Jahre später sah ich einen Zusammenhang: Ich erkannte, dass in meinem rebellischen Verhalten in der Schule viel von dem Schock mit deinem 'Neuen' steckte. Meinem Geheimnis war nicht zu entkommen. Kleinste Details im Alltag riefen noch Jahre später ungewollte Empfindungen hervor. Allein der Geruch: dieser irritierende Geruch nach herbem Tabak, der an mir klebte, der sich unausweichlich mit den bedrängenden Erinnerungen verknüpfte:

Während ich meiner Lehrerin wahrheitsgetreu von meinem Schummeln in der Mathearbeit beichtete, geisterten in meinem Hinterkopf die Erinnerungen an den 'Neuen' herum: Zahlreiche Reisen führten dich, Mutter in die damalige DDR. „Ich fahre zur Verwandtschaft eures Vaters!" Wir ahnten noch nicht, dass du dort einen neuen Partner gefunden hattest. Er war einige Jahre jünger als du. „Ein wunderbarer Mann! Alleinstehend! Verwitwet! Wir verstehen uns gut!", erklärtest du nach mehreren Aufenthalten dort. „Ich muss doch auch noch etwas von meinem Leben haben!", so lautete deine Rechtfertigung, die wir verstehen mussten. Aber was bedeutete das für uns? Ein fremder Mann und neue Lebensumstände für unsere Familie?

Zuerst kamen Pakete aus der DDR: für die Kinder! Ein Buch, eine Bernsteinkette, eine Blockflöte …

Heimliche Freude! Wir waren nicht verwöhnt, aber was steckte dahinter?

Sonderbar: „Es ist dein Patenonkel", versuchtest du mich zu überzeugen.

„Den kenne ich nicht. Nie gesehen! Der hat sich noch nie um mich gekümmert."

Das sollte sich ändern: Weiterhin gab es auffällig viele Geschenke.

„Er lebt mit seiner Familie in der DDR. Sein Vater ist der Bruder unseres Großvaters väterlicherseits", wurde uns die familiäre Nähe vermittelt. Über ihn gab es auch rätselhafte Andeutungen: „Er hat seine Frau und sein einziges Kind verloren!" Wir erfuhren von dir, dass die Ehefrau deines neuen Freundes freiwillig aus dem Leben geschieden war und die kleine Tochter mit in den Tod genommen hatte. Angeblich sollen Depressionen der Grund gewesen sein. „Die Frau muss psychisch krank gewesen sein!", so hast du uns dieses tragische Geschehen vermittelt. Genauere Umstände gab man an uns Kinder nicht weiter. Als dieses traurige Unglück geschah, bestand so gut wie kein Kontakt zu diesem Teil der Verwandtschaft in der 'Ostzone'. Schon wieder gelangte eine tragische Geschichte in unsere Nähe. Ich versuchte mich von den Einzelheiten fernzuhalten, bis 'der Neue' persönlich auftauchte.

Irgendwann zog er bei uns ein, 'der Neue'. Wir Schwestern waren verunsichert und mussten es akzeptieren: „Der zieht wirklich bei uns ein!" Du hattest einen neuen Partner! Wir wurden nicht nach unserer Meinung gefragt!

Plötzlich war ein fremder Mann in unserer Mitte! Wie hattest du dir das vorgestellt, Mutter?

Jedenfalls war von dem Tag an vieles verändert! Wir Mädchen zogen uns irritiert zurück und tuschelten. Es ging jedoch nicht an uns vorbei, wie sehr diese neue Beziehung auf deine Gemütslage wirkte. Wir hatten nichts dagegen, dass du mit diesem Kontakt die Trauer endgültig aus dem Haus gejagt hast. Wie aufgeblüht zeigtest du Freude und Zuversicht.

Diese Veränderungen empfanden wir wie eine Befreiung: Zu lange konnten wir nichts gegen deine schlechte Verfassung tun. Zu sehr sehnten wir uns danach, diese Zeiten hinter uns zu lassen. Es tat gut, Mutter, dich auch wieder einmal fröhlich zu erleben. Mit diesem Gefühl schlich sich Hoffnung auf eine weniger bedrückende Zukunft ein.

Dem Neuen gegenüber, der nun in unserer Mitte lebte, waren wir Mädchen zunächst noch skeptisch. Wir gingen ihm aus dem Weg. „Was will der bei uns! Der hat hier nichts zu suchen!" Der Neue bemühte sich trotz unserer ablehnenden Haltung um Sympathie. Mit langsamer Gewöhnung wurden wir zugänglicher. Es entwickelte sich Bereitschaft, unsere neue Situation anzunehmen: „Er ist doch ganz in Ordnung! Immerhin zeigt er sich sportlich und unterhaltsam!" An Wochenenden organisierte er gemeinsame Radtouren, Wanderungen, Strandfahrten und Spiele, die uns Spaß brachten.

Die Wende wirkte bestechend; sie sprach für ihn, den Neuen. Seine Bemühungen, das Interesse an uns, vor allem deine gute Stimmung, deine Gemütsänderung, Mutter, überzeugte uns. Wir waren bereit, dem Weg aus unserem trostlosen Alltag heraus zu folgen. Mit der Zeit fühlte es sich an wie in einer richtigen Familie!

Zu den Bemühungen des Neuen gehörten auch Anschaffungen, an die wir Schwestern bisher nur im Traum gedacht hatten. Ein neuer Pullover, sogar eine Jeans wurde erlaubt, obwohl genau diese bisher untersagt war: „Die Dinger sind nichts für Mädchen!" Viele Wünsche erfüllten sich: Ich durfte mit den neuen Schuhen in die Schule! Der nächste Schultag war kaum zu erwarten! Sogar mein altes, unansehnliches Fahrrad wurde aufgepeppt! Ein neuer Sportlenker! So war das alte Rad endlich akzeptabel!

Auch unsere Wohnung erhielt ein anderes Gesicht. Die selbst getischlerten Möbeln des Stiefvaters wurden ausgewechselt. Besonders aufregend war die Anschaffung einer hochglänzenden Musiktruhe. „Endlich kann ich meine eigene Musik hören!"

Meine Lieblingsinterpreten legte ich gegen deinen entschiedenen Protest auf: „Nicht so laut, mach sofort den Lärm aus!" Wie alle Jugendlichen schwärmte ich für Paul Anka, Cliff Richards, Bill Haley, Elvis Presley und andere. Ich sträubte mich gegen die bevorzugten Heimatklänge des Neuen: „Oh, Thüringer Wald, du bist schön!"

Mit dem Einüben von Tanzschritten bei dröhnendem Rock'n'Roll ließ ich mich stundenlang von dem Schwung der Musik in eine andere Welt tragen.

An der Wand über der Musikanlage verschwand das Foto von unserem Stiefvater. Es hatte hier nach seinem Tod einen festen Platz gehabt. Ersetzt wurde es durch ein Foto eines kleinen Mädchens, ebenfalls mit einem Trauerband!

Mit gemischten Gefühlen betrachte ich das gerahmte, kindliche Gesicht: Die dreijährige Tochter des Neuen! blickte mich an. Mich zog es wiederholt zu diesem Blick: Ein blonder Lockenkopf mit einem ahnungslosen Strahlen aus den Kinderaugen! „Die letzte Aufnahme", war die Erklärung auf meine Nachfrage. Ich mochte es mir nicht vorstellen. Die Mutter hatte das kleine Mädchen am Abend vor ihrem Suizid noch auf diesem Foto festgehalten. Verwirrende Bilder durchkreuzten meine Fantasie: Eine Mutter fotografiert ihr Kind mit dem Vorsatz, sich umzubringen und ihr kleines Kind mit in den Tod zu nehmen! Was bedeutet das? Was hat sie dazu veranlasst? Wieder begegnete mir ein rätselhafter Tod.

Auch von dir war nichts zu Näheres erfahren, Mutter. Leiden und Schweigen gehörten zu unserer Familie. Erneut hefteten sich die Schatten des Todes an uns und ich erstarrte weiterhin in meinen Albträumen: Ich sehe, wie der Neue auf seine kleine Tochter zugeht, sie an den Haaren packt, sie über sich hochzieht, um sie aus der Höhe fallen zu lassen. Während er das Kind hoch reißt, verwandelt es sich in eine Porzellanpuppe. Er lässt die Puppe mit gestrecktem Arm fallen, die beim Aufschlagen in unzählige Einzelteile zersplittert und sich über den Boden verteilt! Zitternd wachte ich auf und meine Gedanken kreisten um die Frage: „Wieweit hatte dieses Unglück etwas mit dem Neuen zu tun?"

Fragen, die nie gestellt und nie beantwortet wurden.

Der Neue bemühte sich intensiv um mich. Er suchte Nähe und Kontakt und warb um Sympathie. Allmählich entstand bei mir Anteilnahme, sogar Mitleid; denn er redete viel über den schlimmen Krieg. Er beeindruckte mich mit seinem Schicksal. Er sprach davon, wie er als Jugendlicher zum Militär eingezogen und verwundet wurde – Hitlers letztes Aufgebot. Er malte mir die schrecklichsten Szenen und Geschichten aus. Mich berührten diese Schilderungen, gleichzeitig stießen sie mich ab: immer wieder Kriegserlebnisse, Verletzungen, Angst und Tod! Ich wurde wieder in Bilder von Hunger, Leiden und Sterben in russischer Kriegsgefangenschaft eingebunden.

Aber unsere Entbehrungen entfernten sich immer weiter. Uns ging es in finanzieller Hinsicht besser; unser Alltag wurde deutlich in Schwung gebracht.

Der Neue brachte kulturelle Anregungen in unsere Familie und war politisch interessiert. Zu Ausflügen oder Radtouren durften wir Freundinnen einladen, die uns gern begleiteten. Wir bildeten eine Gruppe fröhlicher Ausflügler und alles schien dabei gut zu sein. Als der Neue einmal von einem 'sinnlichen Mund' einer unserer Freundinnen schwärmte, kicherten wir Schwestern und fanden das eigenartig.

Diese vielversprechende Zeit nahm bald ein Ende. Die Episode zwischen dir und ihm ging in die Brüche. Wir spürten zunehmend Anspannungen und versuchten vor den Auseinandersetzungen auszuweichen. Bei lautstarkem Streit hielt ich mir die Ohren zu und schickte meine tiefen Ängste gen Himmel: „Lieber Gott, hilf, dass es nicht wieder so traurig bei uns wird."

Die Zeiten deiner Niedergeschlagenheit kehrten zurück, Mutter! Du reagiertest verzweifelt und begegnetest diesem Konflikt durch Flucht. Rastlos warst du unterwegs, besuchtest Nachbarn, Freunde und Verwandte, packtest schließlich deine Koffer, um längere Zeit zu verreisen. Du ließt uns mit dem Neuen ratlos zurück! „Oma passt auf euch auf!"

Zerschlagen war jede Hoffnung auf ein leichteres Leben für uns und für dich.

Ich war mit dem Neuen allein, als das Unsagbare geschah! Da kam plötzlich jemand auf mich zu mit einem erschreckend veränderten Gesichtsausdruck. Blicke, die ich nicht kannte! Spontan ergriffen mich kräftige Arme. Fesseln umschlangen mich, unausweichlich, wie eine hungrige Krake. Gierige Hände schossen zwingend hervor mit schmerzendem Griff, der nicht zu lösen war. Ich rang um Luft, versuchte mich zu befreien! Kämpfte, kämpfte, kämpfte, um nicht in die Knie zu gehen. Er war stark! Ich erinnere mich nicht, wie lange der Kampf gedauert hat. Unverständliches Gestammel an meine Ohr. Gewalttätigkeit und Bedrängung! Totale Verwirrung! Die Kehle wie zugeschnürt! Kein Schrei, kein Treten, Beißen oder Kratzen. Qual in totaler Starre! Stillstand der Zeit! Dann, plötzlich ein tabakfeuchter Mund auf meinen Lippen. Überall Hände! Ekel und Betäubung aller Gefühle. Als das Ungeheuer abließ, blieben zitternde Wut, Abscheu und Leere.

„Entschuldigung", flehte jemand. Ich fühlte nur noch Übelkeit in mir aufsteigen. Die Verletzung war tief, außen wie innen.

„Mutter, wo bist du?
Warum passt du nicht auf mich auf?
Ich bin doch erst dreizehn Jahre alt.
Wo soll ich mich jetzt verstecken?"

Nach Tagen von Trostlosigkeit und Einsamkeit kehrtest du endlich heim. Es war nicht der Trennungsschmerz, der mich bedrängte. Ich mochte dich nicht ansehen! Ich schämte mich! Ich wich dir verwirrt aus!

Die Angst, dir zusätzliches Leid zuzumuten, verhinderte für immer, dir etwas zu berichten. Ich wollte dir diese Wahrheit nicht zumuten. Ich musste an die Fensterbank denken, an deine Drohungen: „Dann weiß ich, was ich tue ...!" Nicht noch einmal diese Angst um dich!

Ich verkroch mich ins Schweigen, fühlte mich beschmutzt und geschlagen.

Mutter, dein Schmerz!

Meine Verletzungen!

Unsere Ohnmacht!

24) Abscheu, Ekel, Qual

Dem Schmerz etwas entgegensetzen

Das Geschehen klebte an mir mit nachhaltiger Tragweite. Die Bedrohung blieb ein störender Begleiter und reichte bis in unruhige Nächte.

Wer schützte mich vor diesem Mann, der sich väterliche Freundschaft erschlichen und unwiederbringlich verraten hatte? Ich verkrampfte, sobald er sich näherte. Ich ekelte mich vor seinem Geruch, genauer, dem Tabakgeruch, den ich nicht verdrängen konnte.

Er selbst hüllte sich in Schweigen und blickte über mich hinweg. Es gab für mich nur eins: Achtsamkeit und Ausweichen!

Im Inneren schmerzte diese abscheuliche Szene, nach Außen zeigte sie Wirkung: Die Ereignisse der vergangenen Zeit verlangten nach Rebellion und mündeten in einem Widerstand, der sich vor allem auf die Schule konzentrierte. Ich konnte mich nicht dagegen wehren! Es war abzusehen, dass ich mit den Provokationen Ärger mit meinen Lehrkräften herausforderte.

„Du bist einfach nur anstrengend", ermahnte meine Klassenlehrerin mich in dieser Zeit einmal und tröstete mich gleichzeitig zu meiner Verwunderung: „Ich bin mir sicher, wir schaffen das!"

Die Rebellion in der Schule konnte meiner Seele nicht genügen. Meine Tagträume füllten sich mit Fantasien von Verletzungen, von Arm- und Beinbrüchen, um von dir bemerkt zu werden. Ich stellte es mir bildhaft vor: Du saßest an meinem Bett, du hattest Angst um mich und sorgtest dich um mein Wohlergehen. Du streicheltest mich sanft, du tröstetest mich! Vor dem Einschlafen erlag ich der Vision, sterben zu müssen, und fantasierte dich an meine Seite. Die Vorstellung, dass du traurig über meinen Tod war, empfand ich als wohltuend.

Die Realität lehrte etwas anderes und schüttelte mich aus allen Traumbildern. Tatsächlich nahm ich Blessuren, sogar Knochenbrüche beim Sport hin, weil ich ungestüm und unvorsichtig war. „Oh, je, was hast du gemacht? Was ist passiert? " So ein leuchtender Gipsverband erzeugte immerhin eine beachtliche Aufmerksamkeit! Jede Zuwendung lenkte ab, dennoch blieb ein Bestreben nach weiteren Verletzungen! Innere Impulse drängten als wollten sie dem seelischen Schmerz etwas entgegensetzen.

Ein scharfes Messer in der Hand, so verkroch ich mich eines Tages in den hintersten Winkel eines Schuppens auf unserem Hof. In der Dunkelheit stolperte ich über Kohlehaufen und stieß hier und da gegen verwahrtes Gerümpel der Mieter.

Wenn auch nur zögernd, das Messer bewegte sich wie ferngesteuert auf heiler Haut. Ein erster Kratzer entstand! Plötzliches Innehalten! Es polterte in der Dunkelheit. Die Tür zum Schuppen wurde unerwartet aufgestoßen! Ein Lichtstrahl durchdringt den Raum. Tageslicht fiel auf unseren Hauswirt, der den Türrahmen ausfüllte. Er ließ seinen Schäferhund von der Leine und schimpfte in meine Richtung: „Ist hier jemand?" Ich fühlte mich ertappt und hielt den Atem an, während das Messer langsam aus meiner Hand glitt, direkt in die aufgehäuften Kohlen hinter mir.

Der Hund lief schwanzwedelnd geradewegs auf mich zu. Er kannte mich. Direkt vor mir blieb er stehen, hielt den Kopf schief und stellte die Ohren auf. Zutraulich wedelte er mit dem Schwanz und sein wacher Blick schien mich aufzufordern: Komm, spiel mit mir! Ich rang mir eine Ausrede ab, die den Hauswirt überzeugte, wischte mit dem Ärmel noch schnell über mein nasses Gesicht und folgte unserem Vermieter ins Tageslicht.

Als hätte er meine Not erkannt, schmiegte sich der Hund eng an meine Beine, bis ich mich vor ihn hinhockte und meine Arme um seinen Hals legte. Wie warm und weich er sich anfühlte! Ich legte meinen Kopf auf seinen Rücken und vergrub mein Gesicht in dem weichen Fell. Lange hielt ich mich an ihm fest, während das empfindsame Tier alles geschehen ließ. In seinen Augen glaubte ich etwas wie Verbundenheit zu entdecken: „Warum musst du dich quälen? Du bist nicht allein!" Meine Hände streichelten den Duldsamen, bis sich meine innere Spannung ein wenig löste.

Langsam schob sich der aufgelockerte Wolkenhimmel vor meine Augen. Ein inniger Moment, der zur rechten Zeit viel von meinem inneren Spuk nahm! „ Nie mehr, nie mehr selbst verletzen!", versprach ich in ein aufmerksam aufgestelltes Ohr. Ich bemerkte das zaghafte Licht der Sonne, die sich über den Mietshäusern durchgesetzt und ein paar Strahlen in unseren Hinterhof geschickt hatte. Das wärmende Licht, ebenso wie dieses anschmiegsame Tier halfen, mich abzulenken und freier zu atmen. Das Messer blieb für immer im Kohlenstaub liegen. Ein finsterer Impuls war gebrochen.

Wie wahr erscheint mir dein Spruch, Mutter!: „Immer wenn du glaubst, es geht nicht mehr, kommt von irgendwo ein Lichtlein her …!"

25) Zum Anlehnen gibt es niemanden

Du warst wieder allein, Mutter! Der Neue war aus unserem Leben verschwunden. Ich fühlte mich erleichtert, dennoch trugen wir Kinder mit an deiner tiefen Enttäuschung. Dunkle Erinnerungen bestanden noch an die Zeit, an den Tag, an dem der Stiefvater so plötzlich von uns gegangen ist. Nur wenige Jahre und wieder ging deine Hoffnung auf einen Partner verloren. Du warst erneut geprägt von innerer Unruhe, die dich wieder einmal wegtrieb von uns. Gut, dass wir noch die Großmutter hatten, die stets versuchte, dich zu ersetzen. Sie nahm dir viele Aufgaben ab, vor allem kümmerte sie sich um unseren kleinen Bruder.

Deine Sehnsucht nach dem ‘starken Mann an deiner Seite’ hatte sich auch dieses Mal nicht erfüllt. Mit dem Wunsch, noch ‘etwas vom Leben haben zu wollen’, zerbrach wieder ein Versuch, deinem Leben eine neue Form zu geben.

Ich vermisste dich, suchte dich, läutete an verschiedenen Türen: „Ist meine Mutter hier?” Wo finde ich dich? Wann kommst du? Du hieltst es zu Hause nicht aus!

Wo fand ich einen Menschen zum Anlehnen? Dabei ersehnte ich nur ein wenig Trost! Du ahntest nicht, wie sehr auch mich der Schmerz getroffen hatte. Der Verrat des Neuen hatte auch in mir viel zerstört. Du hast von dem Übergriff nie etwas erfahren! Es hätte dir zu weh getan!

Für mich hinterließ der Neue einen Albtraum:

Wie konnte dieser Mensch sich in unser Leben schleichen? Wie konnte er unser Vertrauen so grundlegend verraten?

Uns fehlten Schutz und Aufmerksamkeit!

Du zogst dich aus der Realität zurück! Du warst nicht in der Lage, auch meine Qual wahrzunehmen, Mutter! Also behielt ich mein Leid für mich!

Mein Entsetzen aber blieb:

Wem kann ich mich anvertrauen?

Wer würde mir glauben?

Was habe ich falsch gemacht?

Nicht unterkriegen lassen!, mahnte mein Bewusstsein. Ich suchte Wege aus meiner Not.

Es blieb ein Wunsch nach Nähe.

„Was wäre, wenn du noch leben würdest, Vater?
Wäre alles nicht passiert? Hättest du mich geschützt?
Hättest du mich gern gehabt?"

Meine Empfindungen kritzelte ich in mein Tagebuch:

„Zum Anlehnen gibt es niemanden!
Nicht für dich, Mutter
und nicht für mich!
Aber: die Bäume wachsen immer wieder
und der Tag ist heller als die Nacht."

Wenn ich aus der Schule nach Hause kam, ließ sich die gedrückte Stimmung kaum aushalten: Ich sah dein trauriges Gesicht, Mutter, und wollte dich aufheitern. Ich bestürmte dich mit meinen Gedanken, Fragen und Ideen: „Heute in der Schule … Meine Freundin hat gesagt …, deren Mutter hat erlaubt ..., im Kino gibt es ..., bekomme ich dies ... und darf ich das … hast du gesehen ...!" Ich versuchte, deine Aufmerksamkeit herausfordern: vergeblich! Bei dir war kein Platz für meine Lebendigkeit! „Ja, ja, mhm, mhm … Nachher, lass mich! Später … Jetzt nicht!"

Zu viele Abweisungen, die sich bei mir festsetzten! Sie ließen mich zweifeln:

Hast du mich noch lieb?

Ich bin dir zu wild, zu zappelig!

Immer störe ich dich!

26) Schreckensregime

Vater, du warst dabei!

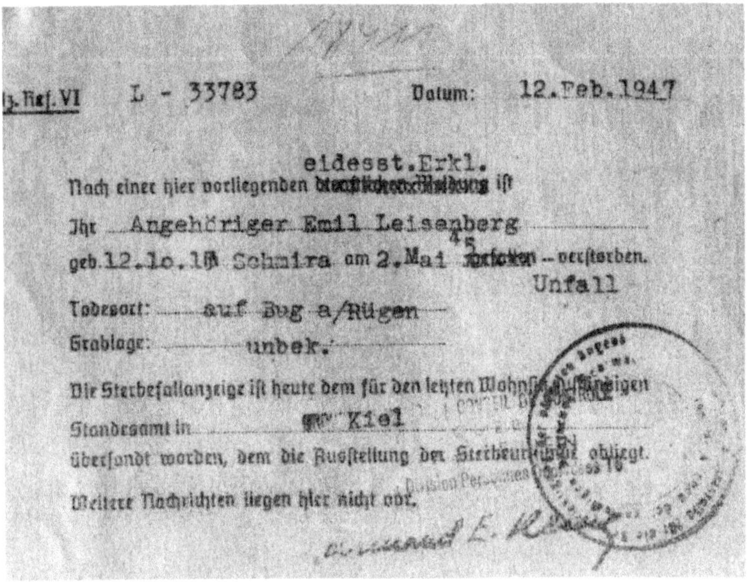

Ag. Ref. VI L - 33783 Datum: 12.Feb.1947

eidesst.Erkl.

Nach einer hier vorliegenden [illegible] ist

Ihr Angehöriger Emil Leisenberg

geb. 12.10.18 Schmira am 2.Mai 45 [illegible] – verstorben.

Unfall

Todesort: auf Bug a/Rügen

Grablage: unbek.

Die Sterbefallanzeige ist heute dem für den letzten Wohnsitz zuständigen

Standesamt in Kiel

übersandt worden, dem die Ausstellung der Sterbeurkunde obliegt.

Weitere Nachrichten liegen hier nicht vor.

Die Nachricht vom Unglück am 02. Mai 1945

Die bedrückenden Ereignisse in unserer Familie brachten mich dazu, weiter nach dir zu fragen, Vater: „Wie war das noch mit deinen Briefen? Du hattest dich doch auch sehr fürsorglich geäußert! Vielleicht wärest du ein verständnisvoller Vater gewesen.” Nur drei Sätze, Worte der Bekenntnistreue wie ‘Endsieg’ in deinen Briefen haben mich von dir entfernt.

Die Schriftstücke existieren noch! Wo sind sie hingekommen, deine letzten Briefe? Hektische Suche!

In irgendeiner Schublade schmorte der Umschlag unter anderen Papieren. Ein wertvoller schriftlicher Nachlass?

Eigentlich hatten mich die Fragen nach deiner Persönlichkeit immer wieder bewegt, überlegte ich, während ich einige Ordner durchwühlte. Schließlich förderte ich einen zerknitterten Umschlag mit verschiedenen Schriftstücken zutage: Ich war inzwischen erwachsener geworden. Vielleicht half es, dich besser zu verstehen!

Zuerst fiel mir die amtliche Nachricht in die Hände:

„Hiermit erkläre ich, daß der ehemalige Oberfeldwebel Emil Leisenberg von der 2.F.131 am 2.5. 1945 bei einem Flugzeugunglück auf Bug a/Rügen tödlich verunglückt ist."

Während ich mir das Unglück vorstellte, ging mir der Wunsch von einem annehmbaren Vaterbild durch den Kopf: Wie konnte ich mich meiner väterlichen Herkunft nähern?

Indem ich die Papiere erneut in der Hand hielt, bemühte ich mich, meinen Vorbehalten gegenüber dem Vater, den ich nie kennenlernen durfte, nachzuspüren. Schwarz auf weiß fand ich wieder die Worte, die zu meinen Vermutungen und meinem Urteil führten. Dennoch, es gab keine Gewissheit: In welchem Ausmaß hast du, Vater, dem Dritten Reich gedient? Gehörtest du zu den Überzeugten, die noch spät an den Endsieg glaubten? Als Soldat kämpftest du für ein verbrecherisches System, du hast dafür dein Leben gelassen.

Wie konnte ich mehr herausfinden?

Der Zweite Weltkrieg hinterließ 60 bis 70 Millionen Tote, die Mehrzahl davon waren Zivilisten. Das grausamste aller Geschehen war der Holocaust.

Gern hätte ich mich mit dir selbst auseinandergesetzt. Dir Fragen über Fragen gestellt! Wie wäre unsere Diskussion angesichts dieses Grauens wohl verlaufen?

Hätte es von dir Antworten gegeben? Bis jetzt blieb ich mit meinen Vorstellungen allein. Wir als nachfolgende Generation sind fern von Gedanken, wie 'Ehre' und 'Heldentod'! Wir empfinden diese dunkle Zeit unserer Geschichte eher als Schandfleck.

Wie weit warst auch du verblendet? Wo hast du gestanden, als die Massen jubelten und mit der berüchtigten Armhaltung dem 'totalen Krieg' zustimmten? Manchmal habe ich versucht, auf entsprechenden Bildern dein Gesicht zu erkennen.

Wegen deiner Äußerungen in den Briefen habe ich dich in die Reihe der 'Hitlertreuen' gestellt. Mit dieser Annahme habe ich dich abgelehnt. Erst nach vielen Jahren bestand das Bedürfnis, deine Geschichte genauer nachzuvollziehen.

Was wusste ich über dich? In meinem Kopf existierten bisher nur wenige Erklärungen aus der Familie. Woran hast du wirklich geglaubt?

Deinen Zeilen entnehme ich auch Worte der Fürsorge. Du sorgtest dich sehr um deine Familie. Für diese Haltung hatte ich dich gern. Aber wie ging es dir mit den Müttern und Kindern, die auf der anderen Seite den Krieg erleben mussten? Was hast du, als junger Ehemann und Vater, empfunden? Wurden von deinem Flugzeug aus Bomben auf Zivilisten abgeworfen?

Gab es die Soldaten mit den zwei Gesichtern? Liebevoller Vater, linientreuer Soldat?

Ich dachte nach über deine Worte, du schreibst über „die notwendige Härte, die du im Krieg benötigst". Wie sollte ich das verstehen? Ich glaubte, es wäre gut, wenn wir alle über den Krieg und die Opfer weinen könnten.

Ich möchte gern wissen, wie weit du mit deinen Einsätzen verstrickt warst in diesen vernichtenden Krieg? Für uns Kinder blieb offen, welche Aufgaben auf den Kriegsschauplätzen zu erfüllen waren. „Militärische Aktionen waren auch vor Angehörigen geheim zu halten!", betonte unsere Mutter. Wieweit hast du dir Gedanken über die Opfer auf der Seite 'des Feindes' gemacht? Was wusstest du von den Judenverfolgungen und den Konzentrationslagern? Eine weitere dringende Frage berührt mich: Wie weit können Kriegsfolgen einen Menschen verändern? Was hat der Krieg aus unserer Mutter gemacht?

Mit Erschütterung sah ich die Bilder, auf denen Nazis die Würde unschuldiger Juden brutal mit Stiefeln traten. Wie standest du dazu?

Die Täter trugen diese halbhohen Lederstiefel, so eine Uniform, die ich von deinen Fotos kannte! Ich verstehe nicht viel vom Krieg, aber ich weiß, dass Soldaten teuflische Befehle ohne Widerspruch auszuführen hatten. Nicht wenige waren bereit, darüber hinaus noch grausamer zu handeln! Wieweit hatten die Bilder kriegerischer Angriffe, Zerstörung, Gewalt, Hunger und Tod dich berührt, belastet, geläutert oder erdrückt? Wie war es mit den früh einsetzenden Judenverfolgungen? Hättest du in dem damaligen Wahnsinn Zweifel und Widerstand als eigentliche Stärke ansehen können?

Als kleines Kind versuchte ich mein Bild von dir wie ein Puzzle zusammenzufügen. Leider fehlten mir wesentliche Teile. Aus aufgeschnappten Gesprächsfetzen, die hängengeblieben sind, formte sich ein unklares Bild: „Euer Opa und euer Vater haben sich oft heftig über Politik gestritten", hieß es. Welche politische Meinung hast du damals vertreten? War es notwendig, sich freiwillig zum Militär zu melden? War es die Not?

„Wir mussten uns das Essen vom Munde absparen, damit unser Sohn das Körpergewicht für die Luftwaffe erreichen konnte", erzählte unsere Großmutter. Gewiss war, dass der Großvater, dein Vater, sich dem Naziregime entzogen hatte. Als Sozialdemokrat war er ein strikter Gegner von Hitler.

Wie weit hat dich die Hitlerjugend geformt? Oder hatte die Einstellung deines Vaters Einfluss auf dein politisches Denken? Konntest du seine Ablehnung gegen den Faschismus gutheißen?

Daneben habe ich auch überlegt, ob du etwas von dem Humor unseres Großvaters hattest?

Mit Interesse las ich in einem Brief vom 16.11.1944, wie du dich nach deinem Vater erkundigtest, weil du erfahren hast, dass er noch zum Militärdienst einberufen wurde:

„Lieber Vater, Du sollst nun auch zum Volkssturm einberufen werden? Ich habe gedacht, dass Facharbeiter nicht genommen würden? Da bin ich gespannt, wo Du hinkommst. Sicher gibst Du mir sofort Nachricht, wenn du eingezogen wirst."

Eine Einberufung zum Ende des Krieges! Hitlers letztes Aufgebot: „Sehr junge und alte Menschen wurden kurz vor der Niederlage noch als 'Kanonenfutter' verheizt!", las ich in den Aufzeichnungen über den Krieg. Der sogenannte Volkssturm sammelte die letzten Reserven: Jugendliche, teilweise noch Kinder und alte Männer wurden eingezogen und in den aussichtslosen Kampf, nicht selten in den Tod geschickt. Dein Vater, der den Krieg verabscheute, wurde in eine braune Uniform gesteckt!

Was hast du dabei empfunden?

War es Stolz oder eher Sorge?

In einem anderen Brief vom 28.02.1945 fragtest du nach deinem jüngeren Bruder. Du sorgtest dich um sein Befinden: „Liebe Eltern, wie geht es eigentlich unserem Bruno? Schreibt mir doch bitte etwas von ihm oder teilt mir seine jetzige Anschrift mit. Dann kann ich ihm doch auch einmal schreiben."

Dein jüngerer Bruder fiel – so wie du – noch kurz vor dem Ende des Krieges. Diese Todesnachricht hat dich nicht mehr erreicht. Auch nicht, dass dein Vater im selben Jahr, nur wenige Monate nachdem du abgestürzt warst, starb.

In der Schule haben wir über das Buch 'Draußen vor der Tür' von Wolfgang Borchert diskutiert. [1]

Wir haben über den grausamen Krieg, das Leid von vielen Menschen, sowie über die zahllosen Opfer gesprochen. Die Geschichten von Wolfgang Borchert haben mich sehr traurig gemacht. Die Hauptfigur, der Soldat Beckmann, ließ mich an dich denken, Vater.

Der Unteroffizier kehrt verwundet und gequält aus dem Krieg zurück. Er versucht die Verantwortung für seine

---

[1] Das Gesamtwerk, 6. Aufl., Reinbek bei Hamburg 1991 S. 126

Kriegsschuld an einen Oberst zurückzugeben. Verzweifelt bittet er um Gehör:

„Irgendwo müssen wir doch hin mit unserer Verantwortung. Die Toten – antworten nicht. Gott – antwortet nicht. Aber die Lebenden, die fragen. Die fragen jede Nacht, Herr Oberst. Wenn ich dann wach liege, dann kommen sie und fragen. Frauen, Herr Oberst, traurige, trauernde Frauen. Alte Frauen mit grauem Haar und harten rissigen Händen – junge Frauen mit einsamen sehnsüchtigen Augen. Kinder, Herr Oberst, Kinder, viele kleine Kinder. Und die flüstern dann aus der Dunkelheit: Unteroffizier Beckmann, wo ist mein Vater, Unteroffizier Beckmann? Unteroffizier Beckmann, wo ist mein Sohn, wo ist mein Bruder, Unteroffizier Beckmann, wo ist mein Verlobter, Unteroffizier Beckmann? Unteroffizier Beckmann, wo? wo? wo?"

Ich möchte auch dich fragen, wie war es mit deiner Verantwortung? Hättest du auch so etwas wie eine Mitschuld empfunden?

Mit dem Verständnis für politische Machtverhältnisse blieb Scham wegen der Gräuel im Dritten Reich bei mir kleben. Dieses Gefühl erwachte zum Beispiel im Anne-Frank-Museum in Amsterdam, als ich versuchte zu vermeiden, als Deutsche gesehen zu werden. In einer Schlange mit Besuchern anderer Nationalitäten vor der Kasse des Shops meldete sich mein Gewissen. Menschen, die sich von der Ausstellung tief berührt zeigten, umgaben mich. Ich bin eine Deutsche! Ich gehöre dazu, ich stamme ab von der Generation der Täter!, ging es schwer durch meinen Kopf. Ich umging es, in dieser Umgebung deutsch mit meinen Begleitpersonen zu sprechen, und gab meine Wünsche am Tresen in englischer Sprache auf.

27) Sichere Räume

Versteck im Blindenheim

Mutter, du warst geflohen nach dem Streit mit dem Neuen!

Wo warst du? Ich war voller Angst und erzitterte deine Rückkehr! Du hattest dich mit deinem Partner zerstritten und uns mit ihm allein in der Wohnung zurückgelassen.

Wir mussten zusehen, wie du entschlossen deine Sachen packst und dich für einige Zeit verabschiedest: „Oma ist ja da!" Die Zeit deiner Abwesenheit war für mich gefüllt von Panik. Würde er es wieder versuchen? Mit weichen Knien entfloh ich jedem Aufeinandertreffen, versuchte, dem Kontakt auszuweichen. In welchem Winkel konnte ich mich sicher fühlen? Wo konnte ich mich verstecken? Ich traute mich nicht nach Hause zu kommen oder klammerte mich an die Anwesenheit meiner Schwester. Ich fühlte mich miserabel und schmutzig! Einmal stand er wieder an meinem Bett. Ich erstarrte zu Eis! Als ich mich zitternd schlafend stellte, ging er wieder! Erschöpft und übermüdet musste ich dennoch wachsam sein. Sogar in der Nacht. Wo konnte ich bleiben, wo konnte ich mich verstecken?

Manchmal versuchte ich Unterschlupf bei unserer Großmutter zu finden, obwohl ich es eigentlich wusste: Wir hatten keine Oma, die mir in dieser Situation helfen könnte!

„Was willst du denn schon wieder?", begrüßte sie mich nicht gerade einladend. Erfolglose Versuche! Ich hielt es nicht lange bei ihr aus! Wo würde ich einen sicheren Ort finden?

Morgens verließ ich früher als notwendig das Haus. Wenn ich nach Hause kam, überfiel mich die Angst: War er schon da?

Mein Schulweg führte mich tagtäglich an dem Landes-Blindenheim vorbei. Das dreistöckige Backsteingebäude mit einem großräumigen Vorgarten lag in enger Nachbarschaft, direkt im Rücken unseres Wohnhauses. Die äußeren Gegebenheiten waren mir so vertraut wie die dort lebenden Menschen, denen ich häufig begegnete. Manchmal sah ich sie plaudernd auf den Bänken im Vorgarten sitzen. Wie finden die blinden Menschen ihren Weg?, fragte ich mich und beobachtete sie auf der Straße. Einige trugen die gelbe Armbinde mit den schwarzen Punkten und tasteten sich mit Hilfe ihres Blindenstockes erstaunlich sicher voran.

Ich konnte mir ein Leben ohne Augenlicht kaum ausmalen. Indem ich über meine Situation nachdachte und die Betroffenen sah, kam mir eine Idee: Vielleicht gab es eine Möglichkeit, mich dort im Blindenheim aufzuhalten. Vielleicht könnte einer der Bewohner meine Hilfe gebrauchen? Ich stellte mir vor: Ich könnte Besorgungen oder Einkäufe anbieten; am liebsten wollte ich etwas vorlesen.

Fragen und Bedenken kamen mir in den Sinn: Ich war noch nie einem blinden Menschen näher begegnet! Was käme auf mich zu? Wie würde man auf mich reagieren? Könnte ich als Schülerin etwas anbieten?

Es gab nicht viel abzuwägen. In meiner Not werden alle Zweifel schnell zur Seite gewischt. Vielleicht würde sich sogar jemand über meinen Besuch freuen!

Ich wagte es!

Kurze Zeit später stand ich vor der Eingangstür des Blindenheimes. Was sollte ich sagen? Vor der Tür kreisen alle mögliche Formulierungen in meinem Kopf herum: „Ich habe die Absicht … Gibt es eine Möglichkeit ... Ich könnte etwas vorlesen …“

Unsicher betrat ich den Eingangsbereich. Eine Gedenktafel fiel sofort ins Auge. Eine willkommene Ablenkung! Lange überflog ich Danksagungen und Erinnerungen an Stiftungen und Unterstützer dieser Einrichtung, obwohl mir die Namen und Zahlen nichts sagten.

Wo mochte hier das Büro sein? Mein Atem stoppte, als ich bemerkte, dass sich im Treppenhaus eine klein gewachsene Frau gebeugt und sehr bedacht auf den Stufen herunter tastete. Sie war offenbar körperbehindert. Behutsam setzte sie seitlich Schritt für Schritt einen Fuß auf eine untere Stufe, um dann den zweiten Fuß nachzuziehen. Mit beiden Händen suchte sie Halt am Treppengeländer. Ob sie mich bemerken würde? Ich vermutete, ‘eher nicht’, ihr Blick war fest auf den Boden gerichtet.

Verunsichert blieb ich auf der Stelle stehen. Wie sollte ich mich verhalten? Sollte ich ihr entgegengehen? Sollte ich sie ansprechen und Hilfe anbieten? Ich wagte es nicht, sie anzusprechen. Vielleicht würde sie sich erschrecken. Sie kam Schritt für Schritt immer näher und blieb dann in kurzer Entfernung vor mir stehen. Als sie ihren Kopf hob und in meine Richtung sprach, „suchen Sie etwas?”, wuchs meine Verlegenheit. Sie hatte mich bemerkt! Wie konnte sie mich wahrnehmen? „Ich suche das Büro”, brachte ich hervor.

„Geh nur weiter, dann halte dich rechts, dann die erste Tür”, erhielt ich ihren freundlichen Hinweis.

Kurz darauf befand ich mich im Büro des Leiters dieser Einrichtung und versuchte mein Anliegen vorzubringen: „Ich könnte einem Menschen hier im Heim etwas Gesellschaft leisten, vielleicht etwas vorlesen! Ich wohne im Haus gleich nebenan."

Dem Gesicht meines Gegenübers entnahm ich prüfende Blicke. Längeres Schweigen, während ich mein Gewicht von einem Bein auf das andere verlagerte: Was denkt der wohl? Er wirkt so skeptisch? Er traut mir das nicht zu? Vielleicht findet er mich zu jung?

Endlich eine Reaktion: „Wir werden mal sehen, ob sich ein Bewohner findet", antwortete er mir, um dann noch ein paar klärende Fragen zu stellen. Dabei notiert er sich einige Daten und wandte sich ab. „Frag in ein paar Tagen wieder nach." Die Antwort empfinde ich als ziemlich unverbindlich. Wollte er mich loswerden? Ich sollte also abwarten und musste dann noch einmal den Mut aufbringen, hier nachzufragen.

In der Hoffnung, ein sicheres Versteck und eine Aufgabe zu finden, wagte ich einen zweiten Anlauf. Bereits nach kurzer Zeit stand ich wieder vor dem Schreibtisch dieses Heimleiters. Erleichterung! Er hatte mich und mein Anliegen nicht vergessen! „In unserem Haus lebt eine Schriftstellerin", kam er mir dieses Mal ausgesprochen freundlich entgegen. „Sie freut sich über jeden Kontakt zur Außenwelt. Durch ihre Körper- und Sehbehinderung kann sie die Einrichtung nicht eigenständig verlassen. Sie hat einem Besuch zugestimmt. Sie wohnt im ersten Stock!"

Mit einigen Erläuterungen seinerseits wurde mein erster Besuch vorbereitet.

Neugierde erfasste mich, als ich mich auf den Weg zu ihren Räumen machte: eine richtige Schriftstellerin! Hatte er das gesagt? Diese Mitteilung erstaunte mich und ließ mich gleichzeitig schwanken. War es wirklich richtig, was ich vorhatte? „Sie soll eine bekannte Kieler Autorin sein", das hatte er hinzugefügt. Ob eine Autorin mit mir als Schülerin etwas anfangen konnte? Wie würde sie auf mich reagieren?

28) Die Welt anders

Kleine Dinge erhalten Bedeutung

Zaghaftes Anklopfen ... Eine leise Stimme hinter der Tür bat: „Herein!" Mit meinem Eintreten erkannte ich sie wieder: Es war die blinde, gehbehinderte Frau aus dem Treppenhaus!

Sie erhob sich langsam von ihrem Stuhl und kam mir mit kleinen Schritten entgegen. Im Hintergrund vernahm ich leise Klaviermusik. Mir fiel erneut die Körperbehinderung auf. Als die Frau vor mir stand, überragte ich sie fast um einen Kopf. Zur Begrüßung streckte sie ihre Hand in meine Richtung, die ich erst zögernd und dann behutsam ergriff. Mir fiel auf, dass ihre Finger verwachsen waren. Hoffentlich hatte sie mein Zögern nicht bemerkt! Mit einer freundlichen Aufforderung wandte sie sich in Richtung Stuhl: „Nimm doch bitte Platz!" Ihre Hände glitten über Möbelstücke, als sie sich zu ihrem Stuhl tastete.

Verunsichert von ihrer Erscheinung saß ich ihr ziemlich verlegen gegenüber. Wie sollte ich mich äußern? Was konnte ich sagen? Mir fiel in dem Moment nichts Passendes ein. Alle möglichen Gedanken wirbelten in meinem Kopf. „Ich habe mir überlegt …" begann ich leise und wurde von meinem unsicherem Räuspern unterbrochen. Glücklicherweise war sie es, die sich mir zuwandte. Den zierlichen Körper etwas vorgebeugt, stellte sie ein paar Fragen in meine Richtung: „Wie alt bist du? Wo kommst du her? Was hat dich zu uns geführt?"

Erleichterung bei mir, eine erste Barriere schien überwunden zu sein. Ursprünglich dachte ich an einen sicheren Unterschlupf. Ich mochte aber nicht die ganze Wahrheit sagen. Daneben bot sich zum Glück eine weitere Möglichkeit an: Die Schule! „Ich bin wegen meiner Jahresarbeit zum Schulabschluss hier. Ich möchte die Geschichte der Blindenschule, die es hier einmal gab, zum Thema nehmen", brachte ich hervor. Die Schriftstellerin, Frau G., griff sichtlich erfreut das Thema auf und begann sogleich zu berichten:

„Ich wurde 1920 in die Blindenschule aufgenommen und habe sie während meiner Kindheit und Jugendzeit besucht. Dort erhielten wir sehbehinderten Kinder normalen Schulunterricht und erlernten die braillesche Blindenschrift. Für die Zeit nach der Schule gab es Werkstätten, in denen wir Blinden arbeiten konnten und gefördert wurden, um möglichst eine Erwerbsfähigkeit ohne fremde Hilfe zu erreichen. Das Gebäude der Schule wurde 1944 im Krieg leider vollständig zerstört und nicht wieder aufgebaut. Später wurde dieses Altersheim errichtet. Ältere erblindete Menschen konnten in dieser Einrichtung ihren Lebensabend geschützt verbringen."

Ich traf hier auf eine frühere Schülerin der damaligen Blindenschule! Sie konnte mir die Gegebenheiten genau beschreiben. Ich staunte, wie lebhaft sie in meine Richtung gestikulierte, und gab mir Mühe, ihr konzentriert zu folgen. Es waren die fremden Bewegungsmuster und die ungewohnte Erscheinung, die mich ablenkten, während Frau G. zu mir sprach. Ob sie etwas von mir erkennen konnte? Vielleicht die Umrisse?, fragte ich mich. Wie konnte ein blinder Mensch die Blindenschrift lesen und sogar schreiben? Ich vermochte kaum einen Blickkontakt herzustellen. Der graue Schleier, der die Pupillen überzog, verunsicherte mich am Anfang. Flirrende Bewegungen der Augenlider meines Gegenübers zogen meinen Blick an, bedrängten mich im gleichen Moment und ließen mich vorbei sehen. Ich konzentrierte mich auf ihren Mund, ihre Worte, um dann erneut bei den auffälligen Lidern zu landen.

Ich wusste bis dahin nicht, wie sehr blinde Menschen sich über ihren Hörsinn in ihrer Umgebung orientieren. „Ich erkenne Menschen an ihrer Stimme. Die Stimmen lügen nicht“, erklärte mir die Schriftstellerin. Sie deutet auf ihre Schreibmaschine: „Mit Hilfe der Blindenschrift können wir wie Sehende lesen und schreiben.”

Mit wenigen Griffen nahm sie ein Buch zur Hand und schon war ich aufgefordert: „Bitte lies doch einmal das Kapitel über die Blindenschule.” Vorlesen! Jetzt durfte ich etwas vorlesen! Warum hatten wir das zu Hause nie geschafft? Hier hörte mir jemand interessiert zu!

Ich versuche mir alles Neue einzuprägen, tauchte ein in eine sinnliche Welt! Im Hintergrund begleitete uns sehr leise konzertante Musik. „Kennst du das?” Ich schüttelte den Kopf. „Das ist Schubert – Forellenquintett –, das liebe ich”, wurde ich aufgeklärt.

Es brauchte nur kurze Zeit, bis sich meine Unsicherheit in dieser Umgebung mit der körper- und sehbehinderten Frau G. legte. Bald zog es mich in diesen geschützten Raum. Ich freute mich über alle Anregungen und besonders über einen Menschen, der bereit war, ‘mich zu sehen’.

Eines Tages wurde ich mit der Frage überrascht: „Darf ich einmal dein Gesicht berühren? Ich möchte mir genauere Vorstellungen machen.” Ich freute mich über das Interesse und hatte nichts dagegen. Mit sanften Bewegungen strichen die Finger über mein Gesicht. Was würden die Fingerspitzen erkunden? Wie würde sie mich ‘sehen’?

Die Autorin suchte ernsthafte Gespräche: „Was denkst du über dies …?, was denkst du über das ...?" Erzählen, Zuhören und Austauschen in einem behaglichen Raum. Hier gab es für mich keine Bedrohung, keine Angst.

Es traf zu, was ich gern von dir hörte, Mutter: „Immer wenn du denkst, es geht nicht mehr, kommt von irgendwo ein Lichtlein her ...!" Ich hatte einen sicheren Ort gefunden.

Einmal sprach Frau G. über Probleme ihrer eigenen Entwicklung. Dabei erfuhr ich viel über das Schicksal eines früh erblindeten Mädchens: „Eigentlich hatte ich von einer Ausbildung als Kunstmalerin geträumt, um in die Fußstapfen meines Vaters treten zu können. Doch alles kam ganz anders. Dieser Traum wurde mir verwehrt."

Im Alter von sechs Jahren erkrankte sie an einer Lymphdrüsen-Tuberkulose und erlitt dadurch bleibende Gelenkverkrümmungen sowie eine starke Sehbehinderung.

„Mit dieser Erkrankung erhielt die Sprache für mich künstlerische Bedeutung. Ich begann mich schriftstellerisch zu betätigen. Ich schrieb zahlreiche Märchen, Aphorismen, Gedichte und einen Kurzroman. Einige Schriften wurden veröffentlicht", erzählte mir die Schriftstellerin.

Gern beschäftigte ich mich mit ihren Texten und ließ mich hineinziehen in die Art, Menschen und Natur detailliert zu beschreiben. Für mich eine ungewohnte Betrachtung der 'kleinen Dinge'.

„Stell dich doch einmal ans Fenster und beschreibe mir, was du siehst!", wünschte sie sich während meiner Besuche.

Ich sah eine Weile hinaus und ließ meine Augen über das vor mir liegende Gelände schweifen. „Sag einfach! Was siehst du dort?" Plötzlich erschienen mir viele Gegebenheiten der Umwelt in neuer Gestalt: Da war zum Beispiel der Himmel mit seinen Wolkenbildern, die vor meinen Augen vorbeizogen, dazwischen das Blau des Himmels und das Licht der Sonnenstrahlen. Manchmal beschrieb ich das Aufziehen eines Regenschauers. Ich suchte Worte und manchmal notierte ich mir die Naturbeschreibungen von Licht und Schatten, das Farbenspiel von Blättern, Knospen und Blüten oder das Bild der schwingenden Äste an jungen oder knorrigen Bäumen.

Mit der Gewissheit, Freude zu bereiten, fielen mir immer weitere Details auf. Was gab es nicht alles zu entdecken? Gänseblümchen leuchteten als Farbtupfer im Rasen vor dem Haus. Mit der gelben Blüte des Löwenzahns an den Rändern der Rasenfläche fühlte ich mich verbunden. Sie erinnerte mich an die Geschichte 'Die Hundeblume' von Wolfgang Borchert: Einem Häftling in hoffnungsloser Lage gelingt es, mit einer einzigen leuchtenden Blüte Lebensmut und Zuversicht in seine karge Zelle zu schmuggeln.

Jeder Besuch beinhaltete Aufatmen und Ablenkung. Kleine Dinge gerieten in mein Blickfeld und erhielten Bedeutung: Da gab es die reglose Spinne, die in ihrem Kunstwerk auf Beute lauerte; eine Biene, die sich auf einer farbigen Blüte niederließ. Ich beobachtete die Singvögel im Geäst der Baumkronen. Ich versuchte, den Flug der Vögel zu beschreiben, soweit ich sie am Himmel verfolgen konnte. Dem Gezänk der Spatzen konnten wir gemeinsam lauschen.

Auch die Menschen, die sich vor dem Fenster bewegten, erhielten unsere Aufmerksamkeit: eine bunte Palette unterschiedlichster Gestalten. Je nach Wetterlage zogen sie in leichter, bunter Kleidung, oder in wärmeren Jacken und Mänteln vorbei. Manchmal trugen sie Regenschirme, Mützen oder Schals gegen Nässe und Kälte. Jede Person in meinem Blickfeld in eigener Erscheinung: gemächlich, eilig, bedächtig, aufrecht oder gebeugt, manchmal mit hüpfenden Kindern an der Hand. Wie aufregend, dass ich ernsthaft zum Schreiben ermutigt wurde. Ich ließ mich gern motivieren und griff zu meinem Tagebuch. Aus meinen gesammelten Skizzen entstand ein Gedicht:

Verborgene Grüße

Vögel eilen
Grüße in Schwingen gewebt
Spüre den Wind
Lautlos bewegt
Ziehende
Wolken
Himmel bedeckt
Küssende Wellen
Ufer geneckt
Zarte Blätter
Wispernd verborgen
Blinzelnde Sterne
Lichtstrahl
Am Morgen

Zukünftig war ich nach Schulschluss bemüht, meine Pflichten zu Hause so schnell wie möglich zu erfüllen, um mich dann in die Aufgehobenheit des Blindenheimes zu flüchten.

Erinnerst du dich an den traurigen Heiligen Abend, Mutter, als es zwischen dir und dem Neuen krachte? Es sollte eigentlich ein gemütliches Weihnachtsfest werden. Unter den Kerzen des Tannenbaumes wurden unsere Geschenke ausgepackt. Wir Mädchen erhielten, wie jedes Jahr, Ergänzungen für unsere Aussteuer: Bettwäsche und ein weiteres Teil zum silbernen Besteck! Dieses Mal gab es aber noch eine Überraschung. Du hattest für uns genäht! Wir wurden mit einem Kleidungsstück beschenkt. Wir freuten uns und waren vergnügt.

Deine Stimmung ging dagegen immer weiter in den Keller. Der übliche Kartoffelsalat von unserer Oma mit den heißen Würstchen blieb unberührt. Unser gemeinsames Weihnachtsessen wurde plötzlich abgebrochen. Wieder war ein Streit zwischen dir und deinem Partner entbrannt: „Ich mache einen Spaziergang!", versuchtest du uns dieser Auseinandersetzung zu entheben. Kurz darauf knallten Türen und dein Platz war leer. Mich befiel eine tiefe Verlassenheit. „Schon wieder Streit! Ich halte das nicht aus!" Ich packte kurz entschlossen meine Schwester und meinen 'Bunten Teller': „Frohe Weihnachten! Wir hauen hier ab!" Damit ließen wir die Spannungen nebst Oma und Bruder zurück. Wieder die Flucht ins Blindenheim! Dort herrschte eine festliche Stimmung: „Fröhliche Weihnachten!", wurden wir liebevoll empfangen.

Endlich hattest du dich zu einer Trennung entschlossen: Der Neue musste ausziehen. „Er muss seine Koffer packen!" Endlich verließ uns dieser Mann und mit ihm verschwand meine eklige Angst. „Ich werde auswandern", ließ er durchblicken, „ich gehe in die USA!" Zum Glück weit, weit weg und keine Gefahr mehr, dieser Bedrohung jemals wieder zu begegnen!

Das Ende half, aber das Entsetzen blieb. Die aktuelle Gefahr war gebannt, das Geschehene klebte an mir!

Du hast niemals etwas von dem Übergriff erfahren. Nicht einmal meiner Schwester gegenüber, die mit mir in einem engen Bündnis stand, habe ich mich getraut, etwas zu erzählen. Ich habe mich zu sehr geschämt.

Immerhin hatten wir dich wieder!

Endlich wieder mit dir wieder allein!

Meine Besuche ins Blindenheim setzte ich fort.

29) Rebellion und Wandlung

Strafen sind wie Belohnung

„Ich will deine Mutter sprechen!" Den Mathelehrer im Nacken, saß ich ihr nun wieder gegenüber: meiner geliebten Klassenlehrerin! Sie war es, die mir, der auffälligen Schülerin, Vertrauen entgegenbrachte. Was sollte ich ihr erzählen? Warum hatte ich mir das eingebrockt!

In meiner Not hatte ich mich durchgerungen: „Kann ich Sie nach Schulschluss sprechen?" Schuldbewusst und ehrlich berichtete ich ihr von meinen Problemen mit dem Mathelehrer.

Ich hoffte auf ihre Unterstützung. Bisher hatte ich erfahren, wie wohlgesonnen sie mir entgegenkam. Ein wild pochendes Herz stand vor dem Lehrerzimmer! „Kann ich Sie kurz sprechen?" Meine Aufregung konnte sie wohl kaum übersehen. Sie zögerte nicht lange und willigte sofort ein.

Ich wollte mich eigentlich bessern! Und nun wurde ich nachweislich beim Schummeln erwischt! Jede Aufgabe von meiner Nachbarin abgeschrieben! Ein mulmiges Gefühl! Ich druckste herum und fand keinen Anfang. Ihre ruhige Art ermutigte mich: „Nun schieß mal los!" Während ihr Blick mich prüfend traf, fuhren meine Gedanken Achterbahn: „Eigentlich wollte ich doch gar nicht so widerspenstig sein. Irgendetwas Unerklärliches in mir forderte diesen Widerstand. Warum diese Machtspiele mit dem Mathelehrer?"

„Meine Mutter darf auf keinen Fall etwas erfahren", bettelte ich kleinlaut und versuchte, mein Ziel zu erreichen. „Sie hatte es in ihrem Leben so schwer, verlor so früh ihre

Mutter und der Krieg … und zweimal verwitwet und ... und …“ Ich hoffte, meine Lehrerin zu bewegen, ihren Kollegen von der Idee abzubringen: „Bitte nicht meine Mutter in die Sache hineinziehen!” Flehende Blicke! Im Gesichtsausdruck der Klassenlehrerin spiegelten sich Abwägen und Nachdenken. Längeres Schweigen! Was würde sie tun? Hatte sie mich verstanden?

Vielleicht fand sie den Kollegen ja auch nicht so prickelnd? Würde sie mir helfen?

Nach endlosen Sekunden schlug sie vor: „Du entschuldigst dich und schreibst die Arbeit noch einmal! Ich werde mit ihm reden! Einverstanden?”

Wie konnte ich Mathearbeiten schreiben, wenn es derart im Kopf herumspukte! Ich behielt alles für mich: Es war der scheußliche Geruch! In meinen Sinnen haftete die Erinnerung: Kaum erreichte mich der Tabakgeruch des Mathelehrers, stieß ich ungewollt auf den Schock mit dem Neuen. Es war der Geruch, der mich feindlich gegen diesen Lehrer reagieren ließ. Viele Jahre später verstand ich mehr: Ich musste ihn herausfordern. Irgendwo musste ich meine Wut doch lassen!

Ermahnungen und Tadel durch diesen Lehrer wurden von mir geradezu gesucht. Ich betrachtete ihn insgesamt mit Abscheu: eine graue Erscheinung. Am schlimmsten aber war der durchdringende Tabakgeruch, der stets vor ihm wehte! Angespannt, wie er war, wollte er nichts Persönliches neben seinen Unterrichtszielen von uns Schülerinnen verstehen. Blanke Zahlen und trockene Formeln! „Das Quadrat über der Hypotenuse ist gleich der Summe der Quadrate … wie war das noch!” Ich konnte nicht zuhören, verweigerte jede Auseinandersetzung mit seinem Fach. Jede Provokation fühlte sich an wie ein Erfolg!

Ich gehörte für ihn zu Recht zu den lästigen, schusseligen Schülerinnen. Ein hoffnungsloser Fall! Wir betrachteten uns gegenseitig mit tiefem Argwohn. Ehrlich betrachtet, konnte ich ihm Ungerechtigkeiten nicht nachsagen. Er war eben nur bekannt als zerstreuter Pauker, ein Nervenbündel!

„Du hast es gewusst und bekommst deshalb ein Fünf", verhaspelte er sich zum Vergnügen seiner Schülerinnen. Er verteilte Tadel über Tadel – ohne Konsequenzen. Er kämpfte darum, in seinen Ausführungen ungestört zu sein.

Im Chemieunterricht gingen Vorführungen und Versuche oft daneben. Es herrschte Hochstimmung, wenn ihm mal wieder eine Wasserfontäne ins Gesicht schoss. Wie leicht konnte man ihn aus der Fassung bringen! Rügen und Tadel waren für mich eher Genugtuung als Strafe, besonders, wenn er die Beherrschung verlor. Sein Ausrasten hielt mich nicht etwa auf, es beflügelte mich.

Einmal hatte ich eine Stecknadel unterhalb meiner Schulbank in eine Holznaht gedrückt und klangvolle Schwingungen erzeugt. 'Ding, Ding!' Fremde Töne mitten in seinem Unterricht. Das machte ihn hellhörig und fuchsig. „Was ist das, wer stört den Unterricht?!" Ich brauchte die Nadel nur kurz anzutippen. Schon erklang dieses 'Ding, Ding', das auch meinen Mitschülerinnen die letzte Aufmerksamkeit nahm. Deutliche Unruhe breitete sich aus! Sie brachte unseren Lehrer zum Rasen und die Klasse zum Feixen.

Der Unterricht wurde unterbrochen. Der aufgebrachte Lehrer machte sich auf die Suche nach dem Ärgernis. Vor Wut rot im Gesicht angelaufen, durchkämmte er zur Gaudi der Mädchen alle Winkel im Klassenraum. Vor mir, der vermeintlich Schuldigen, baute er sich drohend auf: „ Rück sofort das Glockenspiel heraus!“, herrschte er mich an. Ich musste meinen Platz räumen, gebeugt fummelte er unter meinem Tisch herum. Es wurde brenzlig: Hoffentlich entdeckt er nicht die Ursache!, hielt ich die Luft an.

„Wo ist das Glockenspiel?” Kein Instrument zu finden! Ein entschlossener Schritt in meine Richtung. „Wo ist das Ding?” Er blieb ohne Antwort! Darauf drehte er sich brüsk ab und marschierte im Stechschritt zurück zum Pult.

„Immer bekomme ich die Schuld!”, schickte ich ihm dreist hinterher. Böse Blicke aus seiner verärgerten Miene.

Du hast das Spiel verloren! frohlockte ich innerlich. Mit dem Pausenklingeln verließ er, ohne das Übel geklärt zu haben, wütend den Klassenraum.

Also konnte ich mir kein Entgegenkommen von seiner Seite ausmalen. Jetzt musste ich die Konsequenzen befürchten. Er hatte sich ausreichend über mich geärgert. Der hat die Nase voll von mir, war mir klar, nun will er mich kleinkriegen, lässt sich nicht abhalten und drängt auf dieses Elterngespräch! Ich musste unbedingt verhindern, dass du, Mutter, etwas von meinen Frechheiten in der Schule erfahren würdest. Unausweichlich meldet sich meine Angst: „Wenn meine Kinder Sorgen machen, dann weiß ich, was ich tue ...”

Ich schlucke trocken! „Nachschreiben hatte die Klassenlehrerin gesagt”. Es gibt keine Wahl. Ihr fragender, ernster Gesichtsausdruck appelliert an meine Vernunft. „Die Hauptsache, ich halte meine Mutter aus der Sache heraus”, hörte ich meine wackelige Stimme. Ich stimmte zu und erklärte mich zum Nachschreiben der Arbeit bereit.

Zunächst musste der schwere Gang einer Entschuldigung bewältigt werden. Nach einer unruhigen Nacht stand ich am nächsten Tag mit heftigen Befürchtungen vor dem Lehrer und versuchte, den sich aufdrängenden Tabakgeruch wegzuschieben. Ich blickte an ihm vorbei und musste mich überwinden. „Es tut mir leid!” , hörte ich mich sagen.

Es war dann doch weniger heikel als gedacht. Nachdem ich mir mit zitternder Stimme noch so etwas wie „soll nicht wieder vorkommen” abgerungen hatte, nahm er meine Entschuldigung wortkarg, aber nachgiebig an. „Na, ja, immerhin hast du dich entschuldigt!” Das reichte ihm. Erleichterung bei mir! Das lief viel besser als erwartet.

Dennoch, ich musste die Auflagen akzeptieren: „Du schreibst die Arbeit nach!” Mit meiner Zustimmung war zumindest das Elterngespräch vom Tisch.

Nachschreiben! Wie eine Gefangene saß ich einen Tag später in einem muffeligen Werkraum der Schule. Ich brütete über den Aufgaben. Mit einem gefühlt schadenfrohen „Viel Erfolg” fiel die Tür hinter ihm zu. Der Mathelehrer verschwand und mit ihm sein Geruch, der Schlüssel drehte sich klirrend im Schloss herum.

Mir war ziemlich mulmig zumute! Ich saß wie in einer Falle! Vor mir das Arbeitsheft. Daneben eine blanke Logorithmentafel. Es wurde mir nicht erlaubt, meine eigene vollgekritzelte zu benutzen. Bloß keine Zeit verstreichen lassen. Ich griff nach meinem Füllfederhalter und blickte mich kurz um: rundherum verschlossene Glasschränke, bestückt mit Materialien für den Physik- und Chemieunterricht unserer Mädchen- und Jungenschule. Nur nicht ablenken lassen; ich war auf mich allein angewiesen: Jetzt hieß es konzentrieren, nachdenken, aufpassen! Nur nicht blamieren! Vor allem meine Klassenlehrerin wollte ich nicht enttäuschen! Auch deshalb hatte ich mich – wie nie zuvor – auf diese Arbeit vorbereitet.

Grummeln im Magen, als ich mich der ersten Aufgabe zuwandte. Ich kann mich an die Lösungswege der verpatzten Arbeit anlehnen!, fiel mir rechtzeitig ein. Eine hilfreiche Vorlage! „Nur achtsam mit den neuen Vorgaben umgehen!" Aufgepasst! Ich überdachte Rechenwege und Formeln, ging Schritt für Schritt an die gestellten Aufgaben. Am Ende schien es weniger schwierig als gedacht: umblättern, vergleichen, Lösungswege beachten, die richtigen Zahlen einsetzen und vor allem: nur nicht verrechnen!

Vor Ablauf der Bearbeitungszeit hörte ich den Schlüssel im Türschloss. Kommt er jetzt schon? Ich bin doch noch nicht fertig! Er war es nicht, es war der Physiklehrer der Jungenschule, der hinter mir auftauchte. „Nanu, was machst du denn hier?"

„Muss Mathe nachschreiben, hab geschummelt!", murmelte ich, ohne aufzublicken.

„Lass mich mal sehen." Er beugte sich über meine Arbeit und schon rutschte sein Finger mit einigen Bemerkungen über meine Berechnungen. Dazu gab er mir noch ein paar hilfreiche Tipps: „Rechne diese Aufgabe noch einmal nach! Hier, alles gut, mach so weiter!"

Darauf verschwand dieser gute Geist so unvermittelt, wie er gekommen war.

Kurz darauf waren alle Aufgaben geschafft! Als es klingelte, klappe ich mit Schwung mein Heft zu.

Fragende Blicke, als mein Mathelehrer im Türrahmen stand. Mit unbewegter Miene überreichte ich ihm mein Arbeitsheft und lief erleichtert in die Pause.

Meine Mitschülerinnen erwarteten mich auf dem Pausenhof und umringten mich mit Anteilnahme: „War es schlimm? Hast du es geschafft?"

Ich mochte es selbst kaum glauben: „War nicht schlimm! Alle Aufgaben geschafft!" Die Mitfühlenden konnten beruhigt werden: „Ich habe ein gutes Gefühl!"

Die überraschende Hilfestellung durch den netten Lehrer der Jungenschule erwähnte ich nicht. Ich war gerettet und mir fiel wieder einmal dein Spruch mit dem Licht ein, Mutter: „Immer, wenn du meinst, es geht nicht mehr ..."

Mein Mathelehrer wollte es nicht glauben! Er schien skeptisch zu sein, als er mir die Arbeit mit seiner Bewertung ein paar Tage später in die Hand drückte. Ich schlug zögernd das Heft auf: Tatsächlich: Ein gutes Ergebnis. „So eine Leistung habe ich nicht von dir erwartet", murmelte er mit bedeckter Miene. Für ihn war irgendetwas nicht mit rechten Dingen zugegangen. Welch ein Glück! Doch es gab keinen Grund zur Schadenfreude. Mir wurde mulmig, als ich erfuhr, dass ich mit dieser guten Zensur noch eben meine Versetzung gerettet hatte.

Das war gerade noch einmal gut gegangen!

Der Schock war beachtlich, als ich von den nachhaltigen Interventionen meiner Klassenlehrerin erfuhr. Ich bekam weiche Knie, als sie mir berichtete: „Ich habe mich auf der Klassenkonferenz bei meinen Kollegen für dich stark gemacht!" Den Ernst der Lage hatte ich zuvor nicht erkannt. Mit schlechten Noten in zwei Hauptfächern wäre ein Sitzenbleiben unausweichlich gewesen. Das zweite Problemfach war für mich Englisch. Auch in diesem Fach gab es Schwierigkeiten mit der Lehrkraft.

Mein Kopf war gerade noch aus der Schlinge gezogen worden: Ein Vermerk stand im Zeugnis: 'Falls sich die Leistungen im folgenden Halbjahr nicht wesentlich steigern, ist die Versetzung gefährdet ...' Egal, ich war versetzt! Ich erfuhr, welche Probleme in der Zeugnis-Konferenz diskutiert wurden: 'Unentschuldigt gefehlt, den Unterricht verlassen, sich ungebührlich verhalten'. „Ich konnte meine Kollegen mit Mühe überzeugen", betonte meine Lehrerin. „Ein Schulverweis wurde zumindest diskutiert."

Durch ihre Fürsprache durfte ich die nächsthöhere Klasse besuchen! Nie würde ich ihr das vergessen! Meine Retterin!

Ich wollte mir nicht ausmalen, was bei einem Schulverweis passiert wäre. Ich hätte mich nicht nach Hause getraut.

Meine Bereitschaft zur Mitarbeit in der Schule war bis dahin eng verknüpft mit der Sympathie für die jeweilige Lehrkraft. Konflikte ergaben sich zwangsläufig, sobald sich nach meinem Empfinden Ungerechtigkeiten zutrugen.

Das traf ohne Zweifel auf meine Englischlehrerin zu. Miss W.! Es war ihr auf die Stirn geschrieben: Das Lehrerdasein hatte sie aufgerieben und erschöpft. Sie rettete sich ohne jede Vorbereitung über die letzten Schulstunden. Die Ungerechtigkeit bestand in der Bevorzugung ihrer ausgemachten Lieblinge im Unterricht. Darin war sie einzigartig! Wir übrigen Schülerinnen sind Luft für sie, ärgerte ich mich. Ich gehörte zu den Missachteten! Selbst wenn ich etwas beizutragen wusste, erhielt ich keine Chance. Ich gehörte nicht zu den Auserkorenen. Selbst mit gesteigertem Eifer, energischem Fingerschnipsen, „ich weiß es! Ich, ich kann es!", wurde ich systematisch von Miss W. ignoriert. Es war zum Verzweifeln: Grad heute konnte ich die Vokabeln! Keine Beachtung! „Ich habe gelernt! Ich will meine Zensur verbessern!" Man wurde übersehen und musste nicht grundsätzlich aufmüpfig sein, um in Wut zu geraten.

Es waren Gerüchte im Umlauf, dass Eltern von meinen Mitschülerinnen hin und wieder mit kleinen Gaben nachhalfen. Ich konnte nichts dergleichen, wie Butter, Speck oder Obst, bieten. Ich hatte eben nicht die entsprechenden Eltern.

Unser Englisch-Unterricht gestaltete sich so einzigartig wie die Lehrkraft: „Schon wieder Stillbeschäftigung! Ständig Aufgaben aus dem Übungsbuch!" Jede Empörung ging ins Leere. Wir Schülerinnen weigerten uns: „Vergebliche Mühe! Wir erarbeiten Aufgaben und niemand beachtet sie!" Es spielte wirklich keine Rolle, wenn man sich anderen Dingen zuwandte. Wir lernten in diesen Stunden so gut wie nichts. Während wir uns still beschäftigten, klebte sie an ihrem Pult, blätterte in ihrer Zeitung oder zählte ihr Kleingeld.

Mit dieser Lehrerin war einfach nichts anzufangen.

Oft war Miss W. erkrankt und es fehlte eine Ersatzkraft: Dann hieß es „Freistunde!" und „macht keinen Lärm!". Wie gewohnt erhielten wir dann Aufgaben aus dem Übungsbuch. „Schriftliche Übung, Seite sowieso von ... bis

… Jeder für sich! Nicht schwatzen!" Schon wieder Stillarbeit! Wie langweilig!

„Mach du doch mal wieder den Englischunterricht!", wurde ich von meinen Mitschülerinnen aufgefordert. Theaterspielen lag mir. Ich beteiligte mich regelmäßig in der Laienspielgruppe unserer Schule. Miss W.! Diese Rolle machte mir Spaß! Man musste mich nicht lange überreden.

Schnell verwandelte ich mich: Auf den Garderobenhaken im Schulflur befanden sich die nötigen Utensilien zum Ausstaffieren. Für den größeren Leibesumfang stopfte ich mir einige Kleidungsstücke unter den Pullover. Ein paar Griffe ins Haar und Miss W. war fertig.

Nur noch das Englisch-Übungsbuch fest unter den Arm geklemmt und mit lautem Schwung die Tür aufgerissen. Ein fröhlicher Geräuschpegel schlug mir entgegen, als ich kurz in der Tür verharrte. Dann stampfte ich – den Gang von Miss W. imitierend – in den Klassenraum: „Good morning girls, stand up!"

„Good morning, Miss W.", tönte es im Chor zurück.

„Sit down, please!"

Unter allgemeiner Belustigung standen alle stramm und setzten sich auf mein Kommando. Ich wedelte mit dem 'English-Exercises' und stolzierte durch die Bankreihen. Mit ernstem Gesicht, halb-englischen Brocken und bekannten Anweisungen karikierte ich Miss W.: „Take out our books! Today you have to work exercises number one bis unendlich!"

Die ganze Klasse spielte das Theater belustigt mit.

„Silence please!" 'Stillarbeit forever"! Ich baute mich vor der Klasse auf: „Ruhe bitte, shut up! Attention please!" Ich forderte volle Aufmerksamkeit und verteilte saftige Strafarbeiten! „Nachsitzen! Nobody schwatzt!" Der Lärmpegel stieg ständig an. Ein Gejohle, als gute und schlechte Noten verteilt wurden: „Very good!" oder „Fünf, sit down!" Diese Englisch-Stunde ging unter im allseitigen Lärm. Die Lacher waren auf meiner Seite und ich konnte zumindest bei meinen Mitschülerinnen punkten.

Dieser Spaß nahm einmal ein spontanes Ende: Es wurde brenzlig, als plötzlich unsere Klassenlehrerin, Frau Dr. Lüders, in der Tür erschien. Unversehens mit ärgerlicher Miene stand sie vor mir: „Was ist hier los? Wieso macht ihr solch einen Lärm?" Der Krach war durch den Flur in den Nachbarraum gedrungen. Mir gelang es noch, die Utensilien unter meinem Pullover herauszuziehen, um mich dann mit einer Ausrede auf meinen Platz zu schleichen. „Jetzt kehrt hier augenblicklich Ruhe ein!" Damit erhielten wir eine Sonderaufgabe als Strafarbeit. Gedämpftes Stöhnen! „Jeder arbeitet für sich! Die Ausarbeitungen werden eingesammelt!", so ihre Anordnung. „Ich bin nebenan! Ich möchte den Lärm nicht noch einmal hören, sonst … !" Schon war sie wieder aus der Tür. Ich war erleichtert, als sie den Raum verließ, ohne auf weitere Klärung zu drängen.

Meine Mitschülerinnen amüsierten sich; hinter vorgehaltener Hand wurde gekichert. Was bedeutete schon die Strafarbeit? Die Klasse war auf meiner Seite.

Später, auf einer Klassenfahrt, kam Frau L. auf diese Szene zurück. Als Leiterin unserer Laienspielgruppe kannte sie meine Freude am Rollenspiel. „Ich habe gehört, du kannst euren Englisch-Unterricht nachahmen. Zeig doch mal ...!"

Mich überkamen starke Bedenken: Oh, je! Jetzt war ich in der Klemme! Was hatte sie erfahren? Ich konnte doch die Kollegin nicht lächerlich machen! Wie weit bestand Kenntnis über unseren miserablen Unterricht? Gemischte Gefühle! Schließlich ließ ich mich überreden: „Mach doch! Los, mach noch einmal Miss W.!", drängten meine Mitschülerinnen. Äußerste Konzentration war angesagt! Wie weit konnte ich gehen? Mach das, was unter den Augen einer Kollegin vertretbar erscheint, nahm ich mir vor! Die Klasse spielte bereitwillig mit und erkannte meine abgespeckte Version. Überall Grinsen in den Gesichtern! Mir war dagegen ziemlich mulmig zumute: Wie wird sie das aufnehmen? Was wird sie sagen, unsere Lehrerin?

Es gab zum Glück keine Beschwerde, im Gegenteil, „gut gespielt", kam ihre Bemerkung. Offenbar hatte sie sich amüsiert.

Immer wieder meine Klassenlehrerin! Von Anfang an hatte ich sie in mein Herz geschlossen. Im Kollegium hatte sie sich für mich stark gemacht, als die Schule mich loswerden wollte! Es war wohl der Schock des drohenden Schulverweises, der letztendlich für mich heilsam war! Durch das Vertrauen meiner Lehrerin schaffte ich eine Wende in meinem Schülerleben. Ich war ihr einiges schuldig! „Sie soll sich von jetzt ab auf mich verlassen können!", nahm ich mir fest vor.

Dankbarkeit begleitete auch unsere spätere Freundschaft.

Trotz meiner widerspenstigen Haltung war es ihr gelungen, mich zu zügeln. Sie war es, die mir vertraute, mehr vertraute, als ich es selber konnte!

Mein Wille stand fest. Es sollte vorbei sein! Ich schade mir selbst mit meinem Verhalten! Es muss aufhören! Schluss mit dem Widersinn!

Tatsächlich gelang es mir zukünftig, Regeln in der Schule besser zu achten. Ich bemühte mich um Aufmerksamkeit im Unterricht und um Mitarbeit. Es dauerte nicht lange, da wurde mein Sinneswandel im Kollegium bemerkt, ja sogar lobend erwähnt. „Wenn du nur willst, kannst du mehr!", hörte ich von Seiten der Lehrkräfte. Tatsächlich, die Notengebung zeigte zukünftig das Bild einer anderen Schülerin.

Was wäre geschehen mit der Konsequenz 'Sitzenbleiben'? Nicht zu denken an einen Schulverweis. Mutter, was wäre dann passiert?

Mit meiner Wandlung erfuhr ich eine andere Art von Beachtung: Es war mein Bemühen um bessere Leistungen, das fortan Aufmerksamkeit erzielte. „Gut gemacht! Weiter so!" Damit fühlte sich Schule gar nicht mehr so schlecht an. Gewohnter Stress konnte sich auflösen: keine gequälten Ausreden mehr: „Heft vergessen, Zeit verschlafen! Kopfschmerzen." Kein Abducken mehr im Unterricht! Hoffentlich komme ich nicht dran! Vorbei jeglicher Nervenkitzel beim Schummeln!

Meine Wandlung führte eines Tages zu einer Überraschung! Ich, die einst problematische Schülerin, erlebte etwas Unglaubliches: „Bitte in der Pause beim Direktor melden!", wurde ich aufgefordert.

„Warum? Wieso ich? Warum werde ich zum Direktor zitiert!" Sofort überfiel mich mein schlechtes Gewissen: „Was will der Direx von mir? Hat er von meiner Nachäfferei von Miss W., von meinem Rollenspiel, erfahren?" Beklommen meldete ich mich im Sekretariat und verharrte zögernd im Türrahmen. Da erhob sich der Schulleiter schwungvoll aus seinem Sessel und schritt mit bedeutungsvoller Miene um seinen Schreibtisch herum. Ich hielt die Luft an, als er mir freundlich die Hand entgegen streckte. Zögernd ergriff ich sie.

„Wir haben dich für ein kleines Stipendium vorgesehen. Herzlichen Glückwunsch, du erhältst eine einmalige Zuwendung von 400,00 DM."

Wahnsinn! Ich war wie betäubt. Das gab es doch nicht! Ungläubig starrte ich ihn an. Als er noch lachend „eine Auszeichnung für fleißige Schülerinnen" hinterher schob, dachte ich an eine Verwechslung. „Deine Klassenlehrerin hat dich vorgeschlagen."

Es gelang mir kaum, meine Tränen zurückzuhalten. Meine liebste Lehrerin, sie hatte dem Direx nichts erzählt!, schoss es mir durch den Kopf. Wenn es sie nicht gäbe! Sie tat mir so gut!

Ich flog nach Hause, um dir diese Nachricht zu überbringen. Mutter, was würdest du sagen? Wie würdest du dich freuen?" So ein Geschenk in der Vorweihnachtszeit. Gerade jetzt war das Geld so knapp.

Das würde ein schönes Fest werden!

30) Wir wollen Bildung!

Unsere Bestrebungen nach höherer Schulbildung blieben wegen deiner Weigerung zunächst auf der Strecke, Mutter. Welche Befürchtungen hattest du? Du konntest nur zeitnah denken: „Ihr macht eine Lehre! Ihr verdient eigenes Geld! Ihr müsst so bald wie möglich auf eigenen Füßen stehen!” Höhere Bildungsabschlüsse waren für uns nicht vorgesehen. Für dich sollte unsere Ausbildung überschaubar und wegen unserer finanziellen Situation nicht belastend sein. Von mir wurde erwartet, was in vielen Familien üblich war: „Von dem verdienten Geld wird zu Hause etwas abgegeben! Außerdem müsst ihr selbstständig sein, wenn mir etwas passiert!”

Ich erlebte die intensiven Auseinandersetzungen zwischen dir und meiner Schwester, die mir meine eigene Wegrichtung zeigten. Es war sinnlos, zu kämpfen! Nicht einmal ihre durchgängig guten Zeugnisse, ihr Talent im Zeichnen und Malen, konnten dich überzeugen. Ich musste mit ansehen, wie meine Schwester dich sprichwörtlich auf Knien angefleht und gebettelt hat: „Bitte, bitte, lass mich! Ich möchte gern Lehrerin und Kunsterzieherin werden! Ich möchte noch eine weiterführende Schule besuchen.” Deine Glaubenssätze waren festgefahren: „Schlag dir das aus dem Kopf! Kein längerer Schulbesuch und fertig!” Ungeachtet aller guten Leistungen wurde meine Schwester in eine Bürolehre gesteckt!

Hast du jemals nachempfunden, welche Chancen ihr damit genommen wurden? Weißt du, wie unglücklich diese Entscheidung für sie war? Ihr Traum hat sich nie erfüllt, weil sie sich deiner Sicht fügen musste.

Dazu kam noch moralischer Druck: „Du hast Rücksicht auf deine Geschwister zu nehmen! Deine Geschwister brauchen auch noch eine Ausbildung!"

Ich begriff: Ein Hochschulabschluss lag in unserer Familie außerhalb der Möglichkeiten. Gemessen an deinem Weg, Mutter, war für dich ein Abschluss über die Mittlere Reife mit anschließender Lehre genau das Richtige. Deine Ansicht, 'Mädchen brauchen kein Abitur', war allerdings nicht unüblich. Für Mädchen, so dachte man vielfach, reicht ein mittlerer Abschluss völlig aus. Wir Geschwister hatten aber andere Zielvorstellungen. Leider fehlte dafür dein Verständnis. Um uns herum sahen wir, welche Unterstützung möglich war: Eltern organisierten sportliche und musische Förderungen, nicht selten Nachhilfestunden, um den Anforderungen in der Schule zu genügen.

Unter dem Einfluss meiner Lehrerin hatte sich meine Stellung in der Schule deutlich verändert. Sogar in meinen Problemfächern gelang es mir, mich zu fügen und zu verbessern. Aber auch mein neu entstandener Wille weiterzukommen, konnte deine Meinung nicht verändern, Mutter.

Nach dem Abschluss der Realschule galt für mich die gleiche Order wie für meine Schwester. „Du machst eine Lehre!" Vom Arbeitsamt erhielt man Hinweise auf offene Lehrstellen. Ich sehe es noch heute, wie du mir diese grüne Karteikarte in die Hand drücktest: „Hier eine offene Stelle in einem Büro! Du musst dich dort bewerben und beginnst eine Lehre!" Nach einer Zusage auf meine Bewerbung sollte diese Ausbildung nun mein Weg sein!

Meine Klassenlehrerin war irritiert, als ich davon berichtete. Sie kannte meine Neigung, die sich nicht zuletzt in meiner Jahresarbeit zum Abschluss der Mittleren Reife offenbarte. Die Erfahrungen mit sehbehinderten Menschen hatten mein Interesse für Menschen mit besonderen Problemen geweckt. Meine Arbeit über das Schleswig-Holsteinische Blindenheim, insbesondere meine Begegnungen und Erfahrungen mit den Bewohnern, erhielt bei meinen Lehrkräften besondere Beachtung.

Ich wünschte mir sehr, mich beruflich in einem sozialen Bereich zu engagieren. Ich konnte mir nicht so gut vorstellen, Aktenarbeit an einem Schreibtisch zu leisten. Meine Lehrerin, die meine Ambitionen gutheißen konnte, versuchte die Lehre in einer Anwalts- und Notarpraxis noch abzuwenden.

Weißt du noch, Mutter? Meine Lehrerin versuchte sich für mich einzusetzen. Sie nahm sogar persönlich mit dir Kontakt auf. „Warum gerade eine Lehre in einem Anwaltsbüro? Ihre Tochter sollte eine Ausbildung erhalten, um gute berufliche Möglichkeiten in einem sozialen Beruf zu haben."

Ich glaubte fest, dass die Autorität meiner Lehrerin an deiner Meinung etwas ändern würde. Sie wird es schaffen! Sie wird dich überzeugen und umstimmen!, hoffte ich. Meine Erwartung erwies sich als falsch. Nein! Du hast dich nicht beeindrucken lassen.

Ebenso erging es unserem Bruder. Auch ihm wurde die Chance zu einer höheren Schulbildung von dir letztendlich verweigert. Die Volksschule sollte reichen.

Warum wolltest du uns nicht unterstützen? Wir wollten Bildung! Andere Eltern hätten sich über unsere Bestrebungen gefreut, dachte ich immer wieder.

Ich konnte deine Haltung nicht verstehen, zumal du dich über eigene verpasste Möglichkeiten beklagtest:

Aus den Gesprächsprotokollen:

„Ich kann sagen, dass ich von Anfang an eine gelehrige Schülerin war … Ich brachte gute Zeugnisse nach Hause.

Ich hatte Freude am Lernen. Für mich war es ein Ansporn, von meinem Vater gelobt zu werden. Er tat es auch. Als 1932 mein Vater starb, stand ich auf der Straße und man besorgte mir eine Haustochterstelle. Ich war 14 Jahre alt und hätte gern weiterhin die Schule besucht, aber damit war es dann leider vorbei. Später, als ich in Kiel war, konnte ich eine Ausbildung in einer Herrenschneiderei absolvieren.

Ich hatte keine Chance im Hinblick auf eine bessere Schulbildung. Ich hatte keine Eltern und kein Geld!"

Du bedauertest die kurze Schulzeit und konntest mit keiner Unterstützung rechnen, denn du hattest weder Mutter noch Vater. Dazu lag deine Schulzeit zwischen zwei Weltkriegen. Bei uns sah es anders aus! Wir hatten dich und für uns gab es die Möglichkeit des zweiten Bildungsweges.

Ich musste zwar auf dein Einverständnis verzichten, ließ mich aber grundsätzlich nicht von meinen Zielen abhalten.

Es kostete Willen und Kraft, um gegen deinen Widerstand den eigenen Weg zu gehen.

Deine Einstellung hinsichtlich der Schulsituation unseres Bruders – „er bleibt auf der Volksschule" – wollten wir ganz und gar nicht hinnehmen. Du warst immer unterwegs und wir Schwestern waren uns einig: „Der Junge kann mehr!" Wir beschlossen, es selbst in die Hand zu nehmen. Warum sollten nicht wir mit den Lehrern sprechen? Wir stellten uns vor, für unseren Bruder zumindest einen Schulwechsel zur Realschule zu organisieren. Was war zu tun? Du warst unterwegs bei deiner Schwester und wir drei hockten zusammen und diskutierten die nötigen Schritte: „Wir nehmen selbst den Kontakt zu dem Klassenlehrer auf. Wir Schwestern werden einen Schulwechsel beantragen!"

Den ersten Schritt, das Gespräch mit dem Klassenlehrer, musste die Älteste von uns wagen. Ein Termin wurde vereinbart. „Zieh den Faltenrock und die weiße Bluse an! Möglichst erwachsen musst du aussehen!" Meine Schwester sollte so 'seriös' auftreten, wie wir es uns vorstellten, um sich Gehör zu verschaffen. Gut ausstaffiert und vorbereitet, meiner Bewunderung sicher, machte sie sich auf den Weg. Voller Ungeduld drückte ich zu Hause die Daumen: „Hoffentlich haben wir Erfolg!"

Welche Erleichterung! Unsere Schwester traf auf einen verständnisvollen Klassenlehrer, dem sie ihre Argumente vortragen konnte: „Sehen Sie sich die guten Leistungen an. Unser Bruder ist auf dieser Schule unterfordert!" Der Lehrer wusste um seinen herausragenden Schüler und unsere Schwester fand schnell offene Ohren. Der Rektor musste hinzugezogen werden. „Das gab es noch nie!" Er zeigte sich nicht wenig erstaunt über den Auftritt der minderjährigen Schwester: „Alles gut und schön, wo ist denn die Mutter?" Die übliche Frage, die übliche Ausrede: „Sie ist krank, sie kann nicht kommen!" Am Ende notierte er die vorgetragenen Wünsche. Man überlegte hin und her und nach weiteren Betrachtungen sollte eine Entscheidung getroffen werden.

Schließlich wurde einer Querversetzung zur Realschule grundsätzlich zugestimmt. Nur noch wenige Formalitäten, dann sollte einem Wechsel nichts mehr im Wege stehen. Die letzte Einschränkung bestand in deiner Zustimmung, Mutter: „Vor weiteren Maßnahmen muss die Erziehungsberechtigte zustimmen!"

Kein Problem, dachten wir, so weit war ja alles geklärt. Es fehlte also nur noch deine Unterschrift! Was würdest du sagen? Hatten wir das nicht gut gemacht? Alles allein geregelt! Du würdest dich wundern!

Voller Spannung erwarteten wir deine Rückkehr.

Was war anschließend geschehen? Du hast alles verdorben! Unser Bruder blieb auf der Hauptschule! Du hast dich gegen eine Querversetzung gesperrt. Riesige Ernüchterung bei uns! Wir waren wütend auf dich! Deine Begründung, „er kann Koch werden! Er kocht doch so gern!", fanden wir lächerlich. Nur weil er Bratkartoffeln zubereiten konnte.

Mit der Meinung, „besser ein guter Volksschüler, als ein schlechter Realschüler", kehrtest du von dem Elterngespräch aus der Schule zurück. Wir waren entsetzt und haben noch heftig mit dir gestritten: „Du nimmst uns alle Chancen! Warum verhinderst du eine höhere Schulbildung?" Ohne Erfolg! Kein Einlenken! Wir resignierten mit der Gewissheit, nichts gegen deine Einstellung machen zu können. Wir gaben auf, mit dir zu streiten, weil wir deine Drohung fürchteten, die durch unser Drängen wieder einmal im Raum stand: 'Wenn meine Kinder nicht funktionieren, dann weiß ich was ich tue!'

Ich habe danach für meine Berufswünsche nicht mehr gekämpft. Unwillig begab ich mich auf meinen Weg, in die mir vorgeschriebene dreijährige Bürolehre, eine Ausbildung zur Anwalts- und Notargehilfin.

31) Plötzlich erwachsen!

Für dich ergaben sich mit einem neuen Partner andere Perspektiven. „Ich will den Schritt wagen, vielleicht gibt es für mich doch noch eine glückliche Zukunft." Insgeheim hattest du deinen Umzug geplant, um mit dem neuen Partner in eine andere Stadt zu ziehen. Du warst entschlossen, dein Ziel umzusetzen: „Ich muss doch auch noch etwas vom Leben haben."

Wir waren völlig verblüfft! Wir kannten deine Pläne nicht. Du hattest uns nicht eingeweiht. Als wir von deiner Absicht fortzugehen erfuhren, war bereits alles organisiert! Ein neuer Lebensweg sollte vor dir liegen. „Wir ziehen ganz weit weg!", verplapperte sich unser Bruder eines Tages.

„Wie, was wollt ihr?"

Ich war enttäuscht über dein Vorgehen, nicht weil ich unbedingt gewünscht hätte, mit dir zu gehen. Du hattest uns nicht eingeweiht. „Ihr seid groß genug! Oma passt auf euch auf!" Deine Ermahnung zum Abschied, die sich in den Worten erschöpfte: „Wenn ihr mit einem Kind nach Hause kommt, dann weiß ich was ich tue …!" ersetzte uns Mädchen die Aufklärung. Aber viel schlimmer war für mich: Du nimmst unseren Bruder mit!

Ich fühlte mich mit meinen 17 Jahren zwar schon sehr erwachsen, dennoch schmerzte mich die Art der Trennung. Besonders vermisste ich meinen Bruder. Hatte ich doch stets Acht auf ihn gegeben. Deinen Wunsch, dem Leben noch etwas Positives abzugewinnen, versuchte ich zu verstehen. Aber deine Heimlichkeiten und die Aussicht auf eine Trennung mit einer Entfernung von über 400 Kilometern musste ich verkraften. Bei uns waren es nicht die Kinder, es war die Mutter, die eigene Wege einschlug.

Wir Schwestern blieben mit einem Rest von Einrichtungsgegenständen in unserer Wohnung zurück. Unser Leben ging weiter mit den üblichen finanziellen Engpässen. Dich, Mutter, erwartete eine bessere Zeit: „Endlich eine glückliche Beziehung", wie du betontest, „endlich ein Ende aller finanziellen Nöte."

Du gingst zielstrebig mit festen Schritten!

Ich habe unseren Abschied nicht vergessen, eine flüchtige Umarmung mit vielen Versprechungen:

„Ich melde mich bald!

Ich schreibe dir!

Ich schicke dir Geld!"

Ich konnte nur schlucken und war ohne Antwort.

Für meinen Bruder gab es von mir ein trauriges Schulterklopfen: „Also, tschüss dann! Machs gut, mein Kleiner!"

Er ging beklommen, verunsichert und still. Mir schnitt es ins Herz. Was würde ihn erwarten? Ein neuer Vater? Eine neue Umgebung!

Er hatte ja keine Wahl und keine Vorstellung von seiner zukünftigen Situation. Sein Gesicht glühte, als er uns Schwestern aus dem Rückfenster des voll beladenen Umzugsautos zuwinkte und versuchte, seine Tränen zurückzuhalten. „Ich komme dich bald besuchen! Ich besuch dich bald!", rief ich ihm hinterher, als das Fahrzeug sich in Bewegung setzte und in meinen Augen verschwamm.

Meine Schwester und ich waren plötzlich auf uns selbst gestellt. 'Freie Bude!' Ich hatte mir Selbstständigkeit gewünscht, aber auch befürchtet. Plötzlich lag alle Verantwortung bei mir selbst. Mit deinem Auszug ergab sich ein neues Lebensgefühl. Keine Anordnungen mehr: 'Räum deinen Schrank auf! Komm nicht so spät nach Hause! Pass auf dein Geld auf!' Ein Stück Freiheit! Befreit von meiner Suche nach dir, aber auch befreit von Vorhaltungen und Strafen. Eine Zeit mit Höhenflügen begann: Meine erste Liebe, mein erster fester Freund. Ich war auch fern von deiner Skepsis, von Worten, die ich nie hören wollte: 'Dein Freund kommt aus einer 'anderen' Familie, der studiert, der lässt dich sowie laufen!'

Deinen Wertvorstellungen mochte ich schon lange nicht mehr folgen.

Plötzlich war ich erwachsen: Kommen und gehen wie und wann ich will, tun und lassen, was ich will! Aber da waren noch die Nachbarn. Viele Augen und Ohren wachten über uns hinter Türen und Gardinen.

Im Mietshaus bekamen es alle mit! Wir spürten das Getuschel und Gerede hinter unserem Rücken: „Wie kann die Mutter nur zwei junge Mädchen zurücklassen! Ohne Aufsicht." Dein Aufbruch war Gesprächsthema! Du wurdest verurteilt: „Egoismus! Ein eigenes Leben führen! Wo bleibt die Verantwortung." Man sprach von 'Aufsichtspflichtverletzung'! Wir galten mit 17 und 18 Jahren zwar noch nicht als volljährig, aber wer von den Nachbarn hatte das Recht, über dich zu urteilen?

Rundherum trafen wir auf argwöhnische Nachfragen: „Kommt ihr zurecht? Schafft ihr das alleine?" Ich versuchte dich zu verteidigen! „Sie muss doch auch noch etwas von ihrem Leben haben!" Die Nachbarn sollten uns in Ruhe lassen.

Manchen Gang durchs Treppenhaus empfand ich wie einen Spießrutenlauf. „Warum kümmern die sich nicht um ihre eigenen Probleme?"

Unserer Großmutter versuchte die Verantwortung zu übernehmen. Zuverlässig stand sie jeden Morgen bei uns in der Wohnung. In der Hand stets eine Tüte mit frischen Brötchen. „Unsere Oma macht sich Sorgen um uns!", würdigten wir ihr regelmäßiges Erscheinen.

Eines Tages verriet sie den wahren Grund ihres regelmäßigen Erscheinens: Sie schritt wortlos in unser Schlafzimmer, riss unvermittelt eine Kleiderschranktür auf und rief ins Leere: „Jungs, kommt raus!" Spätestens jetzt begriffen wir ihren wahren Beweggrund. „Ach, so sieht das aus! Deshalb kontrolliert sie uns regelmäßig!" Wir amüsierten uns. Du konntest beruhigt sein, Mutter. Keine nächtlichen Herrenbesuche! Wir wagten nicht, unsere gewonnene Freiheit zu nutzen. Wir wurden nicht nur von der gesamten Hausgemeinschaft, sondern auch von unserer Großmutter beschattet.

32) Lehrjahre sind keine Herrenjahre

Ärgernisse und ein verständnisvoller Chef

Meine Lehre in einem Anwaltsbüro war kräftezehrend bei minimaler Entlohnung. Wie lebt man mit 40,--, 60,-- und 65,-- DM und einer kleinen Halbwaisenrente im Monat? Es war schwierig für mich, über die Runden zu kommen.

„Ist es dazu notwendig, dass Lehrlinge Ungerechtigkeiten zu ertragen haben?", fragte ich dich, Mutter.

„Lehrjahre sind keine Herrenjahre!", wehrtest du jede Beschwerde ab.

Bei mir meldete sich innerer Widerstand, wie immer, wenn es um Gerechtigkeit ging. Du warst weit weg, Blitzableiter war meine Schwester: „Das lass ich mir nicht gefallen! Ich lass mich nicht derart ausnutzen!" Meine Wut musste ich schlucken, wie sollte ich mich wehren?

Dagegen sprach die füllige Macht der Bürovorsteherin: Ich habe sie mächtig, raumfüllend und muskelbepackt in Erinnerung. Mit ihren strengen Blicken erschien sie mir immer schlecht gelaunt. Kräftige Rougeflecken auf ihren Wangen und die dünnen Striche über den Augenbrauen brachten uns Lehrlinge zum Lästern. „Keine Ahnung vom Schminken! Wie sieht sie heute wieder aus!"

Sie legte Wert darauf, mit ‘Fräulein’ angesprochen zu werden, wie es zu der Zeit für unverheiratete Frauen üblich war. Kinder hatte sie nicht und Lehrlinge waren für sie ein ärgerliches Hindernis. Es gab kein Mitgefühl für unsere Bedürfnisse, dafür ausreichend Befehle und Schikanen. Ich wurde sogleich eingeschüchtert: „In diesem Jahr haben wir nicht zwei, sondern nur dich eingestellt. Halt dich ‘ran, die Arbeit muss flott erledigt werden! Denk an die Probezeit!"

Nicht selten schickte sie mich zwei Mal am Tag zum Gericht. „Hier noch eine Eilsache, die muss sofort weg!"

Oft war ich erschöpft vom Herumrennen: „Soll ich schon wieder zum Gericht laufen? Ich bin doch gerade erst zurückgekommen!" Kein Erbarmen! Meine Einwände fanden kein Gehör. „Eilsachen! Wichtige Termine! Lauf sofort los und komm schnell wieder zurück! Hier wartet die Arbeit." Für mich bedeutete dieser Auftrag über zwei Stunden Fußmarsch quer durch die Stadt, dazu kamen die Besorgungen, – treppauf, treppab – im Gerichtsgebäude, Post abgeben bei verschiedenen Banken und Versicherungen oder anderen Kanzleien usw. Ich bemühte mich so gut ich konnte. Sogar an einigen Wochenenden war ich im Büro, um die mir zugeteilten Aufgaben zu schaffen. Der Umfang meiner Arbeit erforderte festen körperlichen Einsatz. „Schon wieder Überstunden! Ich habe auch ein Recht auf meine Freizeit!", fluchte ich. Ich verlor in der Folge an Gewicht, wurde immer schmaler. „Schon wieder abgenommen! Die schafft mich!", stellte ich fest, als ich auf die Waage stieg.

Wie sollte ich mich dagegen wehren? Ich hatte niemanden, der für meine Rechte eintreten konnte. Von dir war schon wegen der der Ferne keine Hilfe zu erwarten. „Lehrjahre sind keine Herrenjahre!", wiederholtest du dich.

Ich fügte und quälte mich. Besonders das erste Lehrjahr war über alle Gebühr anstrengend. Ich war den Befehlen und Drohungen dieser mächtigen Vorgesetzten ausgeliefert. Dass sie mit sich selbst nicht im Reinen war, half mir auch nicht. Jedem Beginn ihrer Arbeitstage, jedem Stress begegnete sie mit einem kräftigen Schluck 'Frauengold'.

Wir Lehrlinge stießen uns an: „Da, sie ist genervt! Sie trinkt schon wieder!" Wir behielten sie hinter der Glasscheibe ihres Arbeitsplatzes im Auge: Nach prüfendem Blick in die Runde zog sie die Flasche aus ihrer Schreibtischschublade, setzte diese eilig an die Lippen und nahm einen kräftigen Schluck.

Mit einem heimlichen „Prost!" begleiteten wir amüsiert jeden Zug.

Mir ging es nicht so gut! Mit jedem Tag wurden die Beine schwerer und mein Magen rebellierte, wenn ich morgens ins Büro aufbrach. Als ich aufgeben wollte, „ich schmeiß die Lehre. Ich kann nicht mehr! Ich lass mir das nicht mehr gefallen!", erhielt ich überraschend Rückenstärkung. Unser Seniorchef holte mich in sein Büro: „Mein Kind, was macht die Arbeit? Wie geht es dir bei uns?"

Endlich ein Mensch, der meine Überforderung bemerkt hatte.

Wir Lehrlinge schätzten diesen älteren, freundlichen Chef. Er befasste sich eigentlich nicht mit der 'unteren Abteilung', mit den Büroangestellten und den Lehrlingen, schon gar nicht mit deren internen Personalgeschichten. Für diese Dinge war die Bürovorsteherin da. Aber künftig verbesserte sich meine Situation. Ich stand unter dem persönlichen Schutz unseres Chefs.

Sein Name war lokal bekannt. Durch viele Ehrenämter genoss er öffentliches Ansehen. Sein Vorname war Peter und Dr., aber er wurde von uns allen nur 'Peti' genannt. Anscheinend hatte er bemerkt, wie sehr ich mich um die Erledigung meiner auferlegten Aufgaben bemühte, und wie sehr mich das Ausmaß quälte. „Ich schaffe das alles nicht mehr! Ich arbeite oft viel länger als 8 Stunden am Tag! Ohne Mittagspause! Immerzu Überstunden!", durfte ich mich bei ihm beschweren.

Seine Autorität reichte für grundlegende, hilfreiche Veränderungen. Besonders bezüglich des Verhaltens der Bürovorsteherin hatte sein Eingreifen Erfolg. Sie zeigte sich künftig mit vorsichtiger Zurückhaltung. Nach der Zurechtweisung ließ sie mich mit ihren Zusatzaufträgen in Ruhe! Ihre schlechte Laune mussten jetzt andere ertragen. Ich konnte aufatmen und sah wieder Licht! Wie war dein Spruch? „Immer. wenn du glaubst. es geht nicht mehr …“ Für mich kam diese Unterstützung zur rechten Zeit: „Ich mache weiter! Meine Ausbildung ist gerettet!", schrieb ich in mein Tagebuch.

Mein Chef hatte Verständnis für meine Not. Zukünftig gab es von ihm Belohnungen. Eine Schachtel bester englischer Schokolade lag montags regelmäßig auf meinem Schreibtisch. „Für Gudrunchen", stand darauf. Alle Akten für mich waren von nun an 'Gudrunchen-Akten'! Tatsächlich gab es manchmal auch eine zusätzliche finanzielle Unterstützung: 'Für geleistete Überstunden!' Alle Gudrunchenzettel hob ich Jahrzehnte in meinem Tagebuch auf!

Offensichtlich war jede Zuwendung des Chefs der Bürovorsteherin ein Dorn im Auge. Sie zischte in meine Richtung: „Das gab es ja noch nie! Das wird ja immer schöner!" Mir war der Rücken gestärkt. Ich wedelte mit der Schokolade vor ihrer Nase herum.

„Wenn Blicke töten könnten …" Mich durchbohrten ihre Blicke, wenn der Chef mich über den Lautsprecher in sein Büro zitierte: "Gudrunchen soll hereinkommen!" Er bot mir seine Hilfe an. „Ich fahre sowieso zum Gericht.

Schreibe mir auf, was ich besorgen soll! Aber gut leserlich! Ich erledige die Aufgaben." Unerwarteter Rollentausch! Mit meinem Zettel voller Aufträge machte sich der alte Herr auf den Weg und rettete mir so manche freie Stunde. Seine Unterstützung war einmalig: Er holte die Gerichtspost, besorgte Urteilsverkündungen in unterschiedlichen Abteilungen, reichte Schriftsätze ein. Es war ihm nicht lästig, treppauf-treppab zu laufen und auch noch bei Banken und Versicherungen vorbeizufahren. Manchmal nahm er mich in seinem Auto mit zum Gericht. „Ich erwarte dich auf dem Parkplatz. Du kannst mitfahren." Sobald ich aus dem Büro kommend in seine Richtung steuerte, schwenkte er wild gestikulierend seinen Hut. Von weitem tönte es über den großen Parkplatz: „Gudrunchen, Gudrunchen! Hier bin ich, hier bin ich!" Ich blickte verlegen um mich. Einige Passanten drehten sich neugierig nach mir um.

Die Empörung über meine bevorzugte Behandlung war deutlich. Erbost griff die Bürovorsteherin zur Flasche und nahm einen kräftigen Schluck. Ich höre sie noch wettern: „Wenn ich das schon höre! Gudrunchen! Der Chef dreht durch. Das kann doch nicht wahr sein! Wo sind wir denn! Der macht tatsächlich Lehrlingsarbeit!"

Lehrlinge 'Im Ersten' hatten die Aufgabe, morgens die Post in das Büro des Chefs zu bringen. Unvergessen war für mich das tägliche Ritual. „Gudrunchen, die Post !" tönte es durch das Büro. Ich raffte den Stapel zusammen und saß vor seinem ausladenden Schreibtisch. Der Ablauf war immer gleich: Die eingegangene Post lag gestapelt vor den Augen meines Chefs. Bald waren alle Briefumschläge aufgeschlitzt und die Briefe entfaltet. Ein kurzer Blick auf den Inhalt, dann begann das Spiel mit dem ausladenden Armschwung, der sich demonstrativ bei jedem Blatt wiederholte. Jedes Schriftstück wurde mit übertriebener Geste bedacht: Abgezeichnet und abgehakt! Punkt! Mich brachte das immer wieder zum Lachen!

Mit den mir bekannten Ritualen ging es fröhlich weiter! Alle Briefe mussten für die Sozien, Sekretärinnen, Assessoren und Referendare zugeordnet und verteilt werden. In einem nahestehenden Bord befand sich der Platz, um die entsprechenden Briefbögen aufeinanderzustapeln. Ich war eingeweiht!

Sichtliche Vorfreude im Gesicht bei meinem Gegenüber. So reichte mir mein Chef mit kindlichem Vergnügen die einzelnen Bögen unter verschlüsselten Anweisungen: 'Langer Arm, kurzer Arm, rechts, links, oben unten, hinten vorne', dazu erhielt ich weitere Hinweise: 'Rot' bedeutete Eilsache. Eilsachen lagen an oberster Stelle, Kommando 'schwarz' hieß, in die untere Ablage usw. Die Aufforderungen kamen schlagartig, schneller und schneller. Ich musste blitzschnell reagieren. „Langer Arm, oben ..., kurzer Arm …, rechts …. hinten … unten … rot ... usw." Völlige Konzentration war angesagt. Meine Arme flogen in alle Richtungen, bis meine Bewegungen entgleisten. Darauf hatte er nur gewartet! Wenn ein Schriftstück an die falsche Stelle geriet, nicht oben, sondern unten, oder langer Arm für kurzer Arm usw. hielt er inne, warf sich zurück in seinen Sessel, um sich prustend den Bauch zu halten.

Ich wusste, der Chef ist auf meiner Seite. Es ging mir fortan besser in dieser Kanzlei! Nur wenn er längere Zeit abwesend war, geriet meine Sicherheit ins Wanken. „Dieses und jenes muss unbedingt noch erledigt werden! Diese Klage muss heute noch zum Gericht!"

Pech für mich! Ich rannte los!

Wir Lehrlinge hielten zusammen. Wir stärkten uns gegenseitig und wehrten uns gegen die Attacken der Bürovorsteherin. Solidarität der Unterlegenen! Erfindungsreich gelang es an manchen Tagen ihren Befehlen zu entkommen: Mit Cola und Schokolade bewaffnet verzogen wir uns auf den großflächigen Dachboden. Weil wir versprachen: „Wir sortieren die abgelegten Akten!" und wegen der steilen Bodentreppen waren wir vor Verfolgung sicher. Heimliche, unerlaubte Ruhepausen! Manchmal rächten wir uns: Wir versteckten Arbeitsmaterialien unserer Vorgesetzten: „Verdammt, wo ist mein Telefonbuch! Hat jemand meinen Kalender gesehen? Wo ist schon wieder mein Stempelkissen?", polterte unsere Vorgesetzte in unschuldig aufgesetzte Minen.

Mit dem zweiten Lehrjahr war ich von den lästigen Botengängen erlöst. Zwei Nachfolgerinnen hatten es leichter. Zukünftig teilten sich zwei Lehrlinge 'im Ersten' das Los der Rennerei. Meine Tätigkeit im zweiten Lehrjahr erfolgte überwiegend an der Schreibmaschine.

Ich überlegte, wie ich unserem Chef für meine Rückendeckung danken könnte? „Er hält einen Vortrag im Rahmen seiner Ehrenämter", kam mir zu Ohren. Ich war die einzige Mitarbeiterin aus der Kanzlei, die die Feierstunde zum Volkstrauertag besuchte. In dem mit Blumen geschmückten Saal wurde mir ein Platz in den vorderen Reihen – zwischen kommunal bekannten Politikern – zugewiesen. Ich fühlte mich ziemlich fehl in diesem offiziellen Rahmen. Um mich herum sah ich nur ernste Gesichter, dunkle Anzüge und feierliche Krawatten!

Die erste der angekündigten Ansprachen sollte mein Chef halten. Ich war bemüht um eine angemessene Haltung und saß ziemlich verklemmt auf meinem Stuhl. Endlich erschien er. Er trat an das Mikrofon und begann seine Rede mit einer kurzen Begrüßung. Dann stockte er, er hatte mich plötzlich im Publikum entdeckt. Mitten im Satz unterbrach er seine Rede und wandte sich in meine Richtung: „Hallo Gudrunchen, wie schön dass du hier bist!" Die umsitzenden Köpfe drehten sich zu mir. Wie peinlich! Jetzt blicken alle Augen auf den Lehrling 'im Zweiten' aus dem Anwaltsbüro. Am liebsten wäre ich im Erdboden versunken! Aber es gab kein Abducken! Gestenreich winkte mein Chef mir vom Podium aus zu. Mir wurde heiß und kalt und ich erwiderte mit leichtem Nicken und rotem Kopf seinen Gruß.

In der Berufsschule erhielten wir die notwendige theoretische Ausbildung. Wir bekamen Einblick in rechtliche Grundlagen und erlernten spezielle Kenntnisse, die eine Anwalts- und Notargehilfin zu beherrschen hatte. Fleißig besuchte ich nebenher in den Abendstunden Steno- und Maschinenschreibkurse. Bald war ich in der Lage, mit Stift und Block Diktate entgegenzunehmen, Schriftsätze oder Kaufverträge zu tippen, Abrechnungen und Mahnverfahren zu fertigen. Innerlich sprachen mich die Aufgaben nicht an: Antreten zum Diktat, dann an die Schreibmaschine! Immer wieder tippen: Kaufverträge, Schriftsätze, Zahlungsbefehle und Kostenrechnungen …

Als ich meine Lage betrachtete, fühlte ich mich mit der Büroarbeit nicht gerade glücklich.

Ich wusste zwar um mein Glück mit diesem Chef, der meine schwierige Lage erleichtert hatte. Er zählte zu den Menschen, die mich entscheidend auf meinem Weg unterstützt hatten. Meine berufliche Motivation war dennoch eine andere geblieben!

33) Schlüsselerlebnisse

'Niemand kommt böse auf die Welt'

Nach meiner Einschätzung verdeutlichte ein Schlüsselerlebnis meine eigentlichen beruflichen Ambitionen.

Der Unterricht in der Berufsschule war wieder einmal ziemlich langweilig. Endlich klingelte die Schulglocke! Endlich erlöst! Jeder raffte seine Sachen zusammen, um das Schulgebäude so schnell wie möglich zu verlassen.

Auf dem Weg über den Schulhof stoppte ich. Eine ungewohnte Szene zog meine Aufmerksamkeit auf sich: Mir fiel eine Art Kindermädchen auf, das sich liebevoll um ein Kind mit erkennbar körperlicher Beeinträchtigung bemühte. Das junge Mädchen versuchte dem kleinen Jungen Schritt für Schritt den Umgang mit einem Roller zu vermitteln. Angeregt von dem stimmigen Miteinander ließ ich mich auf einer halbhohen Mauer nieder und lauschte: „Du musst keine Angst haben. Sieh, ich halte dich fest! Versuch es noch einmal! Die Hände hier, den Lenker gut festhalten …, einen Fuß auf das Brett!"

Ich war angetan von der Geduld und der sanften Anweisung in dieser Szene: „Ich zeig es dir! Gut so! Versuch es noch einmal." Zunächst sah ich noch zögernde Bewegungen und ängstliche Blicke. Mit jedem Versuch, mit jeder Ermunterung entwickelte der kleine Junge mehr Zutrauen in seine Bewegungen. Lob und Wiederholung machten ihn sicherer: „Prima! Schon fast allein geschafft! Du machst das gut so!" Das junge Mädchen hielt den Kleinen am Kragen fest. Mit Unterstützung gelang es ihm, für einige Meter das Gleichgewicht auf dem Roller zu halten. „Alleine! Ich kann das!", triumphierte er. Der Roller fiel auf die

Erde; der Kleine hüpfte ungelenk, aber strahlend auf der Stelle. Er klatschte in die Hände, um sich dann an seine Begleiterin zu schmiegen.

Mich beeindruckte dieses Miteinander tief. Welch sinnvolle Aufgabe, ein Kind zu ermutigen und zu fördern! Wie wichtig eine zuverlässige Unterstützung sein kann, hatte ich durch hilfreiche Außenstehende selbst erfahren. Mein lang gehegter Wunsch trat hier gestärkt wieder auf: Ich möchte einen anderen Beruf ergreifen und mit Menschen arbeiten, denen ich auch helfen kann. Ich hatte diesen Wunsch nie aufgegeben. Doch wie konnte ich das schaffen?

Im Laufe meiner Ausbildung erhielt ich Gelegenheit, Eindrücke zu gewinnen, die über die übliche Büroarbeit hinausgingen.

Einer der Chefs wurde in einem Jugendgerichtsverfahren als Pflichtverteidiger zugeordnet. Die entsprechenden Gerichtsakten lagen zur Einsicht auf seinem Schreibtisch. Ich vertiefte mich neugierig in die Schriftstücke:

Zwei Jugendliche waren angeklagt; sie hatten einen Mord begangen. Ich verfolgte gespannt alle Ausführungen in der dicken Akte, um mir ein genaueres Bild von den Beschuldigten zu machen:

Mich interessierte, wie es geschehen konnte, dass diese minderjährigen Jungen immer tiefer in kriminelle Handlungen – Diebstahl, Raub, Körperverletzung – verstrickt waren. Warum schreckten sie zur Vertuschung ihrer Straftaten am Ende nicht vor einem Mord zurück? Meine Aufmerksamkeit galt besonders dem sozialen Hintergrund. Unter welchen familiären Bedingungen waren diese Jungen aufgewachsen? Wie war es zur kriminellen Karriere gekommen? Zwei junge Menschen, die in der Lage waren, ein Leben auszulöschen, um sich selbst vor Entdeckung zu schützen. Ich beschäftigte mich intensiv mit den psychologischen Gutachten: Welche Persönlichkeitsstrukturen wurden hier beschrieben? Welche Verwicklungen führten zu der Straftat? Welche Haltung zeigten die beiden nach der Tat? Für den Gerichtsprozess hatte man einige Tage vorgesehen.

Mein Interesse an dem Fall blieb in der Kanzlei nicht unbeachtet! Mein Chef erlaubte mir, an allen Tagen an der Verhandlung teilzunehmen. Da saßen die Täter stumm mit hängenden Köpfen und ausweichenden Blicken vor ihrem Richter. Was geht in diesen Köpfen wohl vor? Wie stehen sie selbst zu ihren Taten?, fragte ich mich.

Die Jugendlichen erhielten die Höchststrafe. Zehn Jahre Jugendstrafe! In Handschellen wurden sie abgeführt, ohne äußere Regung, als sie den Gerichtssaal verließen. Ich blickte ihnen hinterher: Wie würde sich ihr weiteres Leben wohl gestalten?

Es gab in der Kanzlei einen weiteren Strafprozess, der mich sehr berührte: Ein Mädchen in meinem Alter war angeklagt: ‘Kindsmord’, so stand es in der Akte. Eine traurige Geschichte, die grausam endete. Ich las: Nachdem es der Angeklagten gelang, ihre Umwelt zu täuschen und die Schwangerschaft zu verbergen, „ich habe stark zugenommen!“, kam es zu einer heimlichen Geburt. Die junge Mutter war allein mit ihrem Geheimnis, allein mit allen körperlichen Vorgängen. Verstrickt in Angst und Verzweiflung, kam es dazu, dass sie das Neugeborene nach der Geburt erstickte. Die Umstände, die zu dieser Tat führten, waren dramatisch, aber die junge Mutter war die Mörderin ihres eigenen Kindes.

Die Eltern der Angeklagten wandten sich mit dem Aufdecken dieser Tat von ihrer Tochter ab. „Wir haben keine Tochter mehr!" Wie einsam musste sich die Angeklagte mit ihrer Schuld fühlen? Gesellschaftlich geächtet, hatte sie den Partner, ihr Kind und ihre Familie verloren. Ich versuchte, mich in ihre Lage zu versetzen: Welche Hilfe hätte ich bei einer Schwangerschaft erwarten können?

Mich beschäftigte diese Tat sehr. Wie wäre es uns Schwestern ergangen? Wir Mädchen wurden weder in der Schule noch von dir, Mutter, aufgeklärt? Die Periode traf mich wie eine Krankheit! Ich sehe mich später mit meinem Freund in medizinischen Büchern blättern, um Informationen über unseren Körper und über Sexualität zu erlangen. Nicht auszudenken! Wie wäre es mir mit einer ungewollten Schwangerschaft ergangen? Deine Worte habe ich nicht vergessen: „Wenn ihr mit einem Kind nach Hause kommt, dann weiß ich, was ich tue …!"

Wie würde es dieser Angeklagten mit einer Verzweiflungstat und schwerer Schuld weiter ergehen? Welche Strafe, welche Chance und welche Zukunft würde auf sie warten?

Ein Assessor aus der Anwaltskanzlei wechselte auf den Posten des Direktors der Justizvollzugsanstalt in Lübeck-Lauerhof. Ich wurde hellhörig! „Darf ich dort ein Praktikum machen?", wagte ich meinen Chef um Erlaubnis zu bitten.

Wieder einmal erhielt ich von ihm hilfreiche Unterstützung! Er bemühte sich um alle Formalitäten und organisierte eine Unterkunft in einer Jugendherberge in Lübeck.

Mein Anliegen konnte sich damit erfüllen. Freude wechselte mit gespannter Erwartung: Hatte ich mich nicht zu weit vorgewagt? Was würde ich erleben? Auf welche Menschen würde ich treffen?

Ich tauchte ein in eine düstere, verschlossene Welt. Lange dunkle Gänge, viele Türen mit dicken Riegeln und Gucklöchern versehen. Dahinter verbargen sich geheimnisvoll die Menschen, die 'Häftlinge', Frauen mit unterschiedlichsten Lebensgeschichten. Nicht wenige der inhaftierten Frauen kamen aus dem Bereich des Rotlichtviertels in Hamburg. Sie waren nach bedrückenden Erlebnissen aus dem Milieu hierher geraten.

Jeder meiner Schritte, jeder Gang innerhalb dieser Haftanstalt wurde begleitet von einer Überwachungskamera und einer Aufseherin. Schlüssel rasselten vor und hinter mir. Immer wieder: Aufschließen – Abschließen, Aufschließen – Abschließen! Wie ein Schatten folgte ich der jeweiligen Aufsichtsperson. Ich fühlte mich mitgefangen in dieser einschüchternden Atmosphäre.

Die Frauen, die mir auf den Fluren begegneten, wirkten oft in sich versunken, leblos und blass. Die meisten blickten zu Boden oder sahen an mir vorbei. Alle trugen einheitliche, derbe graue Kleidung. Für alle inhaftierten Frauen gab es fest vorgeschriebene Regeln und einen strengen Tagesablauf.

Anspannung und Herzklopfen bei mir, wenn ich näher auf eine der Inhaftierten traf. Was sollte ich sagen? Einige Frauen verrichteten Putzaufgaben in den Fluren oder waren in der Küche beschäftigt, die sogenannten 'Kalfaktorinnen', die sich in bestimmten Bereichen des Gebäudes frei bewegen durften. Die eine oder andere Frau sprach mich freundlich an. Warum muss diese, warum jene Frau wohl hier einsitzen?, versuchte ich an den Gesichtern zu erraten. Was denken die Frauen wohl über mich?

Ich blätterte in Akten und durfte während einiger Sprechstunden der dort angestellten Psychologin hospitieren. Begangenen Taten, als auch Übertritte hausinterner Regeln, Anträge für besondere Genehmigungen oder Beschwerden über die Haftbedingungen wurden dort erörtert. Während ich die Gespräche verfolgte, erfuhr ich viel über komplizierte Familien, problematische Elternhäuser und Kindheitserlebnisse. Ich staunte über das Ausmaß von Gewalt in den Familien.

Ich wurde Zeugin von vielschichtigem Innenleben, von Leid und Not, erfuhr Trauriges und Schmerzhaftes! Einiges erinnerte mich an Szenen in meinem eigenen Leben. Ich begriff mein Glück, auf meinem Weg auf verständnisvolle Menschen gestoßen zu sein.

Gefühlsausbrüche der Trauer, Reue oder Scham berührten mich: „Ich habe das nicht gewollt! Ich werde ein neues Leben beginnen! Wenn ich ‘draußen’ bin, werde ich arbeiten! Ich hoffe, man verzeiht mir!”

In Gedanken gab ich meine guten Wünsche mit auf den Weg. Mögen alle guten Vorsätze in Erfüllung gehen! Möge die Kraft für einen Neuanfang reichen!

Im Alter von achtzehn Jahren fiel es mir nicht leicht, meine Gedanken zu ordnen und mir eine Meinung zu bilden. Mitgefühl, Unverständnis oder auch Entsetzen überwältigten mich. Mein Kopf war übervoll von den Schilderungen über Versagen, Schuld oder auch Glück in den verschiedenen Lebenslagen. Wieweit waren es die schädigenden Erfahrungen, die diese Frauen hierher gebracht hatten?, fragte ich mich. Wie schnell gerät man auf die falsche Bahn! Wieweit spielen Schicksal und Glück eine entscheidende Rolle? Wo findet man Lichtblicke, wie ich sie fand?

An einem Tag ergab sich ein Kontakt mit einer sogenannten 'Lebenslänglichen'. „Die Frau hat ihren Ehemann vergiftet", wurde ich informiert. Ich begegnete also einer Mörderin! In der Akte konnte ich es lesen: Das Opfer war ein gewalttätiger Ehemann, der seine Ehefrau über Jahre gequält und geschlagen hatte.

„Sie hat sich von ihrem Peiniger befreit!", war mein Gedanke. Diese Frau war in der Haft eine der beliebten Personen: „Problemlos, bescheiden und hilfsbereit", so wurde sie beschrieben. Eine unterdrückte Frau, die einen Mord auf sich geladen hatte, die in ihrem Dasein der Haft Menschlichkeit und Wärme ausstrahlte. Ob für sie Hoffnung auf Freiheit bestand? Ob sie auf Vergebung in ihrer Familie rechnen konnte? Das wünschte ich ihr.

Abends in der Jugendherberge versuchte ich Motive und Hintergründe zu ordnen. Ich bekam eine Ahnung davon, was es hieß, vom Wege abgekommen zu sein und den Stempel 'kriminell' zu tragen: Eingesperrt und überwacht! Eine Nummer hinter Gittern ohne Gesicht! Herausgefallen aus der Gesellschaft, aus der Familie, aus dem Alltag!

Ich konnte vieles über Menschen am Rande der Gesellschaft erfahren: Gewalt, Liebe, Hass, Reue und Verzweiflung: Niemand kommt kriminell auf die Welt!, war meine Schlussfolgerung. Ich dachte dabei auch an den Krieg und meine Herkunft: Wieweit haben die Traumata in Kriegszeiten unsere Eltern geprägt? Wie entstehen Stärken und

Schwächen, böse oder gute Seiten? Wie steht es mit Gerechtigkeit und Schuld?

Während des kurzen Aufenthaltes in der Vollzugsanstalt hatte ich meinen sozialen und politischen Horizont durch viele Informationen erweitern können. Während der Begegnungen mit den inhaftierten Frauen schwankte ich zwischen Sympathie und Ablehnung. Als wichtige Erkenntnis nahm ich mit, dass jedes Individuum mit hellen und dunklen Seiten ausgestattet sein Leben bewältigen muss. Nach den Erfahrungen in der Haftanstalt war ich umso mehr den Menschen dankbar, die es gut mit mir meinten, durch die ich Rückenstärkung erhielt. Das galt auch für meinen Chef, der mir diesen aufschlussreichen Aufenthalt ermöglichte.

Meine Wunschvorstellung nach einer weiteren Ausbildung vertiefte sich. Ich konnte mir vorstellen, mit Menschen am 'Rande der Gesellschaft' zu arbeiten. Bis dahin sollten noch einige Jahre verstreichen.

34) Aufbruch

Leben und Lernen

Meine Erinnerungen waren gefüllt mit den Belastungen der Vergangenheit. Vieles verblasste, vieles schmerzte noch Jahre danach. Meinen Weg ins Erwachsenwerden empfand ich dagegen wie ein Erwachen. Hineinwachsen in eine hellere Zeit! Alles konnte gleichzeitig sein: Kummer, Wut, Spaß und Freude! Eine erste Beziehung, die Berge versetzt! Das stärkende Gefühl einer andauernden Verbundenheit mit einem 'festen' Freund. Entdeckungen des eigenen Ichs! Erste Liebe! Hineintasten in sexuelle Erfahrungen; ein neues Lebensgefühl, das sich eröffnet und hilft, so manche innere Hürde zu überwinden.

Du warst gegangen, unseren Bruder nahmst du mit in ein anderes Bundesland. Wir Schwestern blieben zurück. Plötzlich stand ich vor eigener Verantwortung. Ich fühlte mich befreit und gleichzeitig verlassen. Finanziell musste ich mich durchschlagen. Geldmangel war mein ständiger Begleiter. Wie war das mit deinem Versprechen, Mutter? „Ich schicke dir Geld. Ich helfe dir!", das waren deine Worte zum Abschied. Ich wartete, wartete und hoffte auf den Briefträger: Vergeblich! Wieder nichts für mich dabei! Enttäuschung wechselte mit Empörung: Aus den Augen aus dem Sinn! Warum lässt du mich hängen?

Ich wollte dich nicht anbetteln: Nur nicht klein kriegen lassen! Ich schaff das alleine!, war mein Motto. Not macht bekanntlich erfinderisch! In der Nähe meiner Lehrstelle gab es einen kleinen Imbiss. „Einmal Kartoffelpüree mit Ketchup!" Diese karge Mahlzeit für 50 Pfennig bestellte ich mir jeden Tag. Sie musste reichen bei meinem Budget. Wohin mit meiner Enttäuschung? Dir ging es jetzt gut in deiner neuen Lebenssituation: ein neuer Haushalt, Reisen, du machtest den Führerschein! Ich müsste Hunger schieben, hätte ich dir gern vorgehalten, wenn es nicht den Ausgleich gäbe: Wir brutzelten Bratkartoffeln, köstlich und kostenlos, zu Hause, bei meinem Freund!

Wie bei anderen Teenagern bestand auch bei mir das Bedürfnis nach modischer Kleidung. Ich wollte dazugehören! Aber wie konnte ich in meiner finanziellen Enge mithalten?

Zum Glück hatte ich von dir gelernt, mit einer Nähmaschine umzugehen. Stoffreste waren kostengünstig! Ein einfaches Schnittmuster und schon konnten einige Lücken im Kleiderschrank gefüllt werden. Für Neuanschaffungen musste ich dagegen bitter sparen. Ein neuer Pullover hieß für einige Zeit ‘leere Kasse’. Getragene Lieblingsstücke wurden unermüdlich aufgebügelt, sorgfältig repariert, gestopft und zusammengezogen, bis das Material auseinanderfiel.

Bus und Bahn kosteten Geld und jede Trennung fiel schwer. Wenn man verliebt ist, möchte man sich nicht trennen. Viele Kilometer innerhalb der Stadt lagen zwischen uns. „Wann sehen wir uns, wann treffen wir uns?” „Wie kommst du nach Hause?” Mein Fahrrad war unbrauchbar geworden! Was tun? Gelegentliches Trampen oder Schwarzfahren! Auf die Dauer war das zu unbequem oder zu gefährlich; man sollte besser nicht erwischt werden.

Bald fanden wir eine komfortable Lösung. „Ich mach den Führerschein und kaufe mir einen Motorroller!", versprach mein Freund. Gesagt, getan! Es war das Jahr 1962, als das Geld für eine gebrauchte 'Lambretta' reichte. Diese Errungenschaft erfüllte zwar nicht unseren Traum einer flotten Vespa, die mehr hermachte, aber immerhin, wir waren mobil mit unserer 'lahmen Berta', wie wir sie nannten. Wir waren mehr als zufrieden.

Zu jeder Jahreszeit, bei jeder Witterung, stiegen wir auf das luftige Gefährt. Dann klemmte ich hinter meinem Liebsten auf dem Rücksitz und ließ mir den Wind um die Nase wehen. Welch ein erhebendes Gefühl von Freiheit!

Unvergessene Touren bei Sonnenschein führten uns an die Ostsee- oder Nordseeküste. Unser Motorroller brachte uns nicht nur von einem Wohnort zum anderen, gleichzeitig wurden Zeit und Raum gewonnen und manches Fahrgeld gespart.

Selbst ein Minirock hielt nicht davon ab, im seitlichen 'Damensitz' balancierend, den Motorroller zu nutzen. Bei empfindlichen Minusgraden wollten wir auch nicht auf unser Gefährt verzichten. „Vorsicht! Es ist eiskalt und die Straßen sind spiegelglatt!" Selbst gut gemeinte Warnungen konnten uns nicht abhalten: An einem frostigen Wintertag blieb es dann auch nicht aus: „Wer nicht hören will, muss fühlen", war deine Reaktion und die spürbare Konsequenz unseres Leichtsinns: Wir rutschten bei Glatteis aus einer Kurve, stürzten vom Motorroller und segelten mit hoher Geschwindigkeit viele Meter über den vereisten Blaubasalt. Blass und geschockt konnten wir uns wieder aufrappeln: „Du bist verletzt! Du blutest!" Glücklicherweise keine Knochenbrüche! Schmerzhafte Prellungen und großflächige Hautabschürfungen erforderten jedoch eine ärztliche Behandlung. Dicke Verbände an Armen und Beinen waren die Folge. Aber es gab auch eine gute Seite: Ich war krankgeschrieben! Ein paar Tage frei, ein paar Tage nicht in das Anwaltsbüro!

Intensiv erlebten wir die Zeit des Umbruchs in den sechziger Jahren: Protest- und Friedensbewegung! Sozialer Wertewandel im Hinblick auf Familienstrukturen, Geschlechterrollen und veränderte Lebensstile!

Zum Gefühl gelebter Freiheit gehörte die aufkommende Beat- und Rockmusik. In unterschiedlichen Stilrichtungen lebte daneben der Jazz in vielen Lokalitäten unserer Stadt. Der Eintritt in bevorzugte Clubs war frei, wenn man Beziehungen hatte. Welch ein Glück: Mein Freund gehörte zu einer dieser Bands.

Während einer Veranstaltung mit dem Titel 'Kieler Jugend tanzt', die regelmäßig in einem bekannten Kieler Veranstaltungsraum, der damaligen 'Ostseehalle' stattfand, hatte ich ihn entdeckt. 'Happy Jazz!'

In dieser Halle fanden zu anderen Veranstaltungen mehrere tausend Menschen Platz. Mitten in der Arena war ein kleines Podium errichtet, auf dem die Musiker mit ihren Instrumenten das junge Publikum in Schwung brachten. Über den Köpfen der Gruppe pendelte von der Decke an einer lockeren Strippe ein einziges Mikrofon. Für damalige Zeiten war die spärliche elektronische Ausstattung kein Nachteil: Die Tanzfläche füllte sich vom ersten bis zum letzten Ton mit ausgelassenen Jugendlichen.

Lachen und Eintauchen in unbeschwerte Stunden. Welch ein Überschwang der Gefühle! Fern von deinen Drohungen, von Ermahnungen und Verboten: „Dann weiß ich, was ich tue ...! Du bleibst zu Hause! Der Junge ist nichts für dich!" Entfesselt tanzte und schwebte ich durch die Nächte in mein selbstbestimmtes Leben!

Auch bei dir gab es ein Entkommen aus dunkler Zeit, Mutter: Du erfuhrst endlich Geborgenheit und Halt in deiner neuen Partnerschaft. Für dich erfüllte sich eine lang ersehnte Hoffnung: Unterstützung durch einen dritten Ehemann! Dein Spruch mit dem 'Licht', das doch noch 'kommt' schien sich zu erfüllen. Den nächsten Schicksalsschlag ahntest du noch nicht!

Du fühltest dich aufgehoben in deiner neuen Bindung. Dir ging es in jeder Hinsicht besser. Mit dem Wissen um deine Befindlichkeit und der räumlichen Distanz gelang es mir, meine Angst um dein Befinden zu lösen.

Meine Aufmerksamkeit durfte jetzt in eine andere Richtung gehen: „Der da! Der Bassist, der mit dem markanten Profil", stieß ich meine Freundin an. Es dauerte einige Zeit und weitere Tanzveranstaltungen, bis wir uns fanden und schließlich 'zusammen gingen', wie es damals hieß.

Ein unvergesslicher Moment, unser erstes Rendezvous! Von nun an gab es keinen Tag mehr ohne Gemeinsamkeit. Mein Freund verdiente sich sein Studium und Taschengeld mit seinem Kontrabass. Ihm ging es wie mir, auch er konnte nicht auf finanzielle Unterstützungen seines Elternhauses zurückgreifen. Auch er hatte seinen Vater im Krieg verloren. Die Musik half ihm über enge Zeiten. Gutes Geld verdiente man besonders mit der Tanzmusik. Das bedeutete: 'Tanztee' in Hotels und Restaurants, Musizieren auf

Hochzeiten und Familienfeiern. Jobben an allen Wochenendtagen.

Ich folgte meinem Freund in die bunte Musikszene, sobald meine Freizeit es erlaubte. Eine Zeit, gefüllt mit junger Liebe, Musik und Unternehmungsgeist.

Bei aller Euphorie vermisste ich meinen Bruder. Wie würde er sich fühlen mit dem neuen Mann an deiner Seite? Wie empfand er einen fremden 'Vater'? Wie kam er zurecht in dem kleinen Dorf, in seiner neuen Schule? Hatte er Freunde gefunden?

Zurück lag die Zeit, in der wir Geschwister nah beieinander aufwuchsen. Jetzt waren wir über lange Monate getrennt. Fahrgeld für ersehnte Besuche konnte ich allein nicht aufbringen.

Mit Wehmut dachte ich an die Zeit, in der wir verbunden waren: Sobald er mich sah, hörte der kleine Bruder nicht auf zu quengeln: „Mir ist soo langweilig! Mutti, was soll ich jetzt machen?" Der Schlingel wusste genau, was dann passierte! Prompt wurde ich beordert. „Komm, spiel mit deinem Bruder!" Nicht jederzeit zu meiner Freude: „Schon wieder ich?" Du, als Mutter, warst entlastet; ich, die 'große Schwester', musste mir etwas einfallen lassen. „Komm, wir bauen eine Höhle!" Es wurden Möbel gerückt und Spielflächen gestaltet. Aus Zuneigung spielte ich alle albernen Rollenspiele mit: Vater-Mutter-Kind, Schule, Kaufmannsladen oder Zugfahren. Auch auf unserem Hinterhof wurde mit 'Ticker', Verstecken oder Fußball herumgetollt, obwohl ich mit meinen schwachen Fußgelenken auf dem holprigen Kopfsteinpflaster stets gefährdet war. Mehrfach verstauchte ich mir die Knöchel! „Du schon wieder!", empfing mich der Kinderarzt, als ich angehumpelt kam. Die Konsequenz für mich war misslich: Einlagen und halbhohe Schnürstiefel, die ich hasste, weil sie so derb waren.

Auch in den weiteren Jahren bildeten wir zwei ein Team: Ende der fünfziger Jahre, unsere große Schwester befand sich bereits in der Lehre, blieb ich allein verantwortlich für die täglichen Pflichten im Haushalt. Jeder Schultag endete mit der Gewissheit: „Zu Hause erwarten dich jede Menge ungeliebter Aufträge: abwaschen, abtrocknen, Herd putzen, Waschbecken und Fußboden schrubben usw.!"

Die Hausarbeit gehörte für dich, Mutter, zu den selbstverständlichen Pflichten der Mädchen. Dagegen wurde dein 'Prinz', der Sohn, nie zur Hausarbeit herangezogen. Trotz seines Vorteils zeigte er sich solidarisch, was ich ihm hoch anrechnete! Regelmäßig bot er seine Hilfe an: „Ich helfe dir. Ich trockne ab, dann bist du schneller fertig!"

Du, Mutter, folgtest deinem Partner in ein besseres Leben. Uns trennten einige Hundert Kilometer. Es gab für uns damals keine Telefonverbindung. Hin und wieder kam von dir ein Brief.

Vereinzelte Besuche zu Familienfesten wie Konfirmation, Weihnachten, manchmal ein Geburtstag, wurden von uns Schwestern genutzt, um Einfluss auf unseren Bruder zu nehmen: „Mach nach dem Hauptschulabschluss weiter! Du schaffst das leicht!"

Die Erfahrung zeigte, dass von dir, Mutter, keine Vorschläge in dieser Richtung zu erwarten waren. Ganz im Gegenteil! Mit deiner Einstellung wolltest du auch unserem Bruder eine weitere Schulbildung vorenthalten. Die

Aussicht auf längere Ausbildungszeiten war für dich unakzeptabel. So wurde auch unser Bruder gegen seinen Willen in eine Lehre gesteckt. Hotelkaufmann sollte es sein! Wir Schwestern suchten mit dir die Konfrontation: „Er ist doch noch so jung! Ermögliche ihm weitere Schulbesuche! Er hat das Zeug! Lass ihn selbst entscheiden! Vergeblich! Es ging dir um deine Entlastung! Unser Streben nach weiterer Bildung hatte für dich keine Bedeutung. Deine Kinder sollten so schnell wie möglich auf eigenen Füßen stehen und Geld verdienen.

Nach drei Jahren schloss unser Bruder in einem Hotelbetrieb seine Lehre ab. Danach wollte er sich von einem höheren Schulabschluss nicht mehr abhalten lassen.

Und wie war deine Meinung, Mutter? „Geh zur Bundeswehr, wenn du beruflich weiterkommen willst!" Unser Bruder sollte sich beim Militär verpflichten: „Beim Bund kann man Abschlüsse nachholen und man bringt euch Burschen auch noch Ordnung bei!", so deine Argumente. Du hättest es besser wissen müssen! Dein Sohn hatte andere Pläne. Nach zweijähriger Grundausbildung verließ er auf eigenen Wunsch die Bundeswehr, um eigene Weichen für sein Berufsleben zu stellen. Du warst nicht erbaut und gabst die Verantwortung an uns weiter: „Wenn ihr es unbedingt wollt, dann kann er bei euch in Kiel einen weiteren Schulabschluss machen!"

Gesagt, getan! Das war ganz in unserem Sinne! Aufbruch nach Kiel! Mein Bruder kehrte zurück und zog bei unserer Großmutter ein. Wie früher war sie ohne Umschweife willens zu helfen. Bereitwillig stellte sie – wie damals nach unserer Flucht – ihr separates Zimmer in der kleinen Wohnung zur Verfügung. Chronische Rückenbeschwerden hinderten sie nicht daran, ihr Sofa als hartes Nachtquartier zu akzeptieren. Für zwei Jahre bildeten Oma und Enkel eine friedliche Wohngemeinschaft.

Zwei Jahre Schulbesuch bis zur Mittleren Reife bedeutete keine Schwierigkeit: Unser Bruder erreichte seinen Abschluss mit sehr guten Leistungen! Große Freude bei uns Geschwistern, als er sein Zeugnis präsentierte. Bei dir, Mutter, erweckten die guten Noten nicht gerade Anerkennung. Als fast schmerzlich empfand ich deine Reaktion: Im Fokus deiner Beachtung stand die Haartracht unseres Bruders: „Die langen Haare! Geh bloß zum Friseur! Was sollen die Leute denken!"

Egal, wir hörten nicht mehr auf dich! Unsere Aufmachung gehörte zum Zeitgeist: Lange Haare, übergroße, schlabbrige Pullover und Schlaghosen waren angesagt! Ausdruck des Protestes gegen überkommenes Ordnungsdenken sowie Abkehr von den biederen Strukturen unserer Elternhäuser. Der Einzug der Popkultur – die Beatles, Jimy Hendrix, Bob Dylan, Joan Baez und andere – ließ uns von einem Leben ohne Gewalt und Unterdrückung träumen.

Wir Geschwister unterstützten uns gegenseitig! Wir waren uns einig: Der Realschulabschluss unseres Bruders war der erste Streich! Nach den Leistungen ging es für ihn weiter zum Abitur! Eine heftige Auseinandersetzung mit dir blieb nicht aus, Mutter: „Es reicht! Unmöglich, noch einmal drei Jahre! Wer soll das alles bezahlen?", versuchtest du dich durchzusetzen.

Schließlich fand sich eine tragbare Möglichkeit in einem Kolleg in Frankfurt. Noch einmal Trennung für drei Jahre. Noch einmal für drei Jahre die Schulbank drücken, dann war das ersehnte Ziel erreicht. Immerhin, das erste Abitur in unserer Familie! Viel Energie und Umwege hatte es gekostet, um aus eigener Kraft vom Hauptschulabschluss zum Abitur und zum Studium zu kommen. Mein Bruder nutzte, so wie auch ich, alle Möglichkeiten des zweiten Bildungsweges.

Welch ein ergreifender Moment! Du hättest uns sehen müssen, Mutter! Beide hatten wir es geschafft! Ich erinnere mich genau: So glücklich wie lernbegierig saßen wir, Bruder und Schwester, nebeneinander im Hörsaal der Kieler Universität. Mein Herz hüpfte vor Freude! „Wir zwei in diesen erträumten Hallen!" Studium der Erziehungswissenschaften! Auf Umwegen und mit eigenem Kraftaufwand hatte es jeder für sich bis zur Universität gebracht. Wir stießen uns die Ellenbogen in die Rippen und kniffen in Arme und Beine: „Nein, es ist keine Vision! Es ist wirklich wahr!" Ich war in meinem Traum angekommen und neben mir saß mein Bruder! Ein langersehnter Wunsch hatte sich erfüllt.

35) Eine neue Familie wird Teil meines Lebens

Zwei Welten treffen aufeinander!

Meine Schwiegermutter in Danzig

Sechziger und Siebziger Jahre! Mein Leben hatte sich verändert: Familiengründung! Hoffnung auf ein Leben mit Wärme und Nähe. Ich sehe dich noch mit ernsthaften Bedenken vor mir stehen, Mutter: „Dein Freund kommt aus einer besseren Familie. Ein Student, der lässt dich sowieso laufen!" Skeptisch versuchtest du, mich von dieser Verbindung abzuhalten. Später sah das für dich ganz anders aus. Du warst geradezu angetan von jeder Unterstützung und nutzt jede Gelegenheit des Lobes: „Mein Schwiegersohn ist Anwalt! Der regelt alles!" Rechtsanwalt und Notar, das ergab für dich eine andere, hoch zu schätzende Größe.

1968, nach langjähriger Freundschaft, wurde beschlossen zu heiraten. Zur Verlobung im Jahr 1966, unserer Meinung nach 'ein alter Zopf', wurden wir von Opapa und Omama, den Großeltern meines Zukünftigen, gedrängt: „Ihr seid lange zusammen! Das Mädchen wohnt allein! Was sollen die Nachbarn denken!"

Am Tag unserer Eheschließung gab es – entgegen der Erwartung meiner Angehörigen – kein großes Fest. Wir begingen den Hochzeitstag mit der standesamtlichen Trauung im engsten Kreis, unsere Mütter und Geschwister als Trauzeugen. Nach einem festlichen Essen starteten wir in unsere Flitterwochen.

Von einer Hochzeitsfeier im größeren Stil hatten wir nach reiflicher Überlegung abgesehen: Zu unterschiedliche Welten verbanden sich mit unserer Eheschließung. „Wie sollte man mit dem Zusammentreffen sozialer und kultureller Unterschiede umgehen?" Ich erhielt bereits Einblicke in das gutbürgerliche Milieu durch Besuche in der Familie meines Verlobten. Anfangs fühlte ich mich fremd und klein. Mich beschlich das Gefühl, aus einer 'falschen Familie' zu stammen. Sollte ich meine Verwandten mit den Wertigkeiten meiner angeheirateten Familie konfrontieren? Ich empfand meine vier Tanten als liebenswert, aber einige ihrer Verhaltensweisen waren mir auch peinlich. Bei allem fehlte mir das nötige Selbstbewusstsein: Ich dachte dabei besonders an meine Großmutter, die mit ihrer ungebremsten Ruppigkeit ihre Umwelt verschrecken konnte. Sie hatte nie Bedenken, ihre eigene Sicht auf das Dasein zu verbreiten. Hinsichtlich ihrer drastischen Art befürchtete ich Missfallen in meiner neuen Familie. Wie oft hatte ich mich ob dieser Art geschämt. Mit Sicherheit würde sie mit ihrem eingewebten Plattdeutsch auch hier kein Blatt vor den Mund nehmen! An dieser Stelle fürchtete ich ihren sarkastischen Humor genauso wie ihre ‘Weisheiten’: „Ob dat wohl gut geiht mit de junge Lüd?” oder hochdeutsch: ”So ist das Leben! Erst schöpfen die Männer den Rahm ab und dann sind sie auf und davon!”

In unserer Familie kannten wir den Spaß, wenn meine Tanten, deine Schwestern, in guter Stimmung in ihren Dialekt verfielen. Sächselnd überbot man sich mit Geschichten aus der Jugendzeit. Diese fröhliche Stimmung begann bereits, wenn auch nur zwei von ihnen zusammentrafen: Man rezitierte Sprüche und Gedichte, deren speziellen Klang ich, vor allem beim Umgang mit Fremdwörtern, noch im Ohr habe. Vergnüglich wurde die ‘Lorelei’ auf sächsisch aufgesagt: oder: ‘Des Sängersch Fluch’: Es war ä mal ä Schlosse, mit vielen Dürmschen dran, drin hauste schdolz ä Gönisch, ä förschderlicher Mann ...”

Wie würde diese Art von Humor auf meine neue Familie wirken? Höhere soziale Herkunft trifft auf sächsischen Dialekt! Wie kann das zusammenkommen? Ich hatte die kulturellen Wertigkeiten in jeder der Familien erfahren und stand mit meinem Zwiespalt dazwischen! Wechselseitige Wertschätzung wäre wünschenswert, aber im Hinblick auf die Unterschiede nur schwer vorstellbar! Der sächsische Frohsinn meiner Tanten steht gegen erhabene Umgangsformen bürgerlicher Wertvorstellungen!, war ich mir sicher: Geringschätzige Blicke mit hochgezogenen Augenbrauen auf der einen Seite, oder Bewertungen wie „mein Gott, sind die eingebildet!” könnten auf der anderen Seite von meiner Großmutter geäußert werden.

Wir, als junges Paar, hielten Kontakt zu allen Seiten der Verwandtschaft. Zu meinen Tanten bestand eine herzliche Beziehung. Bei knapper Kasse futterten wir uns bei deiner Schwester Elsa durch, Mutter. Nach ihrer Flucht aus der DDR hatte sie sich eine gute Existenz in Kiel aufgebaut. Auch bei deiner immer zu Scherzen aufgelegten Schwester Gertrud in Kiel-Wellingdorf waren wir gern gesehene Gäste. Ihre Kochkünste waren verlockend und nicht spurlos an ihr vorübergegangen. Als ich noch ein kleines Mädchen war, durfte ich sie ungestraft 'Tante Trudel, dicke Nudel!' nennen. Nein, von ihr gab es keine Ohrfeige; sie hob stattdessen lachend den Zeigefinger und kitzelte mich. Dann gab es noch deine älteste Schwester Dora in der Lüneburger Heide und unsere unvergesslichen Ferienaufenthalte. Deiner Schwester Grete aus Leipzig sandten wir regelmäßig Pakete mit Lebensmitteln in die Ostzone. Wenn die DDR-Diktatur ein Visum genehmigte, durfte sie uns besuchen.

Die 'kleine Lösung' für unsere Hochzeitsfeier erschien uns nach allen Überlegungen entlastend. Wir wussten um die unterschiedlichen Umgangsformen in unseren Familien. Dennoch meldete sich bei allen Abwägungen mein Gewissen: Scham wegen meiner Familie! Ich verdrängte alle Gewissensbisse und sprach mir selbst gut zu. Schließlich hatte ich mich an die Lesart bürgerlicher Selbstverständnisse selbst erst gewöhnen müssen! Eins war mir wichtig: Niemand sollte von oben herab auf meine Verwandten blicken!

Unsere Ehe wurde geschlossen und ich hatte mich in einer Welt mit neuen Erfahrungen zu bewegen: Man trug Siegelringe, spielte Tennis und Schach, legte Patiencen, unterhielt sich über Literatur und Kunst, besuchte Konzerte und Theater. Eine veränderte Gegenwart, die ich gern aufnehmen wollte. Ich schätzte alle kulturellen Impulse, schließlich hatte ich mich nach einem anregenden Umfeld gesehnt.

Daneben irritierten mich jedoch alle Bekundungen sozialer Überlegenheit: „Wir da oben, ihr da unten!" Ich musste nachdenken über die sogenannten 'feinen Leute' und über meine Herkunft. Selbstherrliche Bewertungen stachen mir ins Herz! „Der Prolet von Gegenüber macht schon wieder Krach", war nicht zu überhören, als meine Schwiegermutter den Nachbarn meinte, der sein Akkordeonspiel mit fröhlichem Gesang begleitete. Welche Anmaßung! Warum diese Kränkungen? Von den eigenen Söhnen wurde dagegen jeder musikalische Schritt begrüßt: Ob klingender oder schräger Bogenstrich auf Bass oder Geige, man war geradezu entzückt. „Hört doch! Die Jungs! Sie musizieren so wunderbar!" Ohne Zweifel: „In höheren Kreisen macht man keinen 'Krach'. Hier wird 'musiziert'!".

Die Begegnung mit unterschiedlichen Bekundungen einer Überordnung schnürte mir die Kehle zu und forderte Widerspruch. Aber ich schwieg! Welche Worte sollte ich auch finden? Ich war mir ja selbst nie sicher. Ich hatte mir das Los meiner eigenen Familie nicht ausgesucht! Ich musste darüber nachsinnen: Über mich, über mein Dasein, meine Herkunft: „Wer bin ich?" Im Hinterkopf steckte meine belastende Kindheit. „Wo gehöre ich hin? Wie sehen die anderen mich? Passe ich in diese bürgerliche Welt?" Ich war wohl nicht die erwartete Schwiegertochter! Was konnte ich schon vorweisen: kein Abitur, kein Musikinstrument, kein Geld. Wenn ich doch wenigstens einen akzeptablen Vater gehabt hätte!

Auch in meiner angeheirateten Familie hinterließ der Krieg Spuren. Auch hier brachte er Tod und nahm allen Wohlstand. Eines konnte er jedoch nicht nehmen: Das bürgerliche Standes- und Bildungsbewusstsein. Auch wenn das Geld bei meiner Schwiegermutter, einer Witwe mit drei Kindern, kaum reichte, durfte auf eine musische Bildung nicht verzichtet werden. Jedes Kind erlernte selbstverständlich ein Musikinstrument: Die Mädchen spielten Klavier; die Jungen Geige. Ein Privatlehrer wurde engagiert. Ich erfuhr die sozialen Unterschiede: Vielleicht hätte ich auch ein Instrument erlernen können! Undenkbar! Ein derartiger Wunsch kam bei uns gar nicht erst auf! Niemand hätte Ausgaben für einen privaten Musikunterricht erwogen. In der neuen Familie gehörte der Musikunterricht zur Normalität. Ich staunte über die Beschwerden, wenn der Unterricht als lästig empfunden wurde: „Wieder nicht geübt! Keine Lust! Lieber zum Sport!"

Manieren hatte man mir zum Glück zu Hause beigebracht. Viele Umgangsformen in meiner neuen Familie nahm ich jedoch mit Verwunderung wahr! Zum Beispiel die Kommunikation auf Augenhöhe zwischen den Generationen ließ mich aufhorchen! Der allgemeine Umgangston war es, den ich nicht kannte. Man durfte Erwachsenen tatsächlich etwas entgegenhalten! „Kannst du mir einen Gefallen tun?" „Nein, kann grad nicht! Gleich oder später!" Ich hielt die Luft an! Derartiger Unwille wäre bei uns nicht durchgegangen. „Wie hättest du wohl reagiert, Mutter?" Ablehnung eines deiner Aufträge, das hätte ich nicht gewagt. Immer war da die Befürchtung, dass du es persönlich nimmst. Nur dir nicht weh tun! Deine Drohungen waren in mir mit Angst verankert: „Wenn meine Kinder nicht folgen ... dann weiß ich, was ich tue ...”

Ich gehörte nun zu dieser neuen Familie. Sie wurde Teil meines Lebens und ich bemühte mich, den richtigen Ton zu finden.

Die Großeltern verkörperten die Autorität innerhalb der Familie. Nachmittags gaben sich Opapa und Omama regelmäßig für die Dauer einer Langspielplatte dem Genuss klassischer Musik hin: „Jeder einzelne Ton ist tröstend!” Unsere Besuche hatten dieser Tradition zu folgen. Ohne Ausnahme: Wir lauschten den Kompositionen der großen Meister; schweigen und schwelgen, bis der letzte Ton verklang. Erst nach diesem musikalischen Vorspann wurden Kaffee und Kuchen serviert. Ich genoss die Musik, fürchtete jedoch fachkundige Fragen. Wie sollte ich über Komponisten, Konzerte, Dirigenten mitreden? Kommentar meines Liebsten: „Quälend langweilig! Eine Geduldsprobe! Ich starre auf den Tonarm, der sich im Schneckentempo über die Rillen bewegt und hoffe auf ein baldiges Ende.”

Er kannte dieses Stillsitzen, Mund halten und Zuhören seit früher Kindheit. Mich motivierten die warmen Klänge der klassischen Musik, zukünftig meine wenigen Kenntnisse zu erweitern. Gern wollte ich bei den Großeltern einen guten Eindruck hinterlassen! Das könnte Schubert sein, das Forellenquintett”, wagte ich beizutragen, aber nicht ohne auf die Plattenhülle geschielt zu haben.

Manchmal erzählte die Großmutter aus der Zeit vor dem Krieg. Für sie waren Grundbesitz, Wohlstand und Ansehen so selbstverständlich wie ein umfassendes Dienstpersonal. Man lebte in herrschaftlichen Verhältnissen: „Ein komfortables Haus mit zahlreichen Räumen und einem eigenen Tennisplatz auf dem Anwesen", erwähnte sie beiläufig, als wir ihr von unseren sportlichen Ambitionen berichteten. Ihre Erzählungen aus der Zeit vor dem Ersten Weltkrieg führten in eine andere Welt: Umgeben von einer französischen Erzieherin wurden die Mädchen auf einer Schule für 'höhere Töchter' auf ein 'standesgemäßes Leben' vorbereitet: „Um in der Gesellschaft angemessen konversieren zu können", so die Großmutter. Allein ihr Sprachschatz, gefüllt mit französischen Begriffen, vermittelte mir Respekt vor ihrer gutbürgerlichen Herkunft.

Beeindruckt hielt ich das Foto einer jungen Dame in der Hand: So stellte sich also das Leben für meine Schwiegermutter vor dem Krieg als junges Mädchen dar! Ich staunte: Welche Eleganz in dem engen Kostüm, dazu der große, auffallende Hut und zwei Windhunde an ihrer Seite. Sie posierte auf dem Foto in selbstbewusster Haltung auf der Promenade in Danzig-Langfuhr. Bis ins hohe Alter elegant gekleidet, mit der Gewissheit höherer Abstammung, so kannte ich sie.

Bedeutung und Titel aller männlichen Vorfahren, die in der Familie väterlicher- und mütterlicherseits erwähnt wurden, machten mich befangen. Bis in weit zurückliegende Zeiten, blickte man auf akademische Titel, fast ohne Ausnahme Ärzte oder Juristen!

Eine ansehnliche Ahnengalerie mit beeindruckenden Namen!

Ganz anders meine Familie: Die Fundamente standen bereits durch den Ersten Weltkrieg auf wackeligem Boden. Jeder Einzelne kämpfte sich über Hürden auf steinigen Wegen. Du, Vater, aus einer Arbeiterfamilie stammend, meldetest dich nach deiner Ausbildung als Feinschlosser freiwillig zur Marine, um dich dann bei der Luftwaffe zum Oberfeldwebel hoch zu arbeiten. In der Zeit der Arbeitslosigkeit bot dir das Militär eine Chance zum beruflichen Weiterkommen. „Der Vater arbeitslos! Wir hatten ja nichts!", so unsere Großmutter.

Und du, Mutter, du warst die jüngste von fünf Töchtern eines Werkmeisters. Vermutlich hätten dir deine Eltern deinen Wunsch nach einer besseren Ausbildung ermöglicht, wenn sie nicht so früh verstorben wären.

Unabhängig von Herkunft und Schicht, von mehr oder weniger Bildung, im Dritten Reich folgten die meisten Deutschen mit Überzeugung und Begeisterung dem „Führer" in den Krieg. Wieso war man trotz umfassender Bildung verführbar?, fragte ich mich. Die Geschichte zeigt, dass Bildung nicht unbedingt vor nationalistischen Überzeugungen schützte.

Mich erschrecken die Bilder der Aufmärsche: Tausende von Menschen aus allen gesellschaftlichen Bereichen in höchster Begeisterung: „Wollt ihr den totalen Krieg?" Hochgereckte Arme und jubelnde Zustimmung der Massen.

Als der Krieg begann, wurden alle 'wehrfähigen' Männer eingezogen. Auch meine neue Familie war nicht von den Folgen der Kriegshandlungen verschont geblieben. Auch sie hatten Kriegstote zu beklagen, „Wie weit war man hier in das NS-Regime verstrickt gewesen?"

„Meinem Großvater wurde eine höhere Karriere als Arzt und Offizier in der NSDAP genommen, da seine Frau als Halbjüdin keine einwandfreie arische Herkunft hatte", erklärte mir mein Mann. „Vielleicht hat er sogar Glück gehabt! Eine günstige Fügung, dass er rechtzeitig entlassen wurde?" In heftigen Diskussionen um die Funktion und Gesinnung eines NS-Offiziers, als Militär- und Gefängnisarzt, hatten sich Großvater und Enkelsohn auseinandergesetzt.

Wir als Nachgeborene versuchten ein Bild von der NS-Zeit, von den Lebensumständen während der Hitler-Diktatur und nicht zuletzt der Sicht unserer Eltern und Großeltern auf dieses Unrechtssystem zu erhalten.

Wie kam es zur Machtergreifung der Nazis? Wieso zog man mit Überzeugung in den Krieg? Ich habe dich oft nach unserem Vater gefragt, Mutter. Dabei fallen mir nur deine knappen Worte ein: „Wir haben nicht geahnt, wozu die Nazis in der Lage waren! Das mit den Juden wussten wir nicht!“

Unsere Generation wollte sich nicht mit abwehrenden Antworten oder dem Schweigen zufriedengeben. Ausgiebig haben wir über den deutschen Vernichtungskrieg, über Verantwortung und Schuld diskutiert. Fragen über Fragen: „Wieso Verführung? Wieso die Begeisterung für Hitler? Zunehmender Antisemitismus, das war doch früh erkennbar! Wo beginnt das Verdrängen, wo die Verantwortung, wo die Schuld? Wie konnte sich dieses menschenverachtenden System entwickeln?" Wir wussten, dass die nationalsozialistische Vergangenheit unzählige Täter hervorgebracht hatte, die nicht automatisch an der eigenen Familie vorbeigingen.

Gleich, welche gesellschaftlichen Stellung, der verlorene Krieg forderte in jeder Familie seine Opfer. So kehrte auch in meiner neuen Familie der Vater nicht aus Russland zurück. Über die Umstände seines Todes sowie über den Ort seiner Grablegung ist nichts bekannt. Leid und Trauer um Angehörige teilten sich unsere beiden Familien: verlorene Söhne, Ehemänner und Väter, Flucht und Vertreibung, daneben der Verlust jeglichen Besitzes. Das Leben musste mit schmerzenden Wunden weitergehen!

Mein Mann (links) mit seinen Geschwistern, 1954

Die Großeltern 'Opapa und Omama' flohen aus Danzig und fanden sich glücklich in Schleswig-Holstein wieder. Man hatte die Kreisstadt Heide an der Westküste als Ziel für die Familie ausgemacht. Schwer wog die Trauer über den Verlust des jüngsten Sohnes, der noch 1945, kurz vor dem Ende des Krieges, zur Flugabwehr – 'Hitlers letztes Aufgebot' – eingezogen wurde. Ein Kind von siebzehn Jahren! Eine Gravur auf dem Grabstein der Familie in Kiel erinnert bis heute an diesen sinnlosen Tod.

Meine Schwiegermutter hatte es mit ihren drei kleinen Kindern über Österreich und dortiger Ausweisung nach Heide geschafft. Ihre jüngere Schwester, noch ledig, war ebenfalls dazugestoßen. Ihr älterer Bruder traf mit seiner Frau und zwei kleinen Töchtern als Letzter in Heide ein, um dann eilig – aus Angst vor einer russischen Besetzung – nach Amerika auszuwandern. Gemeinsam lebte man zunächst auf engstem Raum; dann fand die Familie in einem Einfamilienhaus eine wohnliche Unterkunft. Später bevorzugte man wegen der Schulsituation als Wohnort die Landeshauptstadt Kiel. Dort verbrachten die Großeltern ihren Lebensabend in einem vergleichsweise bescheidenen Domizil. Eine Dreizimmerwohnung reichte. Sie wirkten zufrieden! Man hatte überlebt!

„Meine Familie war so weit wieder vereint. Die Ungewissheit über den Verbleib meines Vaters, überschattete jedoch jede Erleichterung", erinnert sich mein Mann. „Gespannt hockte ich mit meinen Angehörigen vor dem Radio und lauschte den Ansagen. Der Sprecher nannte die Namen von Spätheimkehrern in alphabetischer Reihenfolge. Wird unser Vater dieses Mal dabei sein? Die Spannung stieg vom Buchstaben A bis K und endete in wiederkehrender Enttäuschung. Die Bekanntgabe der Rückkehrer im Rundfunk hielt die Hoffnung hoch, der vermisste Vater würde vielleicht doch noch kommen." Lange hielt sich die Wunschvorstellung einer Rückkehr in seiner kindlichen Fantasie. „Das ist er bestimmt, mein Vater!", wollte er als kleiner Junge damals glauben, als ein freundlich wirkender Mann verharrte, um ihm beim Spielen auf der Straße zuzusehen!

Prägende Kriegsfolgen gab es in jeder unserer Familien.

Darüber hinaus umgaben mich die zwei Welten, die Teil meiner Lebenserfahrung wurden. „Wo bin ich im richtigen Leben?" Ich musste meine Identität zwischen ungleichen Wertigkeiten finden. Es war mir wichtig, alle bereichernden Erfahrungen aufzunehmen, aber mich kleinmütig unterordnen, das wollte ich nicht.

Vom Oberhaupt Opapa in den Arm genommen wurde ich akzeptiert mit Attributen wie: ‘tüchtig, niedlich, nett’. Diese Zuschreibung war gut gemeint, spornte meinen Ehrgeiz aber geradezu an. Ich stellte mir eine andere Rolle vor und wollte mehr sein als ‘niedlich und nett’. Ich wollte mehr Bildung. Ich war fest entschlossen, meinen Weg zu gehen und es mir und den anderen zu beweisen!

36) Wo liegt meine berufliche Zukunft?

Wir waren drei Jahre verheiratet. Große Freude, als 1971 unsere Tochter zur Welt kam. Wir fühlten uns überglücklich. Jetzt waren wir eine richtige Familie! Es fiel mir nicht schwer, meine derzeitige Tätigkeit in einem Versicherungsbüro abzuschließen. Ich träumte von anderen Zielen: „Welche Zukunft mag vor mir liegen? Inwieweit gibt es für mich die Chance einer geeigneten Weiterbildung?"

Vorerst sollte Muttersein meinen Tag ausfüllen.

Bis sich ein neuer Weg eröffnete, war unsere kleine Familie konventionell strukturiert. Der Ehemann und Vater unserer Tochter war eingebunden in einen herausfordernden Arbeitsalltag. Er konnte als junger Anwalt und Strafverteidiger im Kontakt mit und für einen breiten Personenkreis beruflich vieles bewirken.

Morgens verließ unser Ernährer das Haus. Mittags stand selbstverständlich das Essen auf dem Tisch. Nach seiner Mittagspause ließ er uns zurück und begab sich bis zum Abend noch einmal in seine Kanzlei.

Ich, als junge Mutter, ordnete den Haushalt. Auf meinen Schultern lag die Verantwortung für die leibliche Versorgung der Familie und für die Entwicklung unserer Tochter. Muttersein, Ehefrau, Hausfrau! Anfangs gefiel mir diese Rolle mit der Zuständigkeit für die Kleinkindphase. Der Haushalt war kein Problem. Es gab ja keine zusätzlichen beruflichen Anstrengungen. Es dauerte nicht lange, da fühlte ich mich in meiner Rolle unausgefüllt.

Um mich herum vernahm ich zunehmend heftige gesellschaftspolitische Bewegungen: Besonders die Emanzipationsbestrebungen, die Diskussionen um Chancengleichheit der Frauen, gingen nicht an mir vorbei. Dadurch angestoßen, wuchsen die Zweifel: „Alles gut und schön. Aber wie soll es für mich weitergehen?" Ich suchte nach praktikablen Möglichkeiten. „Wie geht eine Weiterbildung mit einem kleinen Kind? Welche Chancen bieten sich mir?" Überbrückende Angebote, Sprachkurse, Literaturlesungen, psychologische und sozialpolitische Literatur boten sich mir an. Abendkurse nahm ich mit Interesse wahr, vieles fand ich aufbauend und interessant. Aber die immerwährende Frage blieb nicht aus: Wo lag meine berufliche Zukunft?

Wir befanden uns in den siebziger Jahren, eine Zeit der sozialen Veränderungen und Unruhen. Mit besonderer Spannung begegnete ich den Studentenrebellionen. „Unter den Talaren Muff von Tausend Jahren!", hatte es in vielen Universitätsstädten geklungen. Demonstrationen gegen den Vietnamkrieg, gegen den persischen Schah, die fehlende Auseinandersetzung mit der NS-Zeit und verkrustete Gesellschafts- und Hochschulstrukturen prägten diese Bewegung. Gesellschaftskritische Protestaktionen der APO, zum Beispiel gegen die Notstandsgesetze sowie die Kritik an der Untätigkeit der damaligen großen Koalition ergaben reichlich Diskussionsstoff in unserem sozialen Umfeld. Auch die Auswirkungen der Radikalität der späteren RAF, die mit Gewalt und Waffen vorging, beschäftigte uns sehr.

Um mich herum las man zeitkritische Autoren wie Adorno, Marx, Fromm und andere. Ich beneidete die Studierenden, die sich die entsprechende Literatur wie eine Bibel unter den Arm klemmten. Ich wollte mitreden können, ich wollte verstehen, was unsere Generation bewegte.

Der Begriff „Frustration" tauchte auf und beschrieb meine eigene Situation.

Als Autodidaktin fühlte ich mich von so manchen Theorien gleichzeitig angezogen wie überfordert. „Klar, ohne ein Studium habe ich Schwierigkeiten mit so manchem Text", signalisierte mein Bewusstsein. Wissbegierig verfolgte ich jede Diskussionsrunde in unserem Freundeskreis. Wenn es um die Frauenbewegung, die aktuellen Bestrebungen nach besserer Ausbildung und nach gleichberechtigter Teilhabe auf dem Arbeitsmarkt ging, trafen die Gespräche meine Bedürfnisse. Bücher wie 'Das andere Geschlecht' von Simone de Beauvoir beeindruckten mich, indem sie die Mechanismen der Abhängigkeit von Frauen zeigte. „Emanzipation von Herd und Hausarbeit!", freute ich mich.

Die Frauenbewegung in all ihren Facetten regte an und hinterließ ihre Spuren: „Ich will mich neu orientieren? Es ist nicht zu spät! Welche Bildungswege, welche Chancen gibt es für mich?"

Meinem Nachholbedarf stand die Bildungsreform der damals regierenden SPD unter Willy Brandt zur Seite. Der sogenannte 'Zweite Bildungsweg' eröffnete mir die Möglichkeit, nach dreijähriger Lehre plus Berufserfahrung eine Fachhochschule zu besuchen. Als ich von diesem Weg erfuhr, gab es kein Halten mehr! Studium der Sozialpädagogik mit Hauptfächern wie Pädagogik, Psychologie, Soziologie und Politik. Und kein Mathe! „Das war es!" Hatte ich doch Interesse an psychologischen Theorien und versucht, soziologische und philosophische Texte zu verstehen.

Gehört, getan! Glücklicherweise erhielt ich hilfreiche Unterstützung für mein Vorhaben von meinem Ehemann und meiner angeheirateten Familie: „Mach das! Weiterbildung ist immer gut!"

Ein halbes Jahr nach meiner Bewerbung war mein Traum möglich geworden. Ich hatte nicht locker gelassen und in der Verwaltung der Fachhochschule mit meinen ständigen Nachfragen genervt. Dieser direkte Weg führte damals zur Zulassung für das Sozialpädagogische Studium. Endlich eine Zusage! Jetzt war es möglich geworden! Ich wollte die Welt umarmen!

Eine Ausbildung, ganz nach meinen Vorstellungen! Du konntest meine Begeisterung nicht nachvollziehen, Mutter. „Warum noch lange studieren? Du bist doch gut verheiratet!", war dein Kommentar. Deine Vorhaltungen wegen unserer kleinen Tochter, „wer soll denn auf mein Enkelkind aufpassen!", hinterließen bei mir ein noch schlechteres Gewissen.

Aber die Zulassung bedeutete mir sehr viel! Ab sofort galt es, den Alltag streng zu organisieren! Unsere Tochter war erst ein Jahr alt. Die Kindergärten steckten in konservativen Konzepten und nahmen Kinder erst mit drei Jahren auf. Sie mussten 'trocken' sein! Mit einem verheißungsvollen Weg vor Augen besaß ich nicht die Geduld, noch zwei Jahre zu warten. Jetzt nutzte ich meine Privilegien. Wir konnten uns eine Kinderfrau leisten! Sie kam täglich während meiner Abwesenheit ins Haus.

Ich war Studentin im Wintersemester 1972. Ich saß zum ersten Mal, eingeschrieben für ein Sozialpädagogisches Studium, im Hörsaal der Fachhochschule. Eine unfassbarer Moment! Nach Lehrplan durfte ich Schwerpunkte, Inhalte und Themen auswählen, mich in entsprechende Hörsäle oder Seminarräume begeben und den Ausführungen von Lehrenden lauschen. Ich schwebte von Raum zu Raum und fühlte mich wie im Himmel! Nach eigenem Interesse wollte ich so viel wie möglich von dem angebotenen Stoff aufnehmen. Unglaublich: „Nur hinsetzen, zuhören und lernen! Lernen, was das Zeug hält!"

Die Rolle der Studentin war für mich anfangs nicht selbstverständlich: „Wie ist das alles gelaufen?" Als ich eine meiner ersten Vorlesungen, 'Die Grundlagen der Psychoanalyse', verfolgte, kam ich mir vor wie eine 'Hochstaplerin'. Wie kam ich hierher mit meiner Vorgeschichte? Wie konnte ich allen Ansprüchen für Familie und Studium genügen? Meine Angst vor zu hohen Anforderungen konnte ich bald überwinden. Meine frühere Auseinandersetzung mit einschlägiger Literatur half, Gehörtes zu verstehen!

Unsicherheit überkam mich wegen der mündlichen Beteiligung in größerem Plenum. „Wie würde ich es schaffen, mit fester Stimme zu sprechen? Wie würde ich den Mut finden, mich an Diskussionen, ohne dass die Stimme versagt , im großen Hörsaal zu beteiligen?

Ich entwickelte meine eigene Strategie. Deutlich erinnere ich mich noch heute an mein Konzept: Am Besten in einem kleinen Teilnehmerkreis mit belanglosen Fragen beginnen! Der Plan ging auf: „Kann mal jemand das Fenster öffnen?" Mit rotem Kopf und Schnappatmung vernahm ich meine Stimme im Raum und ertrug das Gewicht der Blicke. Mit kleinen Schritten wagte ich mich in meinen Äußerungen weiter. Nichts Unangenehmes passierte! Man wandte sich mir tatsächlich zu und folgte meinen Worten! So entdeckte ich meine Möglichkeiten.

Ich war eine Lernende voller Wissensdurst und durfte mich neu erfahren: Lehre und Auseinandersetzung mit Themen aus Politik, Soziologie, Pädagogik und Psychologie. Mit Elan eroberte ich die Texte, schrieb Hausarbeiten und hielt Referate. Entsprechende Klausuren und mündliche Prüfungen kosteten keine Mühe.

Sozialpolitische Theorien berührten mein Inneres, wenn es um Inhalte im Spiegel meiner eigenen sozialen Geschichte ging: Arbeiterbewegung! Schwarze Pädagogik! Schichtspezifische Sozialisation! Chancengleichheit!

Wie spannend war die Literatur mit Forschungen zum Thema Sozialisation: Bisher wusste ich nicht viel von Untersuchungen über das Thema Anlage und Umwelt. Ich verschlang die Bücher, weil die Aussagen meine eigenen Empfindungen trafen. „Herkunft muss nicht automatisch über Leistung entscheiden!" Bewegte ich mich doch zwischen diesen Polen. Aus 'etablierten Kreisen' vernahm ich: „Arbeiterkinder sind grundsätzlich weniger intelligent! Ein Beweis dafür sei doch die geringe Prozentzahl von Studierenden an der Universität!" Derartige Auffassungen lagen mir auf der Seele und feuerten meinen Ehrgeiz umso mehr an!

Meine selbst errichteten Hemmschwellen nahmen schnell ab. Wie der sprichwörtliche Schwamm sog ich jeden angebotenen Stoff ein. Mit spezifischen Inhalten gerieten auch Argumente hinsichtlich der Frauenrolle in unserer Gesellschaft und der Erziehung von Kindern in ein anderes Licht. Mit vielen theoretischen Auseinandersetzungen wurde mir der Rücken gestärkt.

Anderen Mitstudierenden ging es ähnlich wie mir. Der zweite Bildungsweg war ein Tor für weitere Entwicklungen. Vordiplom nach drei Semestern! Mit einem guten Notenschnitt durfte man fachgebunden an die Universität wechseln. Ich ignorierte alle Mahnungen aus meinem Umkreis und ließ mich nicht aufhalten. Ich wollte für mich entscheiden: „Noch einige Semester! Es geht noch weiter!"

Ich wechselte zur Universität und studierte zweigleisig, bis ich den Studiengang an der Fachhochschule abschließen konnte. Mein Plan: „Eine weitere universitäre Ausbildung gewährt gute Chancen für eine Berufswahl!"

Bei allem durfte die Familie, die Verantwortung für die kleine Tochter nicht vergessen werden. Mein schlechtes Gewissen war ein ständiger Begleiter. Die Frage, „was kommt dabei zu kurz?", drängte sich auf. Der Konflikt, zwischen der Erfüllung mütterlicher Fürsorge und der Bewältigung des notwendigen Lernstoffs, insbesondere im Prüfungsstress, musste bewältigt werden. Oft passte es nicht in den Tag, sich ausreichend miteinander zu beschäftigen, sich gegenseitig zu erzählen und zuzuhören! Eigentlich wollte ich es doch besser machen! Wie konnte ich vermeiden, dass sich hier etwas wiederholte, was ich selbst schmerzhaft vermisst hatte?

Meine Kraft und mein Ehrgeiz halfen mir, diese Anforderungen von Familie und Bildung zu bewältigen. War es das Vermächtnis meiner Kindheit, das Nachwirkungen zeigte? War es die Folge meiner Entbehrungen und Einschränkungen, die mich antrieb? Ich wollte eine Mutter mit akzeptabler Bildung sein! Ich wollte es mir und anderen beweisen!

Ein anstrengender Weg: Weiterkommen! Mehr erreichen! Dabei glaubte ich nur gut zu sein, wenn es mir von außen immer wieder bestätigt wurde. Die Suche nach Anerkennung, Fleiß und Leistung war zu einem antreibenden Impuls geworden.

Mein Ziel fest vor Augen, schaffte ich den Weg mit zwei Studiengängen, die sowohl Wunsch als auch Kraftakt wurden. Unter Einsatz aller verfügbaren Energien gelang es mir, mich in allem zu behaupten, um den erträumten Abschluss zu erreichen: Studium an zwei Hochschulen mit doppelten Anforderungen: Hausarbeiten, Referate, Klausuren und mündliche Prüfungen. Ich war beseelt von dem Ziel, alle Herausforderungen zu meistern.

Als junge Eltern befanden wir uns in den siebziger Jahren gleichzeitig im Umbruch gesellschaftspolitischer Anschauungen. Von den Erziehungspraktiken unserer Elterngeneration abgeschreckt, waren wir Konzepten einer repressionsfreien Erziehung zugetan: Wir nahmen uns vor, für unsere Tochter auch einen eigenen 'Kinderladen', wie es in Berlin geschah, zu gründen. Die Idee zur 'Entlastung, Bildung und Mitsprache von Müttern' aus der Studentenbewegung fanden wir nachahmenswert.

„Unser Kind soll partnerschaftlich aufwachsen!" Mit Gleichgesinnten hatten wir es bald in die Tat umgesetzt: Unsere Tochter besuchte unsere selbst gegründete Eltern-Kind-Gruppe nach eigenen pädagogischen Vorstellungen. Zu dem Konzept gehörte eine regelmäßige Beteiligung der Eltern an Tages- und Projektplänen, Mitarbeit in der Kindergruppe sowie Anwesenheit an wöchentlichen Elternabenden.

„Wie war das alles zu schaffen?" Ich war dankbar, mit ausreichender Motivation ausgestattet zu sein. Oft blieb nur die Nacht, um für das Studium Hausarbeiten zu schreiben oder für Prüfungen zu lernen. „Morgen Klausur! Wenn nur die kleine Tochter nicht krank wird! „Wie sehr wurde das Nervenkostüm durch ein einziges Husten aufgeschreckt. Schwierig, wenn die Planung für den nächsten Tag eine veränderte Struktur erforderte!

Noch nach Jahren blicke ich mich um: Dort die Stufen zum Haupteingang der Fachhochschule! Wie selig war ich damals, als ich sie zum ersten Mal betrat. Mit welcher Begeisterung ging ich hier als Studierende und später noch jahrelang als Lehrbeauftragte ein und aus!

Mit deiner Zustimmung konnte ich leider nicht rechnen, Mutter. Gern hätte ich meine Freude mit dir geteilt. Du hattest nie eine genaue Vorstellung von dem, was mich so antrieb und interessierte. „Nun reicht es doch! Bist du endlich fertig mit deiner Ausbildung?"

Mit der Umsetzung meiner Pläne hatte ich mich von deinen Vorstellungen weit fortbewegt, Mutter. Dein geringes Interesse machte mich traurig. Nur mit Beklemmung wagte ich, dir meine Absichten anzukündigen. „Ja, ich nehme noch ein paar Semester dazu. Ich möchte Sprachheilpädagogin werden!"

„Machen Sie eine Praxis auf, das fehlt hier in Kiel!", wurde ich zielführend von einem der Professoren beraten, dem ich für diesen Rat immer dankbar war. „Du hättest ein wenig stolz auf mich sein können, als ich endlich meine Zulassung in Händen hielt und eine eigene Praxis eröffnen konnte", Mutter. Manchmal fragte ich mich: Was hätte unser Vater wohl zu meinem Werdegang gesagt?

Die Empfehlung, eine Praxis für Sprachtherapie aufzubauen, war wie auf mich zugeschnitten! Diese Aufgabe entsprach meinen lang gehegten Wunschvorstellungen. Mein Bildungsweg wurde belohnt durch anhaltende Freude in diesem Tätigkeitsbereich. Nicht mehr am Schreibtisch sitzen! Durch ein engagiertes Team unterstützt, konnte ich mir keine schönere Aufgabe vorstellen, als mich für Menschen mit größeren und kleineren Problemen in eigener Praxis einzusetzen.

Gern hätte ich dich an meiner Freude für meinen Beruf teilhaben lassen, Mutter. Meine Versuche, dir meine Tätigkeit zu schildern, schlug fehl. Es verletzte mich immer wieder: Kaum fing ich an zu sprechen, warst du abgelenkt. Deine unterschwellige Nervosität ließ deine Gedanken stets in andere Richtungen springen!

Auch wenn ich deine Beteiligung an meinem Weg vermissen musste, positiv war deine Hilfestellung als Großmutter. Dankbar war ich über deine Unterstützung als Babysitter während einiger Prüfungs-Stresszeiten bei uns in Kiel. Als wohltuend empfand ich auch, wie warmherzig du deiner Enkelin mit Anteilnahme und Heiterkeit begegnen konntest.

37) Offenbarung

'Schreib, um dich besser zu verstehen …'

Dank meiner Heirat – das Beste was mir für meinen Weg passieren konnte – und dank des zweiten Bildungsweges hatte sich meine Lebenssituation erhellt.

Dabei war der Alltag gefüllt bis zum Rand: Aufgaben für die Familie, Kinderbetreuung, Haushalt, pädagogische Mitgestaltung in der Eltern-Kindgruppe, nicht zuletzt lesen und lernen für das Studium. Alles musste gut organisiert sein und bewältigt werden.

Der Kontakt zu meiner 'Retterin', – wie ich meine ehemalige Lehrerin sah – war bei aller Zeitnot in den Hintergrund gerückt. Meine Dankbarkeit war jedoch nicht verblasst. Was wäre aus mir wohl ohne ihre Lenkung geworden?

Sie war es, die mich immer wieder ermutigt hatte: „Nutz die Chance des zweiten Bildungsweges! Dann kommst du weiter!" Ohne ihren Zuspruch hätte ich mich wohl nicht auf diesen Weg gewagt, vielleicht sogar stolpern können. Wo wäre ich wohl hängengeblieben?

„Das Diplom an der Fachhochschule habe ich geschafft! Der Abschluss an der Universität wird noch eine Zeit beanspruchen", war mir schließlich ein Bedürfnis, zu berichten.

Welche Freude löste ich bei ihr aus: „Ich habe doch gewusst, dass etwas in dir steckt!" Nach unserem ersten Treffen bestand der gegenseitige Wunsch, den Kontakt regelmäßig aufrechtzuerhalten.

Jeden Besuch empfand ich als außerordentliches Erlebnis. Ich tauchte ein in ihre kultivierte Welt: Der schwarz glänzende Flügel in ihrem Wohnzimmer erinnerte mich an ihren anregenden Musikunterricht während der Schulzeit.

Warme Stoffe und leuchtende Grünpflanzen belebten alle Räume. Ein anziehender Ort voller Wärme und dazu die kleinen Dinge zum Wohlfühlen! Daneben fand ich Achtsamkeit und Denkanstöße, wie ich es mir immer erträumt hatte.

Eingerahmt von Büchern in vollgestopften Regalen, war es wundervoll, verwöhnt zu werden: Manch stilvolles Menü wurde zelebriert. „Heute gibt es italienische Küche!" Jedes der gesammelten Gläser, die auf den Tisch kamen, besaß eine besondere Herkunft und eine eigene Geschichte: „Dieses Glas erinnert an eine Glasbläserei in Süditalien …, dieses leuchtende Weinglas stammt aus einem kleinen Ort in Frankreich …. usw." Nach dem Dessert folgte regelmäßig die Ankündigung: „Jetzt gibt es noch einen Espresso!" Dazu belebende Gespräche und immer verging die Zeit viel zu schnell. „Komm bald wieder! Melde dich, mein Kind!"

Die vertrauten Rituale blieben noch bestehen, als Margret – körperlich sehr beeinträchtigt – schon bettlägerig war und eine Betreuerin die Aufgabe des Servierens übernahm. Allein die liebevolle Anrede „mein Kind, mein Lieb'" habe ich noch heute im Ohr.

Ungeahnt bereichernd entwickelte sich diese Freundschaft. Meine ehemals strenge Lehrerin wurde 'Margret' – eine mütterliche Freundin. Gern profitierte ich von ihrem literarischen Wissen und Vorträgen: „Hier die Besprechung zu einer Neuerscheinung! Hier ein Konzept für einen Vortrag! Möchtest du mich zu einer Veranstaltung begleiten?"

„Nichts lieber als das!" Ich fühlte mich eingebunden in ihre Freude an Literatur, Musik und Theater.

Da die körperliche Beweglichkeit mit zunehmendem Alter weiter abnahm, freute ich mich über jede Gelegenheit, meine Hilfe anbieten zu können. Als aufmerksame Begleiterin fuhr ich mit ihr zu ihren Vorträgen, daneben genossen wir gemeinsame Konzert- und Theaterbesuche.

„Schreib, um dich besser zu verstehen!" So hatte sie mich nachhaltig angestoßen, meine eigene Geschichte schreibend zu spiegeln.

Als ihre Kräfte nicht mehr reichten und sie starb, trauerte ich um eine wertvolle Verbindung, um einen Menschen, der meine Entwicklung entscheidend prägte. Zum Abschied suchte ich für meine Trauer nach Worten :

Abschied

Gedanken winden sich
In dunkler Trauerangst
Der Blick will
Aufkommende Sehnsucht
Meiden
Das Bewusstsein
Dahinter
Ein überwältigendes
Nichts!

„Hast du wieder etwas zu Papier gebracht?" Niemand hatte mich jemals danach gefragt! Umso größer war meine Freude über dieses persönliche Interesse. Gern war ich bereit, etwas von meinen Aufzeichnungen, die ich in mein

Tagebuch gekritzelt hatte, an meine mütterliche Freundin weiterzugeben.

Eines Tages war ich sogar bereit, das preiszugeben, was mündlich nicht möglich erschien. Bisher hatte ich nur gewagt, mein Geheimnis und meinen Schmerz den Blättern eines Notizbuches anzuvertrauen. „Dieses Gedicht kennst du noch nicht!" Zögernd reichte ich ihr das Gedicht. Ich hatte mich durchgerungen!

Es war wie eine Offenbarung:

Kindheit im Trauerrand

Kindliche Gefühle
Bedrängt
Schutzlos
Im Schatten
Männlicher Kreatur
Erbarmungslos!

Verachtung eingebrannt
Krallen verletzen
Innen wie Außen
Angst geballt
Jeder Aufschrei erstickt.
Signale der Not
Die niemand versteht!

Mit diesen Worten wurde mein Geheimnis nun schwarz auf weiß preisgegeben! Ein dunkler Fleck in meinem Leben geriet aus dem Verborgenen nach außen. Wie würde sie reagieren? Was würde ich erleben? Enttäuschung? Ablehnung? Beschämende Erinnerungen, die ich mit mir herum schleppte. Alle Selbstzweifel kehrten mit dieser Öffnung zurück: Würde die Wahrheit mich beschmutzen?

Würde ich mich selbst erniedrigen?

War ich nach dieser Offenbarung noch gewollt?

Über meine Ängste konnte ich nicht sprechen. Lieber wollte ich alles einem Brief anvertrauen:

„Liebe Margret,

wahrscheinlich kannst Du Dir kaum vorstellen, wie viel Überwindung mich das Weiterreichen dieser Zeilen kostet.

Dieses Bekenntnis geht nun zu Dir nach außen! Bisher gelangten die zurückliegenden Geschehnisse, nach langem, tiefem Ringen nur an meinen Therapeuten und Supervisor. Wie fühlt sich diese Offenbarung für Dich an? Wie für mich? Ich habe den Stein verrückt, der jahrelang auf meiner Seele lag und dieses Geschehen fest abdeckte.

Warum wünsche ich mir zunehmend, gerade Dir diese Zeilen anzuvertrauen?

Du warst der Mensch, der mich in Abstimmung von Autorität und Zuspruch zu lenken wusste. Ich bin mir sicher, Du hast mich vor einem Scheitern in der Schule und vor Abwegen bewahrt. Vielleicht war für Dich der wirksame Einfluss auf meinen Lebensweg nicht so sichtbar. Ich befand mich in einem schwierigen Alter, in einer bedrückenden Zeit, gefüllt von Einsamkeit, Trauer und Rebellion. In meiner Familie gab es weit mehr Probleme, als nach Außen hin erkennbar war. Es gab keine Orientierung, kaum Zuwendung, wenig Aufmerksamkeit, keinen Schutz. Es fehlten die Vorbilder! Und dann warst Du da! Meine lenkende, hilfreiche, sehr geliebte Klassenlehrerin!

Deine Hilfe war ungeheuer wertvoll, so entscheidend, ja, fast, glaube ich, lebensrettend.

Ich kannte mich in meinen Gefühlen nicht aus. Rückblickend, erst nach Jahren, gelingt es mir, Erklärungen für mein damals so widerständiges Verhalten zu geben. Heute schäme ich mich. Wenn ich doch all die um Nachsicht bitten könnte, denen ich das Leben damals schwer machte. Dazu gehört in erster Linie unser damaliger Mathelehrer. Du wirst dich an ihn erinnern. Die Art seiner Erscheinung, besonders sein Geruch entwickelte bei mir ungezügelte Ablehnung. Mit dem Geruch nach Tabak tauchten Erinnerungen an einen sexuellen Übergriff auf, der mich als Vierzehnjährige erschütterte. Dieses Geschehen hat sich eingegraben und wirkt gegen meinen eigenen Willen mit Empfindungen, die ausreichten, um den Lehrer als Angriffsziel auszumachen.

„Sie hatten es nicht verdient, lieber Herr H.", würde ich ihm sagen. „Ich habe ständig Ihren Unterricht gestört! Ich konnte es nicht lassen, Sie herauszufordern und ständig Faxen zu machen", würde ich gestehen. „Ich wollte, dass Sie wütend werden, vielleicht sogar Ihnen wehtun! Gewalterfahrungen haben mich gesteuert", würde ich versuchen zu erklären. „Mit Ihrer Erscheinung provozierten Sie dunkle Erinnerungen und verkörperten so etwas wie einen Feind, der zu bekämpfen war! So kreuzte immer wieder ein Gedanke, ein Gefühl, ein Geruch aus der Vergangenheit in mein Bewusstsein und zettelte Widerstand an. Ich bestand nur aus Protest, ohne Rücksicht darauf, etwas zu verlieren. Ich kämpfte gegen mich selbst!" So würde ich versuchen, mich zu entschuldigen.

Liebe Margret, als meine Lehrerin schenktest du mir viel Verständnis. Dein Vertrauen war auch dann gegeben, wenn Du wegen meiner auffälligen Verhaltensweisen verärgert auf 'deine schwierige Schülerin' und streng mit mir warst. Besonders in einer für mich sehr kritischen Zeit erfuhr ich durch Dich Orientierung. Damit war meine Umkehr möglich.

Meine Seele war tief verletzt! Meine Mutter hatte wieder einmal einen neuen Freund! Es war nicht die übliche Eifersucht, die mich quälte. Ich denke, dass insbesondere der tief greifende Schock durch eine körperliche Attacke zu meinem problematischen Verhalten führte. Und das ist nicht alles! Bereits als Kleinkind gab es einen Übergriff. Ich war auch damals der Willkür eines erwachsenen Mannes, dem ich vertraute, ausgeliefert. All diese Gespenster blieben bisher im Verborgenen. Scham und Selbstzweifel verhinderte, sich jemandem anzuvertrauen. Wieweit, auf welche Weise, mit wem geht das, wenn überhaupt?

Das Thema 'Missbrauch' habe ich stets gemieden. Ich bin jeglicher Diskussion aus dem Weg gegangen. Als Opfer war ich nicht in der Lage, Stellung zu beziehen. Erst während einer Zusatzausbildung nahm ich die Möglichkeit therapeutischer Unterstützung wahr.

Jetzt habe ich einmal mein Herz ausgeschüttet und hoffe, dass ich Dich mit meinen Zeilen nicht unangenehm belastet habe.

Immer und immer musste ich grübeln: Was wäre wohl geschehen, wenn du nicht meine Lehrerin gewesen wärest. Vermutlich wäre ich bereits früh in der Schule gescheitert. Der Mut für diese Offenbarung liegt in meiner Dankbarkeit.

Bei allem Übel gibt es einen positiven Aspekt: Vielleicht haben all die verstörenden Erfahrungen in meiner Kindheit mich motiviert und bewegt, ein bestimmtes Ziel anzusteuern. Für mich ergab sich ein bestimmtes Sinnbild. Ich wünschte mir, mich für die Menschen zu engagieren, die ins Wanken geraten sind.

Durfte ich doch selbst erfahren, was es bedeutet, Vertrauen durch hilfreiche Menschen zu finden, um entscheidende Weichen zu stellen. Besonders deine Lenkung, liebe Margret, gab mir die Chance, mich zu sehen, mich selbst besser zu verstehen, um mein Verhalten ändern zu können.

So musst du nun hiermit meinen Dank hinnehmen, der dich Zeit meines Lebens begleiten wird:

D a n k

Aus einer Hand
geschenktem Vertrauen
erwuchsen Flügel
für einen besseren Weg.
Heraus aus
kämpfendem Trotz
gegen eine erbärmliche Welt
erstickte Sehnsucht
zerbombte Geborgenheit
gegen Trauer
Trümmern
Tod.
Entkommen im Wunder
Lebendiger Freundschaft
Verbunden und wahr.

38) Mutter, deine Gebrochenheit

Wie viel kann ein Mensch ertragen?

Schon viele Jahre trage ich Blumen an dein Grab. „Begrabt mich bitte in eurer Nähe!" So bist du auf deinen ausdrücklichen Wunsch zu uns nach Kiel zurückgekehrt. Viele Jahre war ich auf der Suche nach dir. In wichtigen Phasen meines Lebens habe ich dich vermisst. Deine Ruhestätte bleibt für mich ein Ort stiller Erinnerungen:

Wie war dein Rückblick am Ende deines Lebens? Unsere schwierigen Jahre, wie hast du sie empfunden?

Mich bewegen viele Fragen über dein zerrüttetes Leben: Viele Schicksalsschläge haben dich ereilt! Schutzlos und immer wieder auf dich allein gestellt, warst du auf der Suche nach Geborgenheit und Halt! Du musstest dich durch die schweren Zeiten kämpfen und hattest nicht mehr genug Kraft, uns beizustehen. „War es dein Aufwachsen ohne Mutter, der frühe Tod deines Vaters? War es deine verlorene Kindheit, die es erschwerte, die Anforderungen, die das Leben an dich stellte, zu bewältigen? Wie weit holten dich die Traumata und Folgen des Krieges immer wieder ein? Wie sehr hat der Tod von drei Ehemännern deine Seele beschädigt? Fragen, die ich dir nie gestellt habe!

Ich war noch sehr jung, als mir die Last auf deinen Schultern bewusst wurde. Immer war da die Angst vor deinen Drohungen und die Vorstellung, du tust es wirklich! In meinen Albträumen stürzt du dich tatsächlich in die Tiefe und bevor du auf dem Asphalt aufschlägst schrecke ich schweißnass auf und beende diese Szene mit deiner Unversehrtheit. Ein ständiger Druck, der mich hilflos und zugleich wütend macht. Jede Auflehnung gegen deine quälenden Ankündigungen, „Dann weiß ich, was ich tue …!", manchmal auch: „Dann dreh' ich den Gashahn auf!", fällt in sich zusammen. Wenn der Druck unerträglich wird, vernehme ich eine innere Stimme, die mich herausfordert zu antworten: „Dann tu es doch endlich!" Ich zucke zusammen und mein Gewissen schlägt mich mit Schuldgefühlen! „Wir brauchen dich doch! Bitte bleib bei uns!"

Ich spüre deinen Schmerz, Mutter, der dich emotional so schwankend und unser Leben so schwierig macht. Mit dem Wissen um deine Belastung konnte ich meine Loyalität zu dir nicht abbrechen.

Schon als Kind kam ich nicht umhin, dich vor Vorwürfen und Verurteilung zu verteidigen. „Sie muss doch auch noch etwas von ihrem Leben haben!", sagte und schrieb ich mit deinen Worten. Ich verteidigte dich vor denen, die glaubten, über dich urteilen zu können. Ich verteidigte dich vor allem gegen den Klatsch im Treppenhaus; ich sprach für dich, für eine Mutter, um die ich Angst hatte, die nicht weiter belastet werden durfte.

Als du im hohen Alter gebrechlicher wurdest, trösteten mich längere Besuche bei dir. So kamen wir uns in der letzten Phase deines Lebens in Gesprächen näher und ich spürte und verstand, wie sehr wir beide Suchende waren. In diesen Momenten fühlte ich, dass wir zusammengehörten.

Nun sinniere ich vor diesem schwarz glänzenden Grabstein mit deinen eingemeißelten Initialen: Vor- und Nachname, dein Geburts- und Sterbedatum. Blanke Daten, hinter denen sich dein bewegtes Leben verbirgt. An diesem Ort wiederholt sich mein Abschied von dir in deinem Sterbezimmer. Als es zu Ende geht, flüstere, rufe, schluchze ich deinen Namen unzählige Male, bis jemand im Zimmer erscheint, der mich anspricht. Irgendeine Stimme steht im Raum! Ich erschrecke, reiße mich aus meinem Schmerz und erreiche taumelnd die Tür, um zu atmen.

Immer war es der Tod, der deine Ehen zerstörte. Du warst zwei Mal Witwe, als sich dein Leben noch einmal erhellte. Spätes Glück für dich!, glaubten wir.

„Wir hatten ein paar schöne Jahre. Kaum durfte ich eine liebevolle Beziehung erleben, bin ich schon wieder allein", hast du verzweifelt geäußert. Es war schwer zu ertragen, dass dir im Alter von etwa sechzig Jahren erneut dein Ehepartner genommen wurde. Für uns war der 'Vizevater', den wir in unser Herz geschlossen hatten, für unsere Tochter der geliebte Opa, gestorben.

Das Bild deiner Gebrochenheit war unerträglich: Gestützt von zwei Personen hob man dich zur Trauerfeier förmlich über die Stufen der Kirche in den Altarraum. Du konntest dich nicht aufrecht halten. Es fehlte die Kraft, einen Fuß vor den anderen zu setzen, um vor dem aufgebahrten Sarg Abschied zu nehmen. Ich fürchtete um deine Gesundheit, um dein weiteres Leben. Wie viel kann ein Mensch ertragen?

Das Gefühl einer Verantwortung für dich kehrte zurück.

Zum dritten Mal nimmt der Tod deinen Halt, deinen Partner!

Auch deine Schwester Elsa, die an deiner Seite war und half, die Trauer zu bewältigen, verstarb bald und hinterließ eine schmerzhafte Lücke.

Du entschiedst dich nach einigen Jahren für eine Seniorenresidenz und fandest Freude daran, in diesem Umkreis in der Verwaltung mitzuwirken. Du fandest Beachtung und engagierstest dich im Heimrat der Einrichtung. Du ließt es dir nicht nehmen, praktikable Vorschläge zur Gestaltung des Alltags einzubringen. „Ich hatte ein Wörtchen mitzureden!" Nicht ohne Stolz hast du davon berichtet. Angesichts deiner dort erworbenen Wertschätzung konntest du mir eines Tages anvertrauen: „Ich hätte auch mehr aus meinem Leben gemacht, hätte ich die Chance gehabt!"

Wie hängt das alles zusammen?, frage ich mich. Gibt es eine Vorbestimmung? Wie verhält es sich mit dem Schicksal oder Glück? Was wurde uns gegeben und genommen oder vorenthalten? Was hat uns am Ende stark gemacht?

Eines weiß ich sicher: Licht kam in dein Leben durch deine Liebe zu deinen Enkeln und Urenkeln. Du warst in der Lage, eine herzliche Verbindung zu allen zu pflegen. Mir erschien das wie eine Abbitte für meine Entbehrungen. Unsere kleine Familie fand in dir eine liebevolle Groß- und Urgroßmutter. Übergroße Freude über jeden Kontakt war dir stets ins Gesicht geschrieben.

39) Recherchen

Ich komme dir näher, Vater!

Vielleicht war es deine Befindlichkeit, Mutter, die Angst um dich, die die Aufmerksamkeit für unseren Vater erschwerte. Drei Väter blieben in meinem Gedächtnis. Dabei bestand auch die Skepsis gegenüber unserem leiblichen Vater, die den Äußerungen in seinen Briefen geschuldet war.

Erst Jahre später begann ich mir die Mühe zu machen, mehr Klarheit über die Person unseres Vaters zu erlangen. In der Familie erzählte man: „Euer Vater war ein engagierter Handballspieler." Bereits vor 1939, also noch vor dem Krieg, soll er als aktiver Sportler für einen bekannten Kieler Sportverein angetreten sein. Es handelt sich um denselben Verein, in dem auch wir von klein auf Sport betrieben.

In der Gaststätte unseres Vereinsheimes traf sich regelmäßig eine Gruppe von Mitgliedern älteren Jahrgangs, Augenzeugen des Krieges, die zur Handballsparte gehörten. Trotz ihres fortgeschrittenen Alters fanden sich die ehemaligen Handballer hier noch regelmäßig auf ein Glas Bier zusammen.

Welche Chance, die betagten Herren zu befragen! Vielleicht könnte ich etwas über meinen Vater erfahren? Ich hatte mir verschiedene Fragen zurechtgelegt, benötigte aber einige Überwindung, um auf die Gruppe zuzugehen. Ich schwankte: Was würde ich hören? Sollte sich tatsächlich jemand erinnern? In welche Richtung würde sich mein Bild von unserem Vater verändern?

Eines Tages überwand ich meine Scheu: „Ich bin die Tochter von ...Mein Vater hat hier früher Handball gespielt … Vielleicht haben Sie ihn gekannt …" Zögernde Fragen trafen auf offene Gesichter. Sogleich ließen sich die Herren von ihren Bieren ablenken und richteten ihre Gedanken auf die angesprochene Vergangenheit. „Ja, früher, das waren andere Zeiten!" Man konnte sich offensichtlich gut erinnern: „Emil Kurt Leisenberg! Natürlich! Er war älter als wir, deswegen bestand kein enger Kontakt! Aber im Verein kannte man ihn! Er wurde Kurt genannt! Er hat gut Handball gespielt und die Jugendgruppe geführt!"

Meine Aufregung stieg! In der Tat, die Erinnerung an ihn war hier lebendig geblieben! Jetzt erfuhr ich etwas über seine sportliche Seite. Jede Kleinigkeit war mir so wichtig! Die Beschreibung seiner sportlichen Aktivitäten im Verein, insbesondere die Mitwirkung in der Jugendarbeit hörte ich mit Freude. Vielleicht habe ich in dieser Richtung ein paar Gene von dir, Vater, wagte ich zu denken.

Welch eine Gelegenheit, mein inneres Bild zu ergänzen! Mein Herz klopfte bis in die Schläfen! Vorsichtig tastete ich mich weiter vor und wagte sogar über meine Zweifel zu sprechen: „Diese Worte in den hinterlassenen Briefen! Diese fragwürdigen Nazi-Sätze! Was bedeuten sie? Welche Überzeugung steht hinter diesen Worten?"

Ab sofort tauchte Unruhe auf in der Runde. Ich hatte ein Thema angestoßen, auf das die ehemaligen Kriegsteilnehmer heftig reagierten. Mit vielen Argumenten war man um Erläuterungen bemüht. „Wir wurden doch alle hineingezogen in dieses System. Es war die Hoffnung auf eine bessere Zukunft! Wir haben Hitler vertraut. Wir hofften, alles würde besser werden! Wir wurden schließlich Opfer dieses Systems. Ihr könnt euch nicht in diese Zeit hineinversetzen!"

Beschwichtigungen aus dem Mund der Elterngenerationen waren mir vertraut. Aus dieser Runde erfuhr ich aber auch persönliche Betroffenheit: „Wir waren begeistert in der Hitlerjugend! Wir haben der Propaganda zu lange geglaubt”, bemerkte einer der Befragten. „Wir waren jung und haben nichts hinterfragt! Spätestens mit dem Zusammenbruch haben wir begriffen, was dieser Unrechtsstaat angerichtet hat. Bis heute empfinde ich Schuldgefühle”, waren Bekenntnisse der Beteiligten.

Auf meine Fragen stach eine Erklärung besonders hervor, die mir bedeutungsvoll erschien. „Ob man überzeugt war oder nicht, man musste sich in den Briefen von der Front zum System bekennen! Die Briefe wären nicht durchgekommen. Jeder Brief wurde kontrolliert!”

Jetzt war ich nachdenklich geworden! War es wirklich so, dass die Worte vom ‘Führer’ und ‘Endsieg’ in deinen Briefen bewusst von dir gewählt wurden, Vater? In mir entstand die Hoffnung: Du wolltest damit sichergehen, dass wir die Briefe bekommen!

Ich habe mir diese Gewissheit sehr gewünscht und wollte daran festhalten! Leider ergab sich keine weitere Begegnung mit den Vereinskollegen. Meine Bemühungen kamen zu spät! Einer verstarb bald nach unserem Gespräch. Mehrfach habe ich mich umgesehen und nachgefragt, aber von den betagten Herren tauchte – wohl aus Altersgründen – keiner mehr im Sportheim auf. Mit dem einmaligen Kontakt musste ich mich zufriedengeben.

Die Beschreibungen über dein Engagement im Sportverein gaben mir den Anstoß, nach weiteren Seiten von dir zu forschen. Ich wollte mehr von dir entdecken,Vater!

Wo befinden sich deine Briefe? Erneut kam ich auf deine Zeilen von der Front zurück und blieb bei deinen liebevollen Worten hängen: „Ich kann es nicht zum Ausdruck bringen, aber Ihr bedeutet mir alles. Meine Liebe zu Euch kennt keine Grenzen!" Dabei fiel mir die Empfehlung ins Auge, 'überlegt zu handeln, nicht zu früh aber auch nicht zu spät zu flüchten'. Sollte das 'überlegte Handeln' eine Warnung vor den täglich näher rückenden sowjetischen Truppen sein? Die Warnung, die für mich so unerklärlich spät erfolgte? Wie passte das Ganze zusammen?

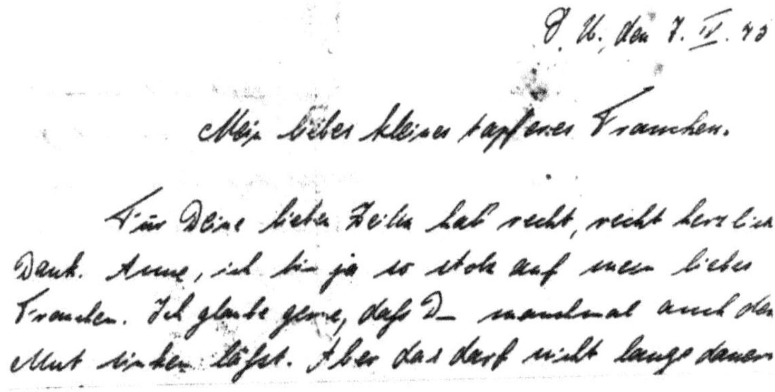

Mein liebes kleines tapferes Frauchen.

Für Deine lieben Zeilen hab recht, recht herzlichen Dank. Anne, ich bin ja so stolz auf mein liebes Frauchen. Ich glaube gerne, daß Du manchmal auch den Mut sinken läßt. Aber das darf nicht lange dauern

So beginnt der letzte Brief von der Front

Wie zuvor erhielt ich kaum Aufschluss auf meine Fragen von dir, Mutter. Wie hast du seine Worte gelesen? Warum hat unser Vater dich nicht früher gewarnt und aufgefordert, vor der Roten Armee zu fliehen? Was wusstest du über seine Einsätze im Krieg? Was wusstest du über seine Gesinnung? Es war wie alte Wunden aufzureißen! Auch der zeitliche Abstand machte dich nicht zugänglicher.

Du wiederholst dich:
„Es ist so lange her!
Es war Krieg!
Über die Einsätze durfte nicht gesprochen werden!
Wir hatten kaum Zeit miteinander!
Alles so schwer!
Lass mich!“

Ich wollte dennoch nicht nachlassen: „Vater, wer warst du, bevor du mein Vater wurdest? Wer warst du, als du sterben musstest?”

Als ich mich zum wiederholten Male mit dem Schriftwechsel beschäftigte, entdeckte ich weitere positive Züge von dir. In den Zeilen an deine Eltern und an weitere Verwandte zeigtest du Sorge um das Befinden im umkämpften Kiel. Daneben bedauertest du, dass du bestimmte Geschenke ‘durch die Kriegshandlungen’ nicht mehr besorgen konntest. Für deine Anteilnahme und Hilfsbereitschaft wurde dir wohlwollend gedankt.

Deine letzten Zeilen stammten vom April 1945, kurz vor dem Zusammenbruch! Berlin war bereits von der Roten Armee eingeschlossen. Die Gegenwehr des sogenannten ‘Volkssturms’, ‘Mann gegen Mann!’, forderte noch unzählige Tote und Verletzte. Gleichzeitig gelangen den Alliierten immer mehr Eroberungen im Westen. Auch hier gab es auf beiden Seiten viele sinnlose Opfer. Fanatische Wehrmachtsangehörige folgten bis zum Schluss der Ideologie und Propaganda: „Nicht aufgeben, kämpfen bis zum letzten Atemzug!”

Spätestens jetzt musst du die Niederlage vorausgesehen haben. „In diesem Jahr wird die Entscheidung fallen. Dann kommen wir nach Hause, um unsere so heiß umkämpfte Heimat wieder aufzubauen", schriebst du nur ein paar Tage vor deinem Tod.

Mit welchen Hoffnungen lebtest du zu dieser Zeit? Einige Überzeugte sollen an 'die Wunderwaffe' geglaubt haben. Selbst die Alliierten befürchteten, dass die deutsche Waffenindustrie noch eine Wende in der Verteidigung bringen könnte. Hast du auch daran geglaubt, Vater?

'Der unbeugsame Glaube an die militärische Überlegenheit führte dazu, dass eine Evakuierung der Zivilbevölkerung im Osten zu lange hinausgezögert wurde', entnahm ich den Berichterstattungen.

Je mehr ich dein Leben verfolgte, desto mehr bedauerte ich, dass ich mit meiner Suche nicht früher begonnen hatte. Deine Geschichte in unserer Familie verblasste, die Verwandten, die womöglich Aufschluss hätten geben können, waren inzwischen verstorben.

Ein einfaches Sprichwort spornte mich an: „Die Zeit eilt, teilt und heilt". In der Tat, Jahrzehnte waren vergangen: Die Zeitspanne gewährte mir einen erweiterten Blick auf die Vergangenheit, doch die zurückliegenden Ereignisse drohten dabei immer weiter in Vergessenheit zu geraten.

Aber Lebenserfahrung, Zeitgeist und Abstand machten es mir leichter, meiner Suche zu folgen, um dich besser zu verstehen, Vater.

Nazi-Deutschland liegt weit zurück. Für unsere Enkelkinder eine unvorstellbar weite Zeitspanne. Das Dritte Reich begegnet ihnen im Schulunterricht, in der Literatur oder durch unsere Gespräche. Sie haben ein demokratisches Deutschland kennengelernt, in dem der Zweite Weltkrieg und seine bitteren Folgen lediglich in der Historie eine Rolle spielen.

Unsere Generation dagegen konnte noch mit Fragen an Eltern und Großeltern herantreten: „Was habt ihr gedacht? Was habt ihr gewusst? Was habt ihr getan? Mitmachen, wegsehen, schweigen?"

Es gab jedoch wenig Aufschluss: Sprachlosigkeit herrschte überall in der Kriegsgeneration für dieses dunkle Kapitel unserer Geschichte!

Ich krame noch einmal die Dokumente, die auf die Umstände des Absturzes verweisen, hervor. Sie verzeichnen die Daten, den Ort und sogar die Uhrzeit des 'Unglücksfalles'. In einer beigefügten eidesstattlichen Versicherung von 1946 bestätigen drei Augenzeugen übereinstimmend den Flugzeugabsturz vom 02. Mai 1945.

In deine damalige Lage wage ich mich nicht hineinzuversetzen, Mutter!

Ein Augenzeuge aus einem nachfolgenden Flugzeug, ein 'Kamerad', brachte dir unmittelbar die Nachricht von dem tödlichen Absturz.

Die Szene auszumalen, tut mir weh! Wie ein Schlag muss dich der Tod unseres Vaters getroffen haben. Nur noch wenige Tage, dann wäre der Krieg beendet gewesen. Jede Hoffnung auf bessere Zeiten zerbrach mit dem Unglück. Du warst wieder allein! Dein Aufenthalt im Ort der Evakuierung – der dich schützen sollte – wurde jetzt zur Tragödie. Du saßt in der Falle! Es war zu spät, um durch Flucht dem Eintreffen der Sowjetarmee zu entgehen. Die ersten Russen hatten bereits die Grenzen der Oder überschritten und ein Chaos durch Fluchtbewegungen von Ost nach West ausgelöst. Der Krieg war verloren und man stand – nach dem Wüten der deutschen Wehrmacht – vor der Rache der sowjetischen Soldaten! Plünderungen standen bevor: Besitz, Geld, Habseligkeiten und Frauen wurden zur Beute der siegreichen Armee.

Weitere offizielle Recherchen boten sich mir an. Zum Glück gab es ja noch das Internet: Ich legte los! Bei der zuständigen Behörde – Bundesarchiv und Militärarchiv in Freiburg – bedauerte man, nicht helfen zu können. „Viele Unterlagen wurden durch Kriegseinwirkungen vernichtet." Man verwies mich an die 'Deutsche Dienststelle für die Benachrichtigung der nächsten Angehörigen von Gefallenen der ehemaligen deutschen Wehrmacht' (WASt) in Berlin. Ich gab die Fakten ein, die ich aus den vorhandenen Unterlagen kannte: Name, Dienstgrad, Geburtstag und Geburtsort, Absturz am 02. Mai 1945, 15.00 Uhr, Absturzort Dranske, nahe dem Fliegerhorst Bug auf Rügen.

Jetzt abwarten: Würde ich Genaueres über Einsätze und Aktivitäten, vor allem über dein Lebensende erfahren, Vater? Ich wartete, wartete, mahnte schriftlich und telefonierte! Nach Monaten erhielt ich endlich einige Informationen.

„Auf Ihren Antrag vom 30.01.2017 teile ich Ihnen mit, dass die Personalpapiere (Wehrpass, Wehrstammbuch, Personalakte) Ihres Vaters hier nicht vorliegen; sie sind vermutlich durch Kriegseinwirkung verloren gegangen".

Enttäuscht, aber dennoch nicht entmutigt, entnahm ich 'aus sonstigem Schriftgut der ehemaligen Wehrmacht' einige aufschlussreiche Personaldaten: militärische Erkennungsmarken, sogenannte Truppenteile, Verbände und Einsatzorte.

Immerhin erfuhr ich, in welchen Truppenteilen du von 1939 bis 1945 innerhalb der Luftwaffe gedient hast.

Die Auskunft der Behörde vom November 2017 endet mit der Erklärung: „Nach Aussagen eines Heimkehrers konnte die Leiche Ihres Vaters nicht geborgen werden, da kein Bergungsschiff zur Verfügung stand. Vermutlich wurde er nicht aus dem Flugzeug herausgeschleudert, sondern ist im Wrack verblieben."

Diese Auskunft bestätigt meine bisherige Vorstellung: Auf dem Boden der Ostsee, dort ruht er, eingeschlossen in einem Flugzeugwrack. So mussten wir es nach den bisherigen Informationen annehmen.

Wieso stand in einem anderen Dokument: 'Grablager unbekannt'? War nicht die Ostsee dein Grab, Vater?

Wie ich auf dem Papier erkannte, erfolgte eine amtliche Benachrichtigung über den Suchdienst der Caritas an unsere Familie erst 1947, zwei Jahre nach dem Unglücksfall.

Meine Neugierde ließ sich nicht mehr abstellen. Die Tür zu deinem Wirken hatte sich einen Spalt geöffnet, Vater. Ich wollte endlich nachholen, was ich mir bisher durch meine Abwehr versagt hatte. Ich wollte mehr über dich und dein Handeln im Krieg wissen!

Einem vergilbten 'Militärpass' entnahm ich, dass du 1934 aus der 'Reichsmarine' entlassen und im selben Jahr zum 'Fliegenden Verband' gekommen bist. Du machtest dir Gedanken über diese Entscheidung: „Ich kann nicht sagen, daß ich es bereue, daß ich mich zum Verband gemeldet habe. Nein, ganz und gar nicht." Nach deinen Worten glaubtest du, dadurch 'das Vaterland' besser verteidigen zu können.

Du hattest dich freiwillig zum Militär gemeldet. Dein Vater war Sozialdemokrat. Was hat dich zu dieser Entscheidung geführt? Spielte die Arbeitslosigkeit und Not in der Familie eine Rolle?

„Beim Militär konnte man etwas werden!", betonte nicht nur unsere Großmutter.

Welche Aktivitäten gingen von diesem Verband, den sogenannten Fliegerstaffeln, aus?, wollte ich nun wissen. Als Kind hatte ich mir immer mit Gruseln einen Vater vorgestellt, der aus einem Militärflugzeug Bomben auf Städte und Menschen abwirft.

Unser Vater im Einsatz, 1944

Ich stieß auf verschiedene Quellen. Die Beschreibungen der Einsätze im Kriegsverlauf ergaben: 'Ausbildung von Fahrzeugführern, Beobachtung und Meldung von U-Booten, Rettung von Schiffbrüchigen, bis hin zur Zerstörung von Gegnern mit Bordwaffen'. Aus den Aufzeichnungen ergibt sich deine Zuordnung zu den fliegenden Verbänden, aber nirgendwo stoße ich auf deinen Namen. „Welches war exakt dein Bereich? Woran warst du beteiligt, Vater?" Für die ersten Jahre ergeben sich letztendlich keine genauen Anhaltspunkte über dein Tun und Lassen im Krieg. Gewiss war nur, du warst als Soldat im Einsatz!

Es war nicht schwierig, über die Aktivitäten der Seeaufklärer weiteres zu erfahren. In einer ausführlichen Dokumentation traf ich auf differenzierte Beschreibungen: Du hast am Steuerknüppel einer BV 138 gesessen, Vater, neben dir der Co-Pilot. Zur sechsköpfigen Besatzung gehörten vermutlich noch ein Funker, zwei Bordschützen und ein Bombenschütze. Dein Flugzeugtyp, der nach den Unterlagen ein Kampf- und Aufklärungsflugzeug war und die Aufgabe hatte, 'sowjetische U-Boote zu lokalisieren', wurde zum Ende des Krieges der Seenotgruppe zur Evakuierung von Flüchtlingen und Verwundeten zugeordnet.

Jeder Fetzen einer Auskunft wird für mich wichtig, um dein Wirken beim Militär im Dritten Reich zu erhellen. Immerhin gibt es Informationen über das Aufgabengebiet der Seenotstaffeln, der du während der letzten Kriegsmonate zugeordnet warst. 'Seenotrettung', das hört sich für mich weniger nach Kampf an.

„Uneingeschränkt bestand bei den deutschen Seenotrettern Konsens darüber, daß jeder schiffbrüchig gewordene 'Feind' zum Bruder wurde, der in seiner Todesnot Hilfe brauchte – in gleichem Maße wie die eigenen und verbündeten Flieger und Seeleute."[2] Nach den Aufzeichnungen des Autors und Kommandanten Born gehörte es zur seemännischen Moral, auch Feinde in Seenot aus dem Wasser zu ziehen.

Das erscheint mir im Krieg nicht selbstverständlich zu sein! Eine genauere Vorstellung von deinen letzten Aktivitäten entwickelte sich! In der Tat fand ich eine Danksagung an die Seenotrettung, 'die für viele andere steht:' „Wir waren auf dem Weg nach Berlin, wurden aber von der Flak getroffen … Ich war dem Tod sehr nahe, aber ich erinnere mich, wie ich an Bord des deutschen Seenotrettungsflugzeuges gehievt wurde. Ich kann meine gute Behandlung nicht hoch genug loben und würde wünschen, den noch Lebenden der deutschen Seenotbesatzung ganz herzlich danken zu können"[3], so der Pilot eines 'feindlichen' britischen Flugzeuges.

Niemand hatte uns von deiner Beteiligung an Rettungseinsätzen erzählt, Vater: 'Während die Ostfront zusammenbrach, holte der Verband gemeinsam mit seinen Flugsicherungsschiffen und Seenotflugbooten 146.000 eingekesselte Frauen, Kinder und Verwundete über die Ostsee in die Sicherheit.'[4]

In einer Zeitschrift mit dem Titel 'Luftwaffen-Revue' vom Dezember 1990 fand ich, dass die Seenotgruppen zu den wenigen Einheiten gehörten, die im Endstadium des Krieges noch intakt waren. '… Rechtzeitig alarmiert, ver-

---

[2] Karl Born: Rettung zwischen den Fronten:Seenotdienst der deutschen Luftwaffe 1939-1945

[3] aaO. S 321

[4] aaO. S.252

suchten die Flugboote zu retten, was möglich war', hieß es dort.[5] Gespannt verfolgte ich weitere Texte über diese Staffeln, die dem genannten Kommandanten Born unterstellt waren. In einem persönlichen Brief von 1991 war es ihm noch einmal wichtig, seine Einheit ins rechte Licht zu rücken: 'Ich darf nochmals hervorheben: Die von mir geführte Seenotgruppe 81/Ostsee war keine 'kämpfende' Einheit, sondern ausschließlich zur Rettung von Menschenleben eingesetzt. Bewaffnet waren wir zum eigenen Schutz', hieß es dort.

Am Ende des Krieges keine „kämpfende Einheit!" mehr. Besonders beeindrucken die Quellen über das selbstlose Engagement einzelner Soldaten in den dramatischen Monaten von Januar bis Mai 1945. Und du warst dabei, Vater!

Später schaute der Kommandant Born auf diese Zeit zurück: 'Die wichtigste Aufgabe war, Menschen aus Seenot zu retten, sie aus den umkämpften Zonen herauszuholen und in westliche Gebiete zu bringen. Eine in dem in den Ostgebieten herrschenden Chaos und Flüchtlingsdrama wahrhaft einmalige, manchmal kaum lösbare Aufgabe. Die Soldaten der schwimmenden und fliegenden Einheiten stellten sich dieser Aufgabe mit grosser Tapferkeit – oft bis zur Erschöpfung oder bis zum eigenen Tod.'[6]

Bis zum eigenen Tod! Das beschreibt auch deinen letzten Einsatz, Vater. Ich bin durch diese Informationen berührt: Was du auch immer an Kriegshandlungen zu verantworten hattest, die letzten Monate vor Kriegsende waren bis zur letzten Minute gefüllt mit diesen humanitären Aufgaben.

---

[5] Luftwaffen-Revue 38.Jahrgang Nr.4 1990

[6] Skript: Karl Born „Ein Blick Zurück" nach 43 Jahren ,1988, S.3

Im Internet stieß ich auf das Buch mit dem Titel: 'Rügens geheime Landzunge: die Verschlußsache Bug'. Welch ein glücklicher Zufall: Der Name 'Bug' als Fliegerhorst wurde auch in deinen Briefen hinsichtlich Ankunft und Start von der Militärbasis mehrfach erwähnt. Bereits die Hinweise auf dem Buchrücken lassen mich aufhorchen: „... Von hier aus starteten die Wasserflugzeuge zur U-Boot-Jagd und waren in der Schlussphase des Zweiten Weltkrieges an dramatischen Rettungsaktionen beteiligt."[7] Die Halbinsel Bug war die wichtigste Basis der Marineluftstreitkräfte der mittleren und östlichen Ostsee.

Text und Fotos in dem Band gewährten auch einen Einblick in die Zeitgeschichte dieses Teils der Insel Rügen. Ich interessierte mich besonders für die Zeit im Zweiten Weltkrieg. Anhand der Dokumentation versuche ich mir ein Bild von den Gegebenheiten zu machen:

'Über den Einsatzort Bug/Rügen erfolgten die Rettungsaktionen, mit denen es gelang, unzählige Flüchtlinge und Verwundete nach Skandinavien zu bringen.'

„Frauen und Kinder zuerst! Manche Flugzeugführer mussten ihre Pistolen ziehen", berichteten Augenzeugen, „da einige Männer verzweifelt versuchten, mit Gewalt an Bord zu gelangen."[8]

So entstehen in meinem Kopf die dramatischen Szenen, in die du am Kriegsende eingebunden warst, Vater: Die Menge drängt auf dem Fluggelände in die rettenden Flugzeuge, während die Maschinen in kurzen Abständen lande-

---

[7] Marten Schmidt: 'Rügens geheime Landzunge. Die Verschlußsache Bug',Berlin: Links 2000

[8] aaO. S. 69

ten, tankten und vollgestopft mit Flüchtenden und Verwundeten sofort wieder starteten, um sie nach Dänemark auszufliegen.

In den Aufzeichnungen fand ich Spuren, die auf dich verwiesen: „In den letzten Kriegstagen befand sich neben den Flugzeugen meiner Einheit ein Flugboot, das zur BV-Staffel der Flieger-Ergänzungsgruppe (See) Kopenhagen gehörte"[9], so wurde der Kommandant Born zitiert.

Da erschien es schwarz auf weiß! Dieses Flugboot wurde nach allen Aufzeichnungen von dir am fraglichen Tage gelenkt, Vater. Es startete und landete, wahrscheinlich von Kopenhagen kommend, auf dem Bug. Ich finde dazu eine Anmerkung in deinem letzten Brief: „Wir befinden uns noch immer in K.", schriebst du. All meine Versuche, auf eine Namensliste der Besatzung in irgendwelchen Archiven zu stoßen, blieben vergeblich. Man war bemüht, so schnell wie möglich alle Unterlagen zu vernichten, als der Krieg verloren schien! Durch Zeugenaussagen erfuhr ich Näheres über deine Einsätze, in denen es darum ging, so viele Menschen wie möglich aus dem Chaos zu retten: Die Russische Armee war bereits bis nach Stralsund vorgedrungen. Weil die Brücke nach Rügen gesprengt war, bestand nur noch die Chance, von dem Militärgelände Bug aus die letzten Flüge zu starten. Einem 'Tagebuch' über die Ereignisse am Kriegsende im benachbarten Stralsund entnahm ich, dass die Stadt bereits am 01. Mai 1945 erobert war: 'Häuser, Fahrzeuge und Nutztiere wurden beschlagnahmt. Es gab Übergriffe, Plünderungen und Vergewaltigungen durch die sowjetischen Soldaten. Die Übergabe der

[9] Karl Born „Rettung zwischen den Fronten", S.296

Insel Rügen erfolgte kampflos am 4. Mai 1945; die Insel war einen Tag später vollständig besetzt'[10].

Was ging in diesen letzten Tagen in deinem Kopf vor, Vater? Du warst an den dramatischen Flügen beteiligt. Die letzten Maschinen sollten nach Dänemark starten. Menschen drängten in Angst und Panik, um noch einen Platz zu erhalten. Wie ging es dir mit der Verantwortung für die Flüchtenden? Wie mit der Gewissheit um die eigene Familie, die ca. 80 km entfernt, in Moltzahn, bereits der Invasion der Sowjets ausgeliefert war? Wie groß war deine Sorge, als gewiss war, dass die ersten russischen Soldaten vor Ort waren? Es gab keine Möglichkeit mehr, sich zu verständigen. Telefonieren konnte man nicht, wie ich bei meinen Recherchen erfuhr. Die Möglichkeit, ein Telefon zu benutzen, gab es nur für das oberste militärische Personal. Wo und wie hättest du zu dieser Zeit noch warnen können? Es muss dir alles grauenhaft vorgekommen sein! Nicht vorstellbar, dass du die bevorstehende Bedrohung für uns nicht gesehen hast.

In deinem letzten Brief klingt es wehmütig: „Wenn mir mal etwas schwerfällt, dann denke ich nur an Euch und schon bin ich darüber hinweg." Schreibt so ein Nazi?, ging es mir durch den Kopf! Noch im Februar 1945 äußertest du dich über unseren Aufenthaltsort zuversichtlich: „Meine Lieben fühlen sich bei den Bauern in Moltzahn sehr wohl. Ich möchte ja gerne mal hinfahren und einige Tage mit ihnen verbringen. Leider geht es nicht … Ich bin sehr zufrieden, wenn ich weiß, dass sie geborgen sind und in Ruhe leben können."

---

[10] Vgl.Peter Kieschnick: Stralsund 1945, tredition 2015, S.59 ff

Du hattest sogar einen Besuch geplant! In einem Brief an deine Eltern hast du bedauert, dass ein Besuch ‘deiner Lieben’ bei dir auf dem Bug nicht mehr möglich sei! „Leider geht das ja nun nicht mehr!”

Ich las deine Zeilen und wiederholt fragte ich mich: Wann hast du damit gerechnet, dass die sowjetischen Soldaten weit nach Westen vordringen und auch den Ort unserer Evakuierung einnehmen, Vater?

‘Manche Soldaten verfielen noch in Hoffnungen und verständliches Wunschdenken’, so der Kommandant Born. ‘Vielleicht würde ja doch noch alles gut.’ Wegen kleiner Verteidigungs-Erfolge gegen die Rote Armee beschrieb er die Stimmung der Soldaten als seltsam durchwachsen, teilweise sogar euphorisch ... War die völlige Zerstörung Deutschlands vielleicht doch durch einen Verhandlungsfrieden aufzuhalten?[11] Wie waren deine Vorstellungen? Glaubtest du an ein weniger schreckliches Ende des Krieges durch Verhandlungen, Vater?

Bereits im Oktober 1944, als die Rettungsgruppe an den Kommandanten Born übergeben wurde, so las ich, äußerte sich ein Oberst vertraulich: ‘Dieser Krieg ist unrettbar verloren, das wissen Sie so gut wie ich ... Jetzt heißt es mehr denn je retten und helfen. Seien wir ein helles Licht in dunkler Zeit ... Machen Sie also aus der Seenotgruppe 81 das Bestmögliche – ein Instrument der Humanitas, den Hoffnungsträger für viele zehntausend Menschen!”[12]

An anderer Stelle heißt es: ‘Sogar viele führende Militärs glaubten nicht mehr daran, daß der Krieg militärisch noch

---

[11] Karl Born, aaO. S. 249

[12] Karl Born, aaO. S. 218

zu gewinnen sei. Längst näherte sich die Front im Westen wie im Osten der Reichsgrenze.‘[13]

Eine Hoffnung für viele Menschen! Respektvoll betrachtete ich den Einsatz der Seenotretter. Jeder Transport im Tiefflug bedeutete ein lebensgefährliches Risiko! Du warst daran beteiligt, Vater: Als die Ostfront zusammenbrach, gelang es tatsächlich, mit Schiffen und Flugzeugen noch tausende der eingekesselten Frauen, Kinder und Verwundeten in Sicherheit zu bringen.

‘Für beispielhaften Einsatz bei der Rettung von Flüchtlingen, Verwundeten und Soldaten erhielt der Flugkapitän Karl Born als Kommandant deines Verbandes am 02.Mai 1987 eine besondere Auszeichnung.‘[14]

---

[13] Marten Schmidt, aaO.S.67

[14] Karl Born, aaO. S. 322

40) „Im Cockpit saß ein Mörder"

02. Mai 1945

Von Augenzeugen wurde über das Ereignis mehrfach berichtet und es wurde schriftlich festgehalten:

Ein bemerkenswerter Zwischenfall, der in die Geschichte des Ortes Dranske eingegangen ist, ereignete sich kurz vor deinem tödlichen Absturz, Vater.

Danach kam es zwischen einem jungen Leutnant und einem Oberarzt auf dem Fluggelände zu einem Streit, der tödlich endete. Nach einem heftigen Wortwechsel hat sich der Arzt darauf berufen, dass der Hitlergruß nicht mehr zu leisten sei. 'Hitler sei doch tot, es sei alles vorbei', so die Protokolle. (Hitler hatte sich am 30. April 1945 seiner Verantwortung durch Selbsttötung entzogen.) Der fanatische Leutnant zog daraufhin seine Pistole und erschoss den Arzt.

Der Kommandant Born war neben anderen Zeuge dieses Vorfalls. Er ließ den Täter in den Keller der Kommandantur einsperren: „Für mich war das glatter Mord!", erinnert er sich.[15]

Über die folgenden Stunden gibt es keine genauen Aufzeichnungen.

Du hast dich während dieses Geschehens auf dem Fluggelände befunden, Vater. Dem Täter gelang die Flucht aus seinem Gefängnis. Auf die Frage, wie er es geschafft hatte, freizukommen, gibt es nur Spekulationen. 'Der Keller wurde wohl nicht gut genug gesichert und bewacht.'[16] Si-

---

[15] vgl. Karl Born, aaO. 296

[16] vgl. Karl Born, aaO. 296

cher ist, dass er in dem Chaos und Gedränge das Cockpit deiner Maschine erreichen konnte.

Dieser Vorfall muss dich tief bewegt haben: War dir bekannt, dass ein Mörder neben dir ins Cockpit gelangte? Wie hättest du zur Tat dieses verbohrten Nazis gestanden? Ein junger, fanatischer Mann von erst 23 Jahren! Ein Unbelehrbarer? Ein vom Naziregime Verführter?

Mit dem Täter an Bord hast du die Maschine unter dem Druck der eintreffenden sowjetischen Truppen gestartet. Ein Flugboot war normalerweise für eine sechsköpfige Besatzung – plus zehn Personen zusätzlich – vorgesehen, so die technischen Beschreibungen. Jetzt befanden sich insgesamt 30 Personen an Bord. Ein Journalist wählte in einem Beitrag der Zeitung 'Nordkurier' für diesen Teil des Geschehens den Titel: 'Im Cockpit saß ein Mörder'.[17]

'Die Maschine war völlig überlastet', heißt es in weiteren, mir vorliegenden Berichten. Möglichst viele Angehörige der Militärs sollten noch einen Platz erhalten, um aus dem Gefahrengebiet herauszukommen. Im Internet fand ich die Aufzeichnung deines Flugzeugabsturzes mit den Daten, die sich mit meinen bisherigen Nachforschungen decken.[18]

'BV 138 C1 – Absturz über Dranske am 2. Mai 1945, gegen 15.00 Uhr'. Auch die Bezeichnung deines Verbandes stimmt mit meinen Recherchen überein. Nach diesen Aufzeichnungen sind zwölf Passagiere, einschließlich der Besatzung, umgekommen und 18 Insassen konnten ver-

---

[17]vgl. Ralf Sommer: www.nordkurier.de/cmlink/nachrichten/blickpunkte : „Im Cockpit saß ein Mörder" vom 09.03.2017

[18] 'Flugzeugverluste und -unfälle von deutschen Flugbooten und Wasserflugzeugen'

wundet geborgen werden. Wer waren diese Menschen? Wer konnte gerettet werden? Wer hat das Unglück nicht überlebt? Über die Namen der Verunglückten finden sich keinerlei Aufzeichnungen![19]

Meine Fantasie begab sich in deine letzten Stunden, Minuten, Sekunden, Vater! Voller Panik müssen sie gewesen sein. Bedroht durch die russische Armee startetest du das überbelegte Flugboot. Gleich nach dem Abheben lief einer der Außenmotoren heiß und fing Feuer! Das wurde dir und allen weiteren Insassen zum Verhängnis!

Das Flugboot BV 138 C-a

---

[19] In: Luftwaffe-zur-See.de „1945 Flugzeugverluste und -unfälle von deutschen Flugbooten und Wasserfahrzeugen"

41) Dranske

Ich habe den Ort im Internet eingegeben. Vielleicht würde ich auf Informationen aus der fraglichen Zeit stoßen. Vielleicht würde ich dort in einem Amt oder Archiv doch noch deinen Namen entdecken, Vater.

Dranske liegt unmittelbar neben dem früheren Fliegerhorst Bug an der Westküste von Rügen. Deinen Briefen hatte ich entnommen, dass du besonders zum Kriegsende oft auf dem sogenannten Bug gelandet und von dort aus nach Skandinavien geflogen bist.

Den Ortsnamen hatte ich zuvor nie gehört! Im Netz entdeckte ich, dass es hier ein 'Marinehistorisches und Heimatmuseum' gibt und bin überrascht, als ich erfahre, dass man sich innerhalb der Ausstellungsräume über die Ereignisse und den Absturz vom 02. Mai 1945 informieren kann.

Diese Spur führte zu weiteren ungeahnten Informationen: Ein Propeller, die sogenannte Luftschraube, ein Überbleibsel des von dir gelenkten Flugbootes, soll als Mahnmal vor dem Museum stehen und an die Rettungsaktionen aller Fliegersoldaten sowie an den Absturz vor der Küste von Dranske erinnern.

Ein Zeichen, dass es dich hier gab. Wie aufregend, den Geschehnissen in deinen letzten Stunden näherzukommen, Vater!

Nichts hielt mich mehr zurück, um deine Geschichte vor Ort nachzuempfinden. Kurz entschlossen planten wir mit einigen Familienmitgliedern eine Reise nach Dranske auf der Insel Rügen.

42) Am Unglücksort

Nach mehr als siebzig Jahren stand ich an dem Ort, an dem sich das Unglück ereignete. Meine Recherchen hatten uns hierher geführt. In naher Vergangenheit hatte ich mich gedanklich oft in diese Situation begeben und mir ausgemalt, an deinem Unglücksort Abschied zu nehmen, Vater.

Wir befanden uns im westlichen Teil von Rügen. Nach einem Erkundungsgang auf der Halbinsel Bug, dem früheren Militärgelände, das jetzt der Natur überlassen, wild verwachsen und eigentlich abgesperrt ist, hatte sich unsere kleine Gruppe an die Absturzstelle begeben.

Hinter uns ein Waldsaum, davor ein steiniges, wildes Fleckchen Strand. Meine Tochter, meine Schwester und mein Bruder verweilten mit mir auf diesem steinigen, wilden Gelände. Still ließen wir unsere Blicke über die Ostsee schweifen. Die Sonne schenkte uns einen blauen Himmel mit klarer Sicht. Mit bloßem Auge kaum erkennbar, verschwamm die Linie am Horizont: das damalige Ziel, die dänische Küste. Diese Luftbrücke war es, auf der tausende von Flüchtenden in Sicherheit gebracht wurden.

Hier scheiterte ein letzter Rettungsversuch mit deinem Flugboot, Vater! Vermutlich aus Kopenhagen kommend, ist deine Maschine auf dem Bug gelandet, musste dort auftanken und sollte mit den Vertriebenen an Bord nach Dänemark fliegen.

Die Sonne spiegelte sich auf der bewegten Wasseroberfläche. Kein Mensch befand sich weit und breit in unserer Nähe, kein Geräusch störte unsere nachdenkliche Stille. Das Meer breitet sich vor uns aus und leichte Wellen berühren in ihrem eigen Rhythmus das Ufer.

Während ich in die Ereignisse eintauchte, gerieten mir drei gelbe Farbtupfer auf sandiger Fläche in den Blick. Blüten von Löwenzahn, die sich durch Sand und Geröll in ihr leuchtendes Dasein gearbeitet hatten. „Welche Kraft braucht es, um aus steinigem Grund ins Licht zu geraten?”, fragte ich mich, als ich eine dieser Blüten in meinen Händen hielt. Mit leichtem Schwung landete eine dieser kleinen Sonnen auf dem Wasser, wurde von den Wellen aufgenommen und sanft schaukelnd davongetragen. Trauer drängte sich in meine Gedanken bei der Frage nach den letzten Minuten deines Lebens:

'Schreie aus dem Cockpit!', hatte ich gelesen. Es muss Panik ausgebrochen sein. Was ging in dir vor? Zwölf Personen waren umgekommen, achtzehn Personen waren schwer verletzt. 'Zwei Piloten wurden herausgetragen', so beschrieb es eine Augenzeugin. Wie lange mochte es gedauert haben, bis der Tod eintrat, der vielleicht Erlösung war?

Unsere Gespräche kreisten um die Ereignisse vom 02. Mai 1945.

Mit Erstaunen bemerkten wir, wie viele der Einheimischen, mit denen wir uns unterhielten, von dem Mord und dem Unglück eines fanatischen Nazis berührt waren.

„Ich war als Jugendlicher an der Entdeckung des Wracks und Hebung des Propellers beteiligt”, so überraschte uns der Hafenmeister von Wiek, an dessen Kiosk wir einen Kaffee tranken. Auch der Vermieter unserer Unterkunft kannte die Geschehnisse und drückte sein Bedauern aus, weil die Augenzeugen inzwischen 'leider nicht mehr befragt werden können'.

In den vorhandenen Unterlagen wurde skizziert, wie ein Flügel des Flugbootes einen Baum am Ostseerand streifte, sichtbar qualmend über Dranske/Rügen absackte und in die See stürzte.[20] Die schriftliche Aussage einer Zeugin verdeutlicht diese Bilder '... da sah ich auf der rechten Seite, also auf dem Bodden, eine BV 138 beim Start. Kurz vor Dranske erschien eine schwarze Rauchwolke, am Heck bemerkte ich sogar eine Stichflamme. Das Flugzeug verlor an Höhe. Ich hatte Angst, dass die Maschine direkt in den Ort stürzen könnte. Sie hielt sich jedoch noch geraume Zeit in der Luft. Die Absturzstelle musste irgendwo am Ortsende Dranskes an der Ostseeseite zu finden sein ... Ich sah Männer ins Wasser springen, um die Passagiere zu retten. Der Bootsrumpf der Maschine ragte zum Teil aus dem Wasser heraus. Einige der Unfallopfer schienen noch am Leben zu sein. In ihren Flugzeugkombinationen wurden zwei Piloten auf den Armen der Rettungsmannschaft herausgetragen. Sie waren wohl schwer verletzt ..."[21]

Nach den vorliegenden Aufzeichnungen muss es sich bei den Piloten in Fliegerkombination um den Mörder, der als Beobachter in der Maschine fungierte[22], und um dich, Vater, als Flugzeugführer gehandelt haben. Meine bildhafte Vorstellung wurde unterstützt durch ein Foto von dir in dieser Uniform. Man fand allerdings von der Besatzung keine der Erkennungsmarken, die jeder Soldat zur Identifikation trug. Vielleicht hatte man sich vorgenommen, die Marken vor dem Herannahen der Sowjetarmee abzuneh-

[20] vgl. Marten Schmidt, S. 74

[21] Marten Schmidt, aaO. S.75

[22] vgl.1945 Flugzeugverluste und -unfälle von deutschen Flugbooten und Wasserfahrzeugen

men und verschwinden zu lassen, war eine der Vermutungen.

'Zwei Piloten wurden von Rettungsmannschaften weggetragen', beschreibt die Augenzeugin.

Wie bewusst waren deine letzten Minuten? Konntest du noch etwas wahrnehmen? Hast du noch um dein Leben gekämpft, Vater?

Wir hatten den Ort gefunden! Hier vor uns, circa dreißig bis vierzig Meter vom Ufer entfernt, stürzte deine Maschine in die Ostsee. Das Meer bedeckt die Vergangenheit und gibt nicht preis, wie damals gelitten und gestorben wurde.

43) Vater, wo ist dein Grab?

Im Marinehistorischen und Heimatmuseum Dranske hatten wir Gelegenheit, mit dem Leiter dieser Einrichtung zu sprechen. Er nahm sich viel Zeit für uns und war bereit, die Szenarien des Unglücks in verschiedenen Versionen durchzuspielen. Seine umfassenden Nachforschungen halfen, manch ein Puzzleteil zu unserem Verstehen hinzuzufügen. Alle Aussagen vor Ort veränderten meine Vorstellung von deinem Grab im Meer, Vater.

Mit dem Wissen hatte sich die Mitteilung der Behörde 'WASt' als unrichtig erwiesen: 'Die Leichen der Besatzung sollen auf dem Meeresboden im Wrack verblieben sein.'

'Grablegung unbekannt', hieß es in anderen Recherchen. Wenn ich an das herrschende Chaos bei Kriegsende denke, verstehe ich, dass es widersprechende Aussagen gibt. Wir spekulierten über die möglichen Grablegungen. Mit der Unsicherheit blieb mein tiefes Bedürfnis, das Rätsel zu lösen: Wo genau ist dein Grab, Vater?

'Die Leiche des 'Mörders' wurde neben seinem Opfer, dem erschossenen Arzt, nahe der Flugbahn aufgebahrt', berichtet der Kommandant Born, den dieser Anblick nicht unberührt lässt.[23]

Was war mit dir und den anderen Toten aus dem Wrack, Vater?

Wir hatten Glück! Während unseres Aufenthaltes trafen wir auch auf den Meeresarchäologen, der an der Entdeckung des Flugzeugwracks und der Bergung der Luft-

---

[23] vgl. Karl Born, aaO. S. 296

schraube beteiligt war. Damit gab es einen unmittelbaren Zeugen, der als junger Taucher die verstreuten Überreste des Flugbootes auf dem Meeresboden vor Augen hatte. Von ihm erhielten wir noch einmal die Bestätigung: „Die zerstörten Teile des Cockpits wurden gehoben. Es gab keine menschlichen Überreste, die herausgeschleudert wurden."

In unserem Gespräch über die Umstände des Unglücks liefen die Bilder aus seiner Sicht noch einmal anschaulich in mir ab: 'Die flüchtenden Massen in Panik, ein fanatischer Nazi, ein sinnloser Mord, Rettungsbemühungen in einer überladenen Maschine, der brennende Motor, das Flugzeug, das sich überschlägt und im Meer versinkt'.

Die Wrackteile wurden 39 Jahre später, im Jahr 1984, von jugendlichen Hobbytauchern entdeckt. Es handelte sich um die Überreste der BV 138, deiner Maschine, Vater. Viele der gehobenen Einzelteile, durch die das Flugzeug identifiziert werden konnte, erhielten einen Platz in umliegenden Museen.

Mit professioneller Hilfe konnte man einen der Propeller bergen. Weil das Marinearsenal in Kiel daran Interesse zeigte, erhielt die Luftschraube dort zeitweilig einen Platz auf dem dortigen Fliegerhorst. Ein Relikt deines Unglücks, Vater! Und niemand aus unserer Familie ahnte etwas von dem nahen Standort in unserer Stadt. Später, im Jahre 2013 kehrte die Luftschraube endgültig nach Dranske zurück.

Der Archäologe berichtete uns über seine Mitwirkung an der Sichtung, Hebung und Auswertung der Wrackteile, die er ausführlich dokumentiert hatte. Durch seine Tauchgänge zum Wrack, durch seine Beteiligung, konnten wir endgültig davon ausgehen, dass alle Leichen des Unglücks geborgen wurden.

Also, wirklich kein Grab in der Ostsee!

Hier am Unfallort ging man davon aus, dass die Leichen aus dem Flugboot zunächst ein Grab auf dem Bug gefunden hatten. Demnach gab es eine Grabstätte unmittelbar neben der Flugbahn auf dem Militärgelände, gemeinsam mit anderen Verunglückten. Die Gebeine, so hieß es, wurden wegen anfallender Bauarbeiten im Jahre 1966 exhumiert und anonym umgebettet.

Die Gedenkstätte für die gefallenen Soldaten auf dem Friedhof in Wiek, Rügen

Eine Mitteilung der Gemeinde Dranske gab dazu weiteren Aufschluss: ‘Am 26.07.66 übernahmen wir von der

Dienststelle Bug Überreste von 20 Leichen (Skelette). Dieselben wurden am 27.07.66 gegen 15,00 Uhr in einem großen Grab auf unserem Friedhof beigesetzt. Bei den Leichenteilen handelt es sich um Verstorbene, die 1945 auf dem Bug bestattet wurden.‘

Wir folgten dem Rat des örtlichen Pastors, der uns an seinen Vorgänger verwies und uns die Adresse in dem nahegelegenen Ort Wiek nannte. Unsere Bedenken zerstreute er mit dem Hinweis: „Der alte Herr hat sich intensiv mit der Geschichte des Militärgeländes Bug befasst. Er besitzt kein Telefon. Klopfen Sie ruhig bei ihm an.”

Als wir vor der Tür standen und uns erklärten, trafen wir auf sichtliches Interesse. Der über neunzigjährige Herr schien geradezu aufzuleben und erstaunte uns durch detaillierte Informationen, als er von unserem Anliegen erfuhr.

Auf die Frage nach dem Grab unseres Vaters warf er sich spontan seinen Mantel über: „Kommen Sie mit, folgen Sie mir!” Er führte uns mit festem Schritt zu dem nahegelegenen Friedhof.

Dort angekommen, versicherte er uns, dass sich das Grab für die Toten des abgestürzten Flugzeuges hier auf diesem Friedhofsgelände in Wiek befinden müsste. „Nach allem, was ich herausgefunden habe”, wie er betonte.

Vor einem erhabenen Gedenkstein blieben wir stehen. Er wurde für die gefallenen Soldaten des Zweiten Weltkrieges errichtet. Wir betrachteten darauf die eingemeißelte Inschrift: „Sei getreu bis in den Tod, so will ich dir die Krone des Lebens geben! 1939-1945.“

Spricht der Inhalt von Bibeltreue oder Soldatentreue?, überlegte ich, während wir halb kniend, halb gebückt versuchten, die Daten und Namen auf den Steintafeln, die das Denkmal liegend umrandeten, zu entziffern.

Wird es eine Gewissheit geben? Entdecken wir hier deinen Namen, Vater? Wir verfolgten 48 unbekannte Namen! Auf einer vom Moos befreiten Tafel erkannten wir eine Inschrift für das Jahr 1945, die uns aufmerken ließ: 'Fünf Unbekannte' war darauf zu lesen.

„Hier müsste es sein! Hier wurde ein Teil der Gebeine begraben!", versicherte der Pastor. Er verwies weiterhin auf ein angrenzendes, von altem Baumbestand umgebenes Rasenstück: „Hier, in diesem Bereich, hat man auch anonyme Bestattungen vorgenommen. Es waren damals viele Menschen durch die Strapazen der Flucht und durch eine Typhusepidemie umgekommen!"

Welches Stück Erde könnte genau dein Grab sein, Vater? Immerhin konnten wir davon ausgehen, auf dem Friedhof in Wiek deine letzte Ruhestätte gefunden zu haben.

Viele neue Fakten kreisten in meinem Kopf! Ich spürte, wie mein Herz schwer wurde. Aufregung und Verwirrung wechselten sich ab! Vielleicht gab es noch weitere Spuren! Es erschien mir wichtig, jedem Hinweis nachzugehen.

Zwei Jahre später zog es uns noch einmal im engsten Familienkreis an den Unglücksort und an dein Grab, Vater.

Nicht nur das Museumsgebäude in Dranske wurde in der Zwischenzeit renoviert, auch die Ausstellung wurde dank der Initiative des Leiters neu gestaltet. Wir waren sehr bewegt, als wir vor deinem Foto im Museum mit der überarbeiteten Dokumentation der Ereignisse vom 02. Mai 1945 standen, Vater.

Die Recherchen und Besprechungen sowohl mit dem Museumsleiter als auch mit dem Archäologen ergaben neue Erkenntnisse und führten dazu, dass deiner Geschichte nun auch persönlich Rechnung getragen werden konnte.

Dankbar verfolgte ich den überarbeiteten Text in der Ausstellung, mit der auch an deine letzten Einsätze und den tödlichen Absturz mit deinem Namen erinnert wurde.[24]

Und dann gab es noch das Mahnmal! Am Rande eines gepflasterten freien Platzes, im Außenbereich des Museums, hatte die Luftschraube auf einem Fundament, eingerahmt von grünem Blattwerk, ihren endgültigen Standort gefunden. Für die Öffentlichkeit ein kleiner Ort der Besinnung!

Mit Spannung las ich die neue Inschrift auf der Gedenktafel, die sich vor dem Propeller befand und auch auf den Flugzeugabsturz verwies:

[24] S. 347, „Die Geschichte einer Luftschraube"

Luftschraube eines Flugbootes
Blohm & Voß C-1 BV 138 C-1

Das Flugboot 138 C-1 von der Seeaufklärungsgruppe 126 startete gegen 15 Uhr mit 30 Personen an Bord vom Fliegerhorst Bug auf Rügen auf dem Wieker Bodden Richtung Dänemark.

Der Steuerbordmotor fing beim Steigflug über Dranske Feuer und die Maschine stürzte nordwestlich von Dranske in die Ostsee.

Es gab 18 Schwerverletzte und 12 Tote, darunter die gesamte Besatzung.

1984 fanden jugendliche Taucher das Wrack vor der Westküste des Ortes und meldeten den Fund. Der Munitionsbergungsdienst beräumte das gesamte Gebiet, menschliche Überreste wurden nicht gefunden. Ein Jahr später bargen die Taucher von Dranske die mittlere Luftschraube vom Wrack und stellten sie mit einigen weiteren Kleinteilen am Haus der NVA Dranske aus.

1991 wurde die Luftschraube nach Kiel in den Fliegerhorst Kiel-Holtenau transportiert und dort vor dem Offiziersheim des MFG 5 aufgestellt.

Als das MFG 2013 nach Nordholz verlegt wurde, bekam der Heimatverein Dranske e.V. die Luftschraube zurück. Sie wurde hier, im Zentrum der ehemaligen Militärsiedlung, aufgestellt und soll als Denkmal für alle Seeflieger stehen, die in Ausübung ihres Dienstes ihr Leben verloren.

Am 01. Juni 1913 wurden die deutschen Seeflieger gegründet.

Erneut ergriff mich ein sonderbares Gefühl, diesem Propeller mit seinen vier Flügeln gegenüber zu stehen. Die Annäherung an deine letzten Handlungen und Atemzüge erzeugten bei mir eine Gänsehaut, Vater.

Die Sonne ließ die Flügel aufleuchten, eine leichte Brise und aufgetürmte Wolken erinnern an die Stimmung am Meer. Hier sehe ich ein Überbleibsel deines Unglücks, Vater! Eifrig bediene ich meine Kamera, um eine Erinnerung an diese Gedenkstätte mit nach Hause zu nehmen.

Die Luftschraube soll an den Tod aller Segelflieger erinnern, mahnte der Text auf der Tafel. 'Flügelschlag des Schicksals', kam mir in den Sinn. Jeder der vier Flügel zeigte in eine andere Himmelsrichtung und verwies auf das weltweite Leiden durch Kriegshandlungen. So kann an die Opfer, an die unzähligen Toten in Ost und West, im Norden und im Süden gedacht werden.

Der Lichtstrahl lenkte den Blick auf einen stark verbogenen Flügel, der sich von den anderen abhebt. Gebogen wie mein Umweg zu dir,Vater! Offensichtlich hatte das Material der Berührung mit dem Baum oder dem Sturz auf die harte Meeresoberfläche nicht standgehalten.

Nach meinen Befürchtungen über deine Beteiligung im Dritten Reich konnte ich am Ende Respekt entwickeln. Für die humanitären Einsätze, für die Rettung von Vertriebenen empfand ich Achtung. Die Gewissheit um deine Rolle am Ende des Krieges soll am Ende größer sein als meine Vorbehalte. Nun soll Ruhe einkehren! Dabei geht es mir nicht darum, in dir einen Widerstandskämpfer zu entdecken. Deine ganze Geschichte,Vater, kenne ich nicht!

Ich habe einen Ausschnitt deines Lebens erhellen können, deine letzte Ruhestätte gefunden und einen Ort der Erinnerung. Einen Ort, an den ich gern zurückkehre, an dem ich einen Blick auf dich, auf mich und auf unsere Familiengeschichte werfen kann. So wird dieses kleine Mahnmal in Form einer 'Luftschraube' Erinnerungen an alle Rettungsflieger und deinen letzten Einsatz – auch über unsere Familie hinaus – an die Betrachter weitergeben.

Bevor wir Rügen verließen, zog es mich noch einmal an diesen Ort der Besinnung: Wie gehen wir als nachfolgende Generation um mit den Lehren aus dem Krieg, mit Schuld und Verantwortung? Wir können nicht alles verstehen: Was machen Diktaturen, was macht ein Krieg aus den Menschen? Wie haben die traumatischen Erlebnisse unsere Eltern verändert? Wie entstand die Prägung der Hitlerjugend, wie die Begeisterung für den 'totalen Krieg', wie die entsetzliche Rassenideologie, die unerträglichen Verfolgungen und Massenmorde an den Juden, die wir nicht vergessen dürfen!

Wir müssen uns auch fragen, wie weit wären wir selbst verführbar gewesen? Hätten wir gewagt, Widerstand in diesem System zu leisten?

Unserer Generation blieb vieles erspart. Wir wurden nicht in ein System der falschen Werte hineingezogen. Umso bewusster schätzen wir unser Glück, nach zwei aufeinanderfolgenden Kriegen, in einem demokratischen System aufgewachsen zu sein.

Ich bin sicher, auch du hättest Nazi-Deutschland nicht zurückgewollt, Vater. Du hast nicht die Chance gehabt, in einer offenen Gesellschaft zu leben, in der keine absoluten Wahrheiten und Visionen aufgezwungen werden.

Also möchte ich nicht an Ruhm und Ehre denken, sondern mir ein ‘Nie wieder Krieg’ und dazu eine Zukunft für alle weiteren Nachkommen ohne Gewalt und Unterdrückung wünschen!

Der Propeller der Unglücksmaschine als Mahnmal vor dem Museum in Dranske, Rügen

44) Anhang

Text in der Ausstellung des Museums in Dranske:

„Die Geschichte einer Luftschraube
Fliegerhorst Bug auf Rügen

Am Abend des 30.04.1945 hielt ich mich (dritter Generalstabsoffizier verantwortlich für die Feindlage und Abwehr), als letzter Offizier des Nachkommandos noch auf dem Fliegerhorst Bug auf. Der gesamte Bestand des Fliegerführers war schon nach Westen verlegt. Es meldeten sich ständig Flüchtlinge bei mir und ich hatte aber nur noch eine Do 18 zur Verfügung. Es gelang mir über eine verständige Telefonistin in Rostock Verbindung mit dem Fliegerführer zu bekommen und so flogen am 01.05. zahlreiche Maschinen Do 18, Do 24, und BV 138 den Bug an.

Ich fungierte als Ablaufoffizier und am 02.05. gegen Mittag übergab ich meine Aufgaben an einen Oberfeldwebel und ging zum Essen Richtung Kasino. Auf dem Weg dorthin ging vor mir der Zahnarzt und Oberarzt d.R. Dr. Leberecht Traugott Wegner, geb.am 01.10.1901, aus Königsberg, der die zahlreichen ihm entgegen kommenden Soldaten mit der Hand an der Mütze grüßte. Ihm entgegen kam auch Leutnant Bauer, Beobachter in einer Aufklärungsstaffel, die von Norwegen über Finnland in die Ostsee kam und den ich seit November 1944 kannte. Er war fanatischer Nationalsozialist, HJ-Führer und stammte aus dem Raum Frankfurt/Main.

Der Leutnant stellte den Arzt wegen seines Grußes zur Rede, dieser entgegnete ihm laut und deutlich, wie ich hör-

te: „Das Schwein ist tot, jetzt wird wieder so gegrüßt!" (Hitlers Tod war kurz vorher bekannt gegeben worden). Der Leutnant zog daraufhin seine Pistole. Ich hörte zwei Schüsse. Der Arzt verstarb noch am Tatort. An der Abfassung eines Protokolls zu diesem Vorfall war ich beteiligt.

Gegen 15.00 Uhr erschien Leutnant Bauer am Ablauf und stieg in eine BV 138 ein. Diese voll beladen, startete, hatte Schwierigkeiten ob des großen Gewichtes sich vom Wasser zu lösen. Als es gelang, sah ich wie der Steuerbord-Motor qualmte und Feuer fing. Die Maschine sackte über Dranske ab, streifte hier am Ostseestrand einen Baum und stürzte in die See.

Flugbetriebsboote fuhren sofort zur Absturzstelle und es konnten 18 Insassen zum Teil schwer verletzt geborgen werden. Für 12 Personen - darunter die Besatzung mit Leutnant Bauer (Beobachter) und Ob.Feldwebel Emil Leisenberg (Pilot) - kam jede Hilfe zu spät.

(Bericht von Walter Beenken, nach anderen Dokumenten ergänzt und erweitert.)

Unmittelbar nach der Maschine von Ob. Feldwebel Leisenberg startete Ob.Ltn. Karl-Heinz Steinhausen (Startzeit laut Flugbuch: 15.47 Uhr) mit 20 Frauen und Kindern an Bord und beobachtete den Flug und den Absturz der Maschine vor ihm, der somit zeitlich dokumentiert wurde.

(aus Dokumente Familiengeschichte Ernst Greßmann, geschrieben von Stabsbootsmann a.D. Hans Ryszewski, Cuxhaven)

Aus einer eidesstattlichen Erklärung von Leutnant Wolf von Zworowsky (Staffeloffizier), geschrieben am

20.07.1945 in Kopenhagen, geht hervor, dass der Leutnant Erich Bauer, geb. am 18.05.1923 in Nürnberg, am 02. Mai des Jahres bei Dranske aus ungeklärten Gründen tödlich abgestürzt ist. Er wurde auf einem Rasenstück an der Ablaufbahn beigesetzt.

(Originaldokument im Archiv Marinehistorisches- und Heimatmuseum Dranske-Bug)

In anderen Berichten zu diesem Ereignis gibt es widersprüchliche Aussagen zum Hergang und zum Zeitpunkt der Tat und des Absturzes, so unter anderem auch bei Flugkapitän Hauptmann Karl Born.

30 Jahre später

Dranske Sommer 1984

Ingo Hyde und Thomas Förster entdeckten beim Schnorcheln vor der Küste von Dranske Reste eines Flugzeuges. Bei intensiver Suche fanden die Taucher im Umfeld von ca. 40 m eine Menge Wrackteile, darunter drei Motoren mit Resten der Luftschrauben, Munitionskisten, Teile von Tragflächen, Kraftstofftanks und elektrische Bauteile. Der Munitionsbergungsdienst wurde verständigt und die Fundstelle genau abgesucht. So wurden fünf Munitionskisten à 50 kg abgeborgen. Nun setzten die Dransker Taucher ihre Erkundung unter Wasser fort, Bauteile mit deutscher Beschriftung, eine deutsche Signalpistole sowie eine Bierflasche der Stettiner Elysium Brauerei waren Hinweise auf eine deutsche Maschine des 2. Weltkrieges. Zur besseren Bestimmung beschlossen die Taucher, den aus einer

Aluminiumlegierung bestehenden mittleren Verstellpropeller zu heben.

Im Juli 1985 war es dann soweit, der etwa 200 kg schwere Propeller nebst Getriebe wurde an einen luftleeren Traktorreifen befestigt, der unter Wasser mit einer Luftflasche aufgeblasen, den Propeller anhob und zur Wasseroberfläche brachte. Ins seichte Wasser getrieben konnte so der Propeller durch vier Mann an Land gebracht werden.

Folgende Teile wurden gehoben:

- *fünf Kisten MG-Munition (1984)*
- *sechs Akkumulatoren (1984)*
- *ein Verstellpropeller (1985)*
- *eine Bierflasche einer Stettiner Brauerei (1985)*
- *Teile der Kanzel (1985)*
- *Motorenteile (1985)*
- *Kompakte elektrische Bauteile in Kastenform (1985)*

Nach der Bestimmung des Propellers handelte es sich um ein Flugboot BV 138 C-1. Die Fundstelle wurde mit rund 900 m² kartiert, das Flugboot war völlig auseinandergebrochen.

Mitglieder der Sektion Tauchen Dranske, die maßgeblich an der Bergung beteiligt waren sind U.Kob, H.Gerstenberger, L.Dippe und Th.Förster. Der Propeller wurde dem Armeemuseum Dresden/Postdam angeboten, aber er wurde nicht gebraucht. So sicherte W.Müller, Mitglied im Arbeitskreis Schiffahrts- und Marinegeschichte, den Propeller, um ihn zu konservieren.

1988 Dranske

Am und im Haus der Nationalen Volksarmee (HdNVA) Dranske wurde eine Ausstellung der Gruppe Unterwasserarchäologie organisiert und so wurden der Propeller und die einzelnen Teile der Öffentlichkeit präsentiert. Diese Ausstellung stand bis 1991, als im Rahmen der Übernahme der NVA in die Bundeswehr, auch diese Teile eine Rolle spielten. Den Propeller beanspruchte das MFG 5 in Kiel-Holtenau, die kleineren Teile gingen an das Marinemuseeum Dänholm bei Stralsund.

2012 Dranske

Im August 2012 wurde im Rahmen des Umzuges des MFG 5 nach Nordholz, der Heimatverein Dranske informiert, dass der Propeller eventuell wieder nach Dranske zurück könnte. Seit Mai 1999 gab es ja das Marinehistorische - und Heimatmuseum Dranske-Bug. Telefonate mit den Verantwortlichen des Offizierswohnheimes in Kiel brachten Erfolg, der Propeller sollte wieder nach Dranske. Am 22.02.2013 startete ein Zweimann-Team von Dranske nach Kiel, um mit einem in Dranske ansässigen Unternehmen geliehenen FIAT Ducato, offene Pritsche, den Transport zu sichern.

Bei widrigsten Winterbedingungen zwischen Rügen und Höhe Wismar erfolgte die Hin- und Rückfahrt. Der Aufbau am Museum wurde mit der Kommune abgestimmt und am 01.06.2013, genau 100 Jahre nach der Gründung der deutschen Marineflieger, in der Öffentlichkeit eingeweiht. Da steht dieser Propeller und soll stellvertretend an alle Ma-

rineflieger erinnern, die in Ausübung ihres Dienstes ihr Leben verloren.

Am 01.06.2013 nahm an der Einweihung des Denkmals in Dranske auch der Ehemann von Inge Bauer, Tochter des Leutnant Bauer, aus Kopenhagen teil. Ole Mikkelsen, Sohn einer dänischen Widerstandsfamilie heiratete die Tochter eines fanatischen Nationalsozialisten. Das wäre im Krieg nie möglich gewesen. Ole Mikkelsen bedauert, dass seine Frau dieses Ereignis nicht mehr erleben konnte, sie verstarb leider Anfang 2013. Aber er ist der Meinung, dass diese Art der Geschichtsaufarbeitung in Dranske gut ist und er hofft, dass es nie wieder zu militärischen Konflikten in Europa oder gar der Welt in solchen Ausmaßen kommt.

Der Heimatverein Dranske e.V. bedankt sich an dieser Stelle für die Unterstützung bei der Klärung dieses geschichtlichen Ereignisses bei:

Herrn Ole Mikkelsen (Kopenhagen) /Herrn Dr. Thomas Förster (Stralsund)/ Herrn Lothar Dippe (Dranske) /Herrn Hans Ryszewski (Cuxhaven) /den Mitgliedern des Forums Marinearchiv."

Zweite Ehe unserer Mutter, 1948

Aus den Gesprächsprotokollen:

„Euer Stiefvater erkannte unsere Notlage in der Nachkriegszeit. Wir hatten wenig zu essen. Als er zum ersten Mal bei uns eingeladen war, servierte Oma Torte aus Kaffeesatz. Er war für uns alle ein Halt in der Brandung. Als Kommandant eines Minensuchbootes im Dienst der Engländer konnte er vieles zum Überleben beschaffen. Wir waren dankbar, unsere Beziehung wurde gefestigt und wir beschlossen zusammen zu bleiben."

Der Stiefvater wollte mit uns eine Familie gründen. Ein junger Mann, noch keine dreißig Jahre alt, entschied sich für dich und nahm zwei kleine Kinder in seine Verantwortung.

Für uns gab es einen neuen Vater! Wir mussten uns an ihn gewöhnen! Meine damals sechsjährige Schwester reagierte ablehnend. Sie weigerte sich hartnäckig, 'Vati' zu sagen. Alles Zureden half nichts! Man beschloss, ihr Zeit und Abstand zu gewähren. Sie wurde für Monate zu einer bekannten Familie nach Baden-Baden geschickt. Dort, auf einem Bauernhof, sollte sie ihren Widerstand vergessen und in frischer Landluft 'aufgepäppelt' werden!

„So kann sie sich auch von den Folgen ihrer Typhuserkrankung erholen", das war euer Plan. Vielleicht war diese Entscheidung auch dadurch getragen, dass vorübergehend in der engen Wohnung der Großmutter ein Bett frei wurde, und es gab einen kleinen Esser weniger. „Bekomme ich morgen wieder eine Scheibe Brot?", hatte meine Schwester einmal vor dem Schlafengehen gefragt und dich damit eindringlich berührt.

Als kleines Kind war sie lange getrennt von dir, Mutter! Ich vermisste sie sehr! „Wo bleibt sie? Wann kommt sie zurück?", fragte ich jeden Tag. „Was soll ich ohne sie machen?"

Nach langer Zeit kehrte sie aus dem streng katholischen Baden-Baden zurück. „Mama, wensch' de sonntags wäscht, komscht' de in de Höll!" Geprägt von kirchlicher Anschauung und schwäbischem Dialekt, war sie mir fremd geworden. Ich konnte sie kaum verstehen. Ihre Aussprache war beeindruckend und löste allgemeine Heiterkeit aus, was meine Eifersucht beflügelte. So probte ich heimlich ihren erworbenen Dialekt. Ich übte und holperte über die einzelnen Laute: „Isch kann dasch auch!"

Es war für meine Schwester nicht leicht gewesen in der fremden Umgebung. Hatte sie doch schon eine längere